U0450143

教育部人文社会科学研究项目
"武陵山区农村居民文化消费趋向与民间文化活态化传承发展研究"
（项目批准号：16YJAZH070）成果

中国少数民族审美文化丛书
彭修银 主编

侗族审美文化

杨秀芝◇著

DONGZU SHENMEI WENHUA

中国社会科学出版社

图书在版编目(CIP)数据

侗族审美文化/杨秀芝著. —北京：中国社会科学出版社，2017.2

ISBN 978-7-5161-9558-1

Ⅰ.①侗… Ⅱ.①杨… Ⅲ.①侗族—审美文化—研究 Ⅳ.①K287.2②B83-0

中国版本图书馆 CIP 数据核字(2016)第 325698 号

出 版 人	赵剑英
选题策划	郭晓鸿
责任编辑	武兴芳
责任校对	朱妍洁
责任印制	戴　宽

出　　版	中国社会科学出版社
社　　址	北京鼓楼西大街甲 158 号
邮　　编	100720
网　　址	http://www.csspw.cn
发 行 部	010-84083685
门 市 部	010-84029450
经　　销	新华书店及其他书店

印　　刷	北京君升印刷有限公司
装　　订	廊坊市广阳区广增装订厂
版　　次	2017 年 2 月第 1 版
印　　次	2017 年 2 月第 1 次印刷

开　　本	710×1000　1/16
印　　张	16.5
插　　页	2
字　　数	245 千字
定　　价	60.00 元

凡购买中国社会科学出版社图书，如有质量问题请与本社营销中心联系调换
电话：010-84083683
版权所有　侵权必究

总　序

彭修银

2006年农历丙戌年伊始，我有幸被中南民族大学聘为该校的第一位首席教授。我到中南民族大学以后，根据民族院校的特点和学科建设的需要，在学校领导的支持下，成立了"中南民族大学中南少数民族审美文化研究中心"。中心成立不久就被湖北省教育厅批准为湖北省人文社会科学重点研究基地。中心的主要任务：一是对中国少数民族的美学思想资源进行挖掘和整理；二是在中国少数民族审美文化整体研究的基础上，侧重于对中国南方少数民族美学和艺术理论的系统梳理和文化阐释；三是研究中国少数民族审美文化与当代审美文化建设的关系，探究适合中国南方少数民族地区审美文化事业的发展模式和对策。为了有效地反映中心的研究成果，我们创办了《民族美学》（以书代刊)，拟定了《中国少数民族审美文化丛书》（20种）的编写方案。

审美文化是介于人类感性的、物质的文化活动和理性的、精神的文化活动之间的所有审美化活动、审美化事象。具体包括以下四个层面：（1）理论性、思辨性、概念性话语层面。这一层面主要以美学思想的形式表现出来；（2）体验性、文本性、形式性创造层面。这一层面主要以艺术活动、艺术作品表现出来，以绘画、音乐、舞蹈等艺术门类为主体；（3）时尚性、习俗性、风情性层面。这一层面主要以社会性、公众性、主流性文化趣尚表现出来。以言语行为、交际往来、服饰装扮等方面的好尚为重心；（4）工艺性、器物性、设计性层面。这一层面主要以物质的形式呈现出来,如住室设计、民间工艺设计、日常生活实用品设计等。根据审美文化的四个层面以及中国少数民族审美文化的特点,本丛书将采用两种体例进行编写:一种是从挖掘中国少数民族门类艺术文化的审美意蕴来编写,即"中国少数民族服饰文化审美论"、"中国少数民族建筑文化审美论"、"中国少数民族舞蹈文化审美论"、"中国少数民族音乐文化审美论"、"中国少数民族戏剧文化审美论"等。一种根据对中国南方各个少数民族审美意识外化的理性形态美学思想的挖掘和感性形态艺术作品的整理来编写,即"土家族审美文化"、"瑶族审美文化"、"苗族审美文化"、"壮族审美文化"、"彝族审美文化"、"侗族审美文化"、"高山族审美文化"、"傣族审美文化"、"纳西族审美文化"、"白族审美文化"、"羌族审美文化"、"黎族审美文化"等。

中国少数民族审美文化和美学思想是在各个民族独立自存的文化背景中形成的,其历史悠久、蕴涵丰富、形态鲜活,具有"现代性"价值和东方文化特征。在全球文化不断趋向交流融合的今天,它正以深刻的思想智慧、特殊的理论形态和广泛的艺术实践,为西方美学和艺术的发展提供了丰富的思想资源和实践力量。越来越多的世界级的学者和艺术家把向往的目光投向了中国少数民族审美文化和艺术。本丛书的编写、出版,一方面向国人提供一套专门性的中国少数民族审美文化文本,另一方面向世界审美文化提供丰富的思想资源。

有关中国少数民族审美文化和美学思想的研究在我国还刚刚起步,本丛书诸多未备,甚至谬误百出,尚祈学术界同人和广大读者不吝批评指教,不胜感幸!

目　录

前言 …………………………………………………………………（1）

第一章　侗族审美文化的生态与人文环境 …………………………（1）
 第一节　侗族审美文化的生态环境 ………………………………（1）
  一　侗族人口分布 …………………………………………………（1）
  二　侗族地理环境 …………………………………………………（2）
  三　侗族主要资源 …………………………………………………（4）
 第二节　侗族审美文化的人文环境 ………………………………（8）
  一　侗族历史 ………………………………………………………（8）
  二　侗族信仰 ………………………………………………………（9）

第二章　侗族审美文化的总体特征 ………………………………（24）
 第一节　审美价值论：侗族审美文化精神意趣上的俗世化 ……（24）
  一　重生的现实感怀 ……………………………………………（25）
  二　飞动的生命情怀 ……………………………………………（27）
 第二节　审美风格论：侗族审美文化风格倾向上的优美化 ……（29）
  一　自然环境的清新优美 ………………………………………（29）
  二　社会关系的和谐优美 ………………………………………（31）
  三　文学艺术的含蓄优美 ………………………………………（34）
 第三节　审美目标论：侗族审美文化实践目标上的娱乐化 ……（35）

第四节 审美范围论:侗族审美文化外延范围上的生活化……………(37)

第三章 拣丝练线染红蓝 穿花纳锦饰人生
——侗族服饰审美………………………………………(40)

第一节 五彩斑斓,绚丽多姿
——侗族服饰的多样美………………………………(40)

第二节 穿花纳锦,衮衣绣裳
——侗族服饰的工艺美………………………………(43)
 一 工艺精湛的织绣艺术………………………………(44)
 二 造型独特的织绣纹样………………………………(45)

第三节 象征表意,衣饰人生
——侗族服饰的意蕴美………………………………(48)
 一 牵线求子………………………………………………(49)
 二 黄衣避邪………………………………………………(50)
 三 三朝背带………………………………………………(51)
 四 文眉滚泥示成年………………………………………(53)
 五 改髻出嫁………………………………………………(54)
 六 原装归根………………………………………………(56)

第四章 龙凤以藻绘呈瑞 斗拱飞檐工天巧
——侗族建筑审美………………………………………(58)

第一节 干栏式民居审美……………………………………(59)
 一 合规律性——干栏式民居的审美适应………………(59)
 二 合目的性——干栏式民居的审美取向………………(60)

第二节 鼓楼审美……………………………………………(62)
 一 神秘——鼓楼建造仪式美……………………………(63)
 二 精巧——鼓楼形态美…………………………………(68)
 三 繁复——鼓楼装饰美…………………………………(70)

目 录

　　四　神圣——鼓楼功能美 …………………………………………（72）

第三节　风雨桥审美 ……………………………………………………（73）

　　一　结构科学，造型独特的技术美 ……………………………………（73）

　　二　雕梁画栋、廊亭楼阁结合的艺术美 ………………………………（74）

　　三　通行、休闲功能兼具的实用美 ……………………………………（75）

　　四　灵魂转世、人神沟通的寓意美 ……………………………………（75）

第五章　歌舞腾欢庆岁时　敬天祈年娱人神
　　　　　——侗族节日审美 …………………………………………（80）

第一节　敬牛神、庆岁时
　　　　——侗族节日的农业文化特色 …………………………………（81）

　　一　牛的节日 ………………………………………………………（81）

　　二　岁时节日 ………………………………………………………（84）

第二节　祭祖祈社
　　　　——侗族节日的辟邪纳吉愿望 …………………………………（86）

　　一　祭祖节日 ………………………………………………………（86）

　　二　祭祀土地神的节日：社日 ………………………………………（90）

第三节　社交娱乐
　　　　——侗族节日的狂欢化特征 ……………………………………（92）

第六章　坐夜玩山结姻缘　宜室宜家存古风
　　　　　——侗族婚俗审美 …………………………………………（97）

第一节　群体性
　　　　——侗族恋爱方式审美 …………………………………………（97）

第二节　族群意识
　　　　——通婚范围与禁忌审美 ………………………………………（100）

　　一　"根骨"意识 ……………………………………………………（101）

　　二　女还舅门 ………………………………………………………（102）

— 3 —

第三节　神秘性与戏剧性
　　——婚礼仪式审美 …………………………………………（105）
　一　神秘的夜婚 ………………………………………………（105）
　二　戏剧性的抢婚 ……………………………………………（107）
第四节　母权遗俗
　　——"不落夫家"的新婚居住形式审美 ……………………（110）

第七章　丝竹管弦珠玉声　五音六律天籁曲
　　——侗族民间音乐审美 ……………………………………（114）
第一节　侗族民间歌曲审美 ……………………………………（114）
　一　侗族民间歌曲音乐形式审美 ……………………………（115）
　二　侗族民间歌曲语言特征审美 ……………………………（124）
第二节　侗族民间器乐审美 ……………………………………（129）
第三节　侗戏音乐审美 …………………………………………（134）
　一　简单的曲牌 ………………………………………………（134）
　二　多样的唱腔 ………………………………………………（135）
　三　热闹的伴奏 ………………………………………………（137）

第八章　跳身转体抒情怀　弄脚缤纷舞翩跹
　　——侗族舞蹈审美 …………………………………………（142）
第一节　侗族舞蹈形式审美 ……………………………………（142）
　一　"点、屈、颤、摆"的动律 ……………………………（142）
　二　"绕圈作舞"的造型 ……………………………………（145）
第二节　侗族舞蹈内涵审美 ……………………………………（147）
　一　节奏的享乐 ………………………………………………（147）
　二　模仿的冲动 ………………………………………………（150）
　三　神灵的礼赞 ………………………………………………（153）
　四　力量的呈现 ………………………………………………（155）

第九章　生旦净丑说众生　唱念做打述古今
——侗族戏剧审美 ……………………………………………（159）

第一节　传统侗戏演出形式审美 ………………………………（159）
　　一　戏师中心与独特的侗戏舞台调度 ……………………（160）
　　二　戏神崇拜与繁复的侗戏演出仪式 ……………………（163）
　　三　戏台神话与戏台教化 …………………………………（166）

第二节　传统侗戏演出剧目审美 ………………………………（169）
　　一　爱情婚姻剧的坚贞美 …………………………………（170）
　　二　反抗复仇剧的悲壮美 …………………………………（176）
　　三　道德教化剧的现实美 …………………………………（180）
　　四　神话传说剧的奇幻美 …………………………………（183）

第三节　傩戏"咚咚推"审美 …………………………………（186）
　　一　多彩的剧目 ……………………………………………（187）
　　二　朴野斑斓的面具 ………………………………………（194）
　　三　简单程式的乐舞 ………………………………………（196）

第十章　神话传说寄幻想　故事笑话显世情
——侗族民间文学审美 ……………………………………（198）

第一节　侗族原始神话审美 ……………………………………（198）
　　一　卵生与神鸟神话的浪漫想象之美 ……………………（199）
　　二　身化万物创世神话的奇异瑰丽之美 …………………（203）

第二节　侗族民间传说审美 ……………………………………（208）
　　一　英雄传说的神奇美 ……………………………………（208）
　　二　爱情传说的悲剧美 ……………………………………（214）
　　三　风物传说的崇高美 ……………………………………（221）

第三节　侗族民间故事审美 ……………………………………（224）
　　一　机智人物故事的喜剧美特征 …………………………（224）
　　二　宝物故事中的民众审美理想 …………………………（229）

第十一章 斑斓赋彩写天真 拙朴布局绘真淳
——侗族农民画审美 …………………………………………（233）
第一节 热闹明快与夸张刺激的色彩风格 ……………………（235）
　　一　丰富、饱和性 ……………………………………………（235）
　　二　对比、协调性 ……………………………………………（237）
　　三　装饰、写意性 ……………………………………………（239）
第二节 饱满拙朴的构图与造型风格 ……………………………（240）
　　一　平面性 ……………………………………………………（240）
　　二　全景性 ……………………………………………………（243）
　　三　饱满性 ……………………………………………………（244）

参考文献 ……………………………………………………………（246）

后记 …………………………………………………………………（250）

前　言

　　文化概念在当代已扩展到人类生存的全部领域，延伸为人们的生活方式，具有广泛的外延。"审美文化"不是一个单纯的概念或术语，它连接的是人们广泛的精神价值和审美意义，是人们在社会生活、文化生存维度上的审美活动实践问题。自20世纪90年代以来，中国当代美学兴起了审美文化研究风潮，这种研究一是围绕当代大众文化展开，一是围绕传统文化资源进行。中国少数民族审美文化和美学思想是在各个民族独立自存的文化背景中形成的，其历史悠久、内涵丰富、形态鲜活，在全球文化不断趋向交流融合的今天，它正以深刻的思想智慧、特殊的理论形态和广泛的艺术实践，为当代国际国内美学和艺术的发展提供丰富养料，越来越多的世界级的学者和艺术家把向往的目光投向了中国少数民族审美文化和艺术。

　　审美文化介于"道""器"之间，审美文化具有流动性、历史性和特殊性，不同民族的审美思维和审美观念存在差别，这种差异构成了各民族文化特有的精神载体和表达形式，从而表现出各种不同的审美方式、审美态度、审美观念和审美趣味。本课题以侗族审美文化为研究对象，从审美的角度对侗族地理空间、历史渊源、宗教信仰、神话传说、音乐舞蹈、文学艺术、建筑服饰、节日庆典等精神、物质、行为、制度文化方面展开系统研究，从而探究侗族的审美观念、审美范型、审美趣味等。对侗族审美文化的研究，可以唤醒民族边缘文化的原始性、原创性、多样性和丰富的想象性特质，推动侗族地区政治、经济、文化建设，促进侗族地区文化瑰宝的抢救与保护；通过总结、提炼、升华一些真正能代表侗族文化特性的美学思想，为我国美学和艺术的发展提供丰富的思想资源和实践力量，为东方美学思想大厦的建构作出贡献；同时，还能为丰富人类的文化体验、促进民族共同团结进步作贡献。

侗族是一个具有较高审美能力的民族，宏伟壮丽的鼓楼、独具一格的风雨桥、优美动听的多声部侗族大歌与侗族民歌、琵琶歌、款词、侗戏、侗族歌舞、侗族民间传说故事以及侗族服饰、侗族工艺品等构成多姿多彩的侗族艺苑，丰富多彩的侗族民俗也充满了审美的内涵，有着极大的研究价值。侗族审美文化具有讲和谐、尚情意、倡温柔、重世俗等主要特征，从审美价值上看体现为精神意趣的世俗化，从审美风格上看体现为风格倾向的优美化，从审美目标上看体现为实践目标的娱乐化，从审美范围上看体现为外延范围的生活化。

对侗族审美文化的研究，其意义是多方面的：首先，在当下物质生活得到保障，人们越来越多地追求生活的审美化、艺术化的大环境下，侗族审美文化研究可扩大人们的审美视野，增加人们的审美素材，丰富人们的文化体验；其次，侗族审美文化是中国美学思想的一部分，研究侗族审美文化可为我国美学和艺术的发展提供丰富的思想资源与实践力量，对于构建中国美学思想大厦具有重要的理论意义；再次，后工业时代，生产力由前工业时代的体力、工业时代的技术让位给文化艺术，侗族文化发达的部分正是文化艺术，侗族审美文化研究浓缩了侗族文明的精华，通过本课题的研究可以推动侗族地区政治、经济、文化建设；最后，审美文化是民族精神的重要支柱之一，侗族文化是中华民族文化的重要组成部分，侗族审美文化研究有利于丰富和发展中华民族精神。

本课题的内容主要集中在以下几个方面：一是从侗族的地理空间、历史渊源、宗教信仰等方面探讨侗族审美文化存在的生态环境与人文环境；二是分别论述侗族服饰、建筑、音乐、舞蹈、戏曲、绘画、文学、婚丧嫁娶、人生礼仪、节日庆典等方面的美学特征，并把美学理论同具体门类的艺术加以相互印证；三是探讨和挖掘侗族文化审美价值观、审美风格倾向、审美实践目标、审美外延范围等，总结侗族审美文化的总体特征。

本课题拟从时间维度和空间维度展开对侗族审美文化的学术研究：把握侗

族审美文化的时间维度，寻求侗族审美文化的历史轨迹；探寻侗族审美文化的多方视域，挖掘侗族审美文化的活力和生命力元素，力求使研究具有鲜明的历史感、生活感和生命感。具体做法是划分出侗族审美文化的结构层次，即表层的服饰、民居等器物文化，中层的宗教信仰活动、婚丧嫁娶仪式以及文学、戏剧、音乐、舞蹈、绘画，和深层的审美心理三个层次，并归纳出侗族审美文化的主要特征。

研究方法主要有以下几种。（1）调查研究法：深入民族地区，多收集第一手资料，并在民族地区建立相应的审美文化研究基地，实现资源共享，共同开展研究。（2）文献研究法：一方面运用国内外有关研究的专著类资料作为本课题研究的理论依据；另一方面将收集南方少数民族审美文化研究中心的文献资料进行整理研究，并由此建立自己的文献资料库。（3）多学科的研究方法：综合利用美学、人类学、民俗学、民间文艺学等研究方法。

笔者以为，侗族审美文化研究无疑对侗族文化的发掘、梳理和弘扬具有现实价值，对丰富东方美学的内涵、精神意趣具有理论价值，但由于少数民族文化审美文化是一个新的研究领域，可供参考的资料不多，有些概念和研究方法还难以把握，如何准确总结、把握侗族审美文化的主要特征有难度；一些审美原始资料散落在民间，资料的收集整理需要花费大量的人力、物力，这些都是本研究所面临的困难和要解决的问题。

第一章 侗族审美文化的生态与人文环境

第一节 侗族审美文化的生态环境

一 侗族人口分布

侗族是我国西南部的一个少数民族，2010年第6次人口普查数据显示侗族总人口为287万人。侗族分布的特点是小聚居，大散居：侗族在全国的31个省、自治区、直辖市中都有分布，但是主要聚居地在湖南、贵州、广西三省交界地带。贵州侗族人口最多，据统计，约有50%以上的侗族人口集中在贵州的黔东南苗族侗族自治州以及铜仁地区的玉屏侗族自治县和铜仁、江口等县；另外湖南的通道、新晃、芷江三个侗族自治县及会同、靖州、城步、绥宁等县，广西三江侗族自治县、龙胜各族自治县以及湖北鄂西州的咸丰、恩施、宣恩等县市也是侗族人口集中区。在侗族聚居的地区内还有一些其他民族杂居，主要有汉、苗、壮、瑶、水、布依、土家等，长期以来，侗族与这些兄弟民族杂居共处，友好往来，为实现民族团结，共建美好家园做出了重要贡献。

二 侗族地理环境

侗族聚居的地区地处东经108度至110度，北纬25度至31度之间的地带，气候宜人，冬无严寒（冬季平均气温为6—7℃），夏无酷热（夏季平均气温为26—27℃），雨量充沛（年降水量在1200毫米以上），冬暖夏凉，四季分明，阳光雨露，温暖湿润。无疑，这样的环境十分适合人类的繁衍、作物的生长。

侗族聚居的地区地处云贵高原东部边缘，所以侗族居住区以山地为主，属地名山颇多：东有雪峰山，西有苗岭支脉，北有武陵山和佛顶山，南有越城岭和九万山，中有雷公山。山山相连，脉脉相通，巍峨高大，小巧俊秀，各具情态，美不胜收。

雪峰山位于湖南、广西交界之处，主峰苏宝顶海拔1934米，位于怀化市黔阳与洞口之间，雪峰山杉木资源丰富，当地的杉木以速生、优质、高产著名。毛竹、马尾松也大量分布。山地南部接近南岭，还可见到华南栲、紫楠、银木荷等热带性植物。

武陵山绵延了渝、鄂、湘、黔4省市，山脉为东西走向，面积约10万平方公里，一般海拔高度在1000米以上，主峰在贵州的铜仁市梵净山。武陵山区生物物种多样，素有"华中动植物基因库"之称。

佛顶山位于贵州石阡县、施秉县、镇远县三县交界处，高峰海拔1869.3米，是贵州东部仅次于梵净山的第二大高山，有植物2000多种，被列为国家珍稀、濒危重点保护植物的有16种之多，并有国家重点保护野生动物32种。

越城岭位于广西东北部和湖南省边境，是南岭之一，保存着大量珍贵的野生生物资源，有多个国家级与自治区级自然保护区。九万山位于桂北黔南，总面积1200多平方公里，山里保存了许多古老和孑遗植物以及丰富的动植物化石。

雷公山位于贵州省黔东南州东南部，是国家级自然保护区和国家级森林公园，海拔2178.8米，是保存完好的一块未受污染的生态文化净地。

有山必有水，名山之间，清流迂回。侗族地区的水系特别发达，主要的江河有黔湘桂地区的清水江、沅水、巫水、渠水、都柳江、浔江，鄂西南的清江、唐岩河。清水江、沅水、巫水、渠水、清江、唐岩河均属长江水系，都柳江、浔江为珠江支流融江的源头。

清水江有南北两个源头，北源为重安江，又名诸梁江，发源于贵州省黔东南黄平县与黔南州福泉市相邻的崇山峻岭之间；南源龙头江，又名马尾河，发源于黔东南都匀市，流经丹寨、麻江。南北二源在黔东南凯里市桐木寨汇合，始称清水江。清水江流经黔东南的台江、镇远、剑河、锦屏、天柱五县，至湖南怀化洪江市托口镇与渠水汇合，再东至怀化市洪江县治黔城镇和沅水汇合为沅江。渠水即古叙水，为清水江支流，主要流域在湖南省西南部，源头在湖南通道与广西三江交界之处，经通道、靖县、会同，至洪江注入清水江。

沅水的上游称舞阳河，发源于贵州省黔南州瓮安县垛丁，流经黔东南州黄平、施秉、镇远、岑巩，在玉屏出贵州境进入湖南省，经过怀化市新晃、芷江，而后南折到洪江治黔城与清水江汇流。巫水为沅水支流，发源于邵阳市城步县巫山西南麓，向北流经绥宁、会同、洪江入沅水。

都柳江为侗族地区的一条重要河流，发源于黔南州独山县的里腊，流经黔东南从江县，入广西三江县老堡口为融江，南下经广西柳州市融安、融水、柳城，至柳州为柳江。浔江为都柳江支流，发源于广西龙胜县，流经龙胜、三江县城，于老堡口流入都柳江。

湖北境内鄂西南的清江，东流至宜昌市、宜都市注入长江。唐岩河经重庆市黔江区到酉阳县在龚滩古镇注入乌江。

临水而居，依山而生，山山水水构成了侗人的生存环境。因为山地崎岖，形成了侗族地区"九山半水、半分田"的景观。山水养育了侗族儿女，也孕育了侗族的历史和文明，在这样的地理环境中，侗人歌唱自己的生活，建设自己的家园，创造属于自己的神话，书写属于自己的美好。

图 1-1　贵州黔东南榕江三宝侗寨都柳江

三　侗族主要资源

　　地跨数省的侗族地区，物产十分丰富。侗族是最早种植水稻的民族之一，水稻是侗族主要的粮食作物，湖南怀化地区靖州的江东，通道的四乡，湖北恩施的黄泥，宣恩的晓关，黔东南榕江的车江，天柱县的蓝田、伍家桥，黎平的中黄、中潮都是有名的水稻产地。除了水稻，侗族地区还出产烟叶、棉花、油菜、甘蔗、花生、大豆等经济作物；黔东南榕江的香瓜、车江的棉花、黎平的笋丝、从江的香糯、广西三江的茶油、湖南通道的核桃、新晃的烤烟都是名优产品。侗族农人善养殖，很多已形成品牌，如天柱香鸭、三穗鸭、黔东大花猪、施秉白洗猪、从江香猪、黔东南小个子黄牛、新晃的马头羊都驰名侗乡内外。由于江河纵横，鱼成为侗人餐桌上的佳肴，当地鱼类品种很多，有鳜、鲤、鳙、马口鱼等数十个品种。

侗族地区林木繁茂，是全国著名的木材产地和全国八大林区之一，广西三江、贵州黔东南黎平县的乌下江、洪州，榕江县的乐里、湖南通道的播阳等地都是著名的林区和林木采伐区。侗族地区以产杉著称，黎平、榕江、从江出产的水杉高大挺拔，木质细密，纹理清晰，色泽美观。龙胜则以银杉闻名，高者20余米，细长碧叶，银光闪闪，十分壮观。其他如马尾松、香樟、楠木、梓木、柏杨等在侗族地区也颇为常见，钟萼木、篦子、三尖杉、杜仲、香果树、银杏、胡桃、白豆杉、木瓜红等则属国家级保护树种。除了林木，大森林还馈赠给侗人丰富的土特产和名贵的中药材：土特产有香菇、木耳、玉兰片、黄花、生漆、茶油、桐油等；中药材主要有杜仲、天麻、七叶一枝花、三七、大血藤、党参等。

侗族地区风景优美，大山名泉，瀑布飞流，比比皆是：怀化新晃县北高耸入云、横跨两峰的仙人桥天造地设；怀化通道双江镇顶天立地、独耸蓝天的独岩峰独岩挺秀；黔东南榕江县乐乡三山并列、形如笔架的笔架山宏伟壮丽；黔东南天柱县城东北拔地而起、耸立土坡的擎天石柱蔚为奇观；通道县坪阳乡高石岩飞泻、银花四散的阳洞滩瀑布声若雷鸣；黔东南从江一泻千丈、白雾浓烟的贡寨瀑布势如奔马；黎（平）从（江）交界处树木葱郁、溪水潆洄的弄堂海静穆神圣；广西龙胜县平等乡冷江刀切斧劈、浑然天成的拜王滩、将军岩历史悠久。钟灵毓秀、造化自然、雄伟壮丽的自然景观构成了侗人的生活背景，塑造了侗人淳朴、自然、灵秀、豁达的气质。

侗族地区名胜古迹众多，构成侗族地区特有的人文景观。怀化靖州苗族侗族自治县飞山上供奉着侗族首领杨再思神像的飞山庙始建于宋代，距今已有上千年的历史;飞山上飞来峰下马王城是后梁吕师周征飞山洞的屯兵之所,历史更为悠久。黎平县南泉山是一座佛教名山,自古以来香火不断,游人络绎不绝,南泉山寺宝顶庵正殿有天香阁,为明末南明兵部尚书何腾蛟读书之处,何腾蛟"蘸墨吃粽"的故事仍在当地流传。黎(平)从(江)交界下皮林王帽山有明万历十一年(1583)抗倭英雄邓子龙所题"过化"二字刻在山东面断壁崖上,两里之外清晰可辨,是一道引人注目的文化景观。

宏伟壮观的鼓楼是侗族建筑艺术之瑰宝,侗族地区的许多鼓楼都有一百多年的历史,因为历史的悠久和工艺的精湛而成为著名的文物。从江县的增冲鼓楼飞檐斗拱,形如宝塔,最上层放置一面大皮鼓,是贵州省历史最悠久、规模最大的鼓楼,被列为国家一级文物。黎平县雕梁画栋、装饰繁复的纪堂鼓楼耸立寨中,早在1982年就被列为省级重点文物保护单位。通道县的马田鼓楼始建于清顺治年间,整个楼身结构精巧,造型美观,是全国重点文物保护单位。三江县的马胖鼓楼位于广西三江侗族自治县八江乡马胖寨,始建于1928年,呈宝塔形,楼檐雕龙绘凤,画花饰锦,精美绝伦,也是一座国宝级的鼓楼。

风雨桥是侗族的另一特色建筑。三江县的程阳桥集桥、廊、亭三者于一身,在中外建筑史上独具风韵。三江县独峒乡的岜团桥是一座双层木桥,二台一墩,两孔三亭,在人行的长廊边另设牲畜行道,是古今中外独一无二的民间桥梁建筑的典范。通道的坪坦回龙桥建于清代,有专家认为其建造技术是国内桥梁建造史上罕见的活化石。黎平县的地坪桥造型美观,具有浓厚的民族建筑特色。以上诸桥,均为国家级重点保护文物。

侗族地区还有许多传统村寨保护完好,成为旅游胜地。贵州黔东南黎平县的肇兴侗寨号称天下第一侗寨,占地18万平方米,居民800余户,4000多人,全为陆姓侗族,分为五大房族,分居仁团、义团、礼团、智团、信团五团。肇兴侗寨被誉为鼓楼文化艺术之乡,全寨五个团,每一个团都有属于自己的标志性鼓楼,风格统一而又各具特色,在全国侗寨中绝无仅有,被载入吉尼斯世界纪录。肇兴另有堂安侗寨,是中国与挪威两国政府共同兴建的侗族生态博物馆，共有居民 170 多户，800 多人，全寨人以嬴、陆两姓为主，堂安侗族生态博物馆人文景观、自然景观都极为古朴优美。从江县的小黄侗寨距从江县城 20 多公里，包括小黄、高黄、新黔 3 个寨子，有 600 多户，3000 多人，整个村寨保持了比较原始的风貌，保存了许多古老的习俗，演唱大歌便是其中之一。小黄侗寨是闻名的侗歌之乡和音乐天堂，村中正式的歌队就有 20 多支，成员有 1000 余人。广西三江的程阳八寨也是著名的景观村落，它距三江县城 19 公里，自清朝以来，逐渐形成马安、岩寨、平寨、大寨、董寨、吉昌、平坦、平甫 8 个自然村落，居住着近万名侗族人。程阳八寨有百节之乡的美誉，每年旅游旺季之时游客慕名而来，蜂拥而至，络绎不绝。另外，榕江的高增、榕江的章鲁、湖南通道的芋头寨都是具有影响力的侗族村寨，是日益成熟的旅游资源。

侗族地区水陆交通便利，黎平机场和芷江机场也已经建成通航，湘黔铁路横贯镇远、玉屏、新晃、芷江，支柳铁路连通靖县、新晃、通道、三江，公路四通八达，陆上交通便利。水路方面，由于江河纵横，水上交通繁忙。便利的交通给侗族内部交往、外界沟通带来了极大的方便，促进了侗族地区经济的发展、文化的繁荣。

图 1-2　贵州黔东南黎坪肇兴侗寨

第二节 侗族审美文化的人文环境

一 侗族历史

侗族自称为"干"(gaeml),或"更"(geml),或"金"(jeml),他们相互间又称为"金佬""金绞""金坦"等,之所以有这些不同的称呼,是由于方音的差异。历史上,不同时期官府对侗族地区人民的称谓各不相同,最早被称为"蛮",秦时称为"黔中蛮",汉代称为"武陵蛮"或"五溪蛮"。魏晋南北朝时出现新的称谓"僚",唐代在沿用魏晋时期的"僚"的同时又出现了"僚浒"或"乌浒"的称呼。宋以后出现了"仡伶""仡佬""仡偒""仡偻"等一系列称谓,一直到明代才有"峒(硐、洞)人"或"洞蛮"之称。清代则多称之为"洞苗""洞民""洞家"。

侗族的形成约在宋代。《宋史·西南溪洞诸蛮》说:"乾道七年(1171),靖州有仡伶,杨姓,沅州生界有仡伶副峒官吴自由。"① 南宋陆游《老学庵笔记》卷四说:"辰、沅、靖州蛮,有仡伶,有仡僚,有仡榄,有仡偻,有山傜。"② "仡伶"(keec lanp)读音与侗族自称"干"(gaeml)音近,文献中所说"辰""沅""靖"等地,即今之湖南新晃、芷江、怀化、溆浦、靖县、会同、通道,贵州玉屏、三穗、天柱等县,正是侗族聚居地区,而且侗族的主要姓氏即为杨、吴两姓,这些都可以说明侗族至迟在宋代已完全形成。

侗族历史悠久,是五代时期便已在我国江南和岭南居住的百越人骆越支系的后裔。在侗族地区,有许多冠以"骆"音的地名,如从江县的"八洛""洛

---

① 张世珊、杨昌嗣:《侗族文化概论》,贵州人民出版社1992年版,第27页。
② 冯祖贻:《侗族文化研究》,贵州人民出版社1999年版,第13页。

香"，黎平县的"鸣洛""寨洛"，通道县的"杜洛"，榕江县的"乐乡"，"洛""乐"与百越人惯用的"骆"同音异字，可作为百越人为侗族族源的证据。《晃州厅志》有"厅东接龙标，西驰骆越"的记载。[①] 骆越人最早生活在今西江中游的广东肇庆、广西梧州一带，由于人口繁衍，土地不够耕种，迁徙到黔、湘、桂交界的地区居住。

侗族的社会发展经历了漫长的原始公社制。侗族神话传说"祖公上河"和"姜良、姜妹"的故事讲述了侗人在原始公社时期的生活状态：洪水为患，万物被毁，兄妹通婚，繁衍后人。虽然这只是神话，但起码反映了侗族先民曾有过的生活和婚姻情形。侗族社会漫长的原始公社制一直延续到魏晋隋唐时期，没有经过奴隶制，直接向封建制发展。在整个封建社会时期，侗族人民与反动统治者进行过不屈不挠的斗争，涌现了大批民族英雄。近现代侗族人民也积极参加反帝反封建运动的革命斗争，红军在长征中经过侗族地区，经历过"通道转兵""黎平会议"等重要历史事件。新中国成立后，侗族地区实行民族区域自治，如今，侗家儿女正和各族人民一起为实现中国梦而共同奋斗着。

二 侗族信仰

侗族没有完整意义上的宗教，民间大众信仰多种神灵，万物有灵是其宗教信仰的思想基础，人们既相信万物有灵，也相信五行八字、龙脉风水、因果报应。侗族主要信仰原始宗教，崇拜多神，萨神、各种自然神、祖先神、英雄神、图腾神等都是侗人崇拜的对象。由于外界宗教的渗透，明清时期，又传入佛教和道教，虽然侗族很多地区设庙堂，敬奉观音，但是侗族没有多少虔诚的佛教信徒，道士也多为居家道士，需要的时候为亡人做道场或为地方打太平醮。20世纪20年代，基督教也曾传入侗乡，先后有外国和中国的牧师到三

---

① 参见冯祖贻《侗族文化研究》，贵州人民出版社1999年版，第29页。

江、榕江、黎平传教，在三江富禄、林溪、古宜和榕江的乐里、杨洞等地开设教堂，但信奉者寥寥。

见佛则拜，遇仙便求，逢神即供。侗族社会意识仍然具有浓厚的泛神论思想，原始宗教观仍然是其社会意识形态的主要构成内容。原始宗教和传统意义上的宗教信仰不同，原始宗教信仰没有核心的神灵观念。侗族民众信仰的形态千姿百态，但所信奉的神灵不成体系，没有教义，没有严格的宗教仪式仪轨，没有严格权威的宗教领袖、经典，宗教观念散落在零星的民众日常生活中。侗人的信仰生活表现出十分明显的多样性、直接性、实用性特征。

（一）侗族民间信仰中的主要神祇崇拜

1. 萨崇拜

"古者，立国必须立庙；庙既立，国家赖以安。立寨必欲设坛，坛既设，则乡村得以吉。我先祖自肇洞（即今肇兴）移上纪堂居住，追念圣母娘娘功威，烈烈得布，洋洋以能保民清吉，六畜平安。请工筑墙建宫，中立神座，供奉香烟。"[1] 这是贵州省黎平县肇洞地区的一块碑文的内容，这块碑叫"千秋不朽碑"，立于1917年。

碑文中的"圣母娘娘"就是侗族的最高神："萨"。萨是侗族供奉的女神，在侗族原始宗教信仰体系中，具有至高无上的地位。民间对萨的来源有多种传说：贵州榕江一带的侗族传说，萨神名叫信女，是侗族人民开辟侗区的始祖；从江九洞一带侗族传说，萨是曾多次率领侗族打败来犯敌人的英雄姐妹；广西龙胜平等一带的侗族传说，萨是三国时期南蛮首领孟获的夫人；贵州黎平、湖南通道、广西三江大部分地方的传说，萨是杏妮，本是一位下凡的仙女，一位为地方除暴安良的女首领。[2] 萨的来源学界有几种说法：萨是侗族的远祖母神，生育了天地人间的万物；萨是侗族神话中的女娲神，创造了天下仅有的

---

[1] 冯祖贻：《侗族文化研究》，贵州人民出版社1999年版，第127页。
[2] 参见龙耀宏《侗族"萨神"与原始"社"制之比较研究》，《贵州民族学院学报》（哲学社会科学版）2011年第2期。

姜良、姜妹两兄妹，他们相配成婚后才有了人类；萨的原型是宗族女英雄。这是学界比较认可的集中观点。朱慧珍女士则认为萨是"日神""蜘蛛神"，是部落图腾崇拜的产物①，张泽忠先生认为，萨为原始始祖神，"其原型明显带有旧石器时期狩猎社会大母神和新石器时期地母神的记忆痕迹，是人类圣婚时期性活力、生命繁殖力的神圣象征"②。龙耀宏先生认为侗族的萨应该就是中国上古时期的"社"，并从萨的名称、神坛建置、祭祀仪轨等方面证明萨与上古社制信仰的密切关系。③ 20 世纪 90 年代以来，侗族的萨文化已引起了学术界的广泛重视，也引起过诸多探讨，但对萨的本质、起源，萨是人神还是自然神，是图腾崇拜、祖宗崇拜还是自然崇拜等根本问题，仍没有定论。

在侗族人观念中，萨既非某个具体的偶像，也不是某种虚幻的存在，她是万民敬仰、无所不能、主宰一切的神。她能镇宅驱鬼，保境安民，佑人畜兴旺，保村寨平安，能让远行的人们平安吉祥，一帆风顺。总之，萨是集保护、主宰、兴旺、启示多种功能于一身的宗教理念的产物。广西龙胜一带的侗族人用这样的歌词表达对萨的赞美：

> 高山连着高山啊，
> 这是我们的屏障。
> 我们神圣的祖母啊，
> 你是这深山的阳光。
>
> 坛里的白石多亮啊，
> 表明你没有离开众生的身旁，

---

① 参见朱慧珍《原始宗教和侗族民间艺术》，《贵州民族研究》1991 年第 1 期。
② 张泽忠：《侗族萨玛节与萨玛神民间信仰》，《白色学院学报》2012 年第 5 期。
③ 参见龙耀宏《侗族"萨神"与原始"社"制之比较研究》，《贵州民族学院学报》（哲学社会科学版）2011 年第 2 期。

坛外的古树多葱茏啊，

你的福荫护照着侗乡四方。

上文碑文中说"立寨必欲设坛"，歌里提到的"坛"即萨坛。萨坛是祭祀萨神的神圣建筑。侗族各村寨都建有萨坛，萨坛建造形式不尽相同，也没有统一的规定，有的用土石垒成圆形状，有的用卵石砌成圆锥体，有的则于地上独竖一石，总的来说，土石垒成的坛丘状萨坛较为普遍。尽管各地萨坛的规制、形状不完全相同，但其中反映的宗教观念和透露的文化信息却是一致的。萨坛的建造颇有讲究，先由风水先生占卜择地，然后在吉地挖坑，并在坑中定好金、木、水、火、土五个方位，然后在"土"的方位安放物品，安放的物品各地不尽相同：有的放置萨的偶像，有的放置日常生活用品，有的放置纺织用具和刀剑等，有的几者皆有。物品安放以后封土为丘，垒石为坛，最后以桑树做成的万年伞插入"土"字位置的正中央，是为常青树。

2012年7月，笔者随海峡两岸高校2012年侗寨文化景观调研团在通道参观了一次安萨祭萨仪式。7月23日上午，浩浩荡荡的游行队伍先举行游寨仪式，队伍的组成是：黑色侗族长衫的老者、蓝色侗衣的年轻姑娘、抬萨的轿子、老妇人、芦笙队。队伍先到各庙宇、土地祠祭祀，然后来到坪坦村广场。仪式开始，安萨人员一步步往事先挖好的土坑里安放物品，解说人员适时解说各种物品的象征含义：第一步，放一枝桑树枝，上挂五色丝线串起来的一串铜钱，桑树代表上天的视听，铜钱代表天圆地方，五色丝线代表东西南北中五方；第二步，放取自高山瀑布旁的野葡萄藤，象征萨神像葡萄枝叶那样繁茂，荫护侗家；第三步放的是一撮山冲的朽木里自发的细浮萍，象征旺盛的生命力；第四步，放进去一勺两江汇合处的旋涡水，象征侗人的包容和无所畏惧；第五步，安放一棵来自山里又高又直、无风自动的草，象征着灵性。放完这些充满象征意义的物品后，接下来是炊具，如铁锅、火钳、碗、盘、罐之类，还有纺织用具纺纱机、织布机。最后用一个巨型的蔑编簸箕罩住，填土。安萨仪式上还举行了淹猪祭祖仪式：按照侗族祭萨规定，萨岁坛上要求摆放一叠纸钱、一碗大米、香、一把红伞、六个竹筒酒、一只活鸡、新鲜的猪头和四个猪脚。为了取得新鲜的猪头和猪脚，必须举行淹猪仪式：先准备一桶水，四个侗族年轻人抬来一头猪，众人合力，按猪头入水淹死，专人取下猪头、猪脚，送上萨坛，供奉祖母神。此时主持仪式的高上村吴昌恒祭师焚香化纸，念念有词，从笼子里取出活鸡，祝祷，饮一小口酒，再用手蘸酒，分别洒向天地，唱颂词。按照侗族传统，接萨、安萨仪式的那几天，寨内禁止生火，安萨仪式上有一个接火种的仪式，火种产生后，由一名四世同堂、儿女双全的妇女做代表接过火种，先带进鼓楼，然后老百姓接火种回家。

碑文中说："中立神座，供奉香烟"。萨坛往往有专人看守，守坛者或世袭，或由卜测产生。萨坛是一个巨大的话语符号，言说着一个充满神性的空间。与汉族地区的祖庙、宗祠不同，萨坛没有特定的神主牌位，但是，祭萨是侗人生活中的一项重要内容，斗牛、出行、征战、建楼都要祭萨。"萨"崇拜对于侗家人，远不像基督教、佛教那样神圣庄严，各种祭萨活动带有浓郁的民俗意味，祭萨的各种礼仪具有更多的民族凝聚力的功能。从时间上看，各地祭祀时间不统一，人们在萨坛祈求萨在新的一年里降福消灾，保寨安民，风调雨顺。祭毕，众人围坐萨坛就餐，表示与萨共进午餐。祭萨供品通常为草鱼、糯饭以及鸡、鸭、猪、羊等，因为见血不利，祭萨的禽畜必须在水中淹死，忌刀杀。祭萨仪式中有一个重要的象征符号，那便是伞。祭萨游寨时，掌萨人擎着一把半开的黑伞罩住脸，走在游行队伍最前面，另两个人各扛一把红纸伞紧随其后。伞是侗族社会和文化结构中的象征符号，是庇护与权威的萨岁象征，在结婚仪式、丧葬仪式等各种仪式语境中都有伞这个象征符号出现。长期以来，在侗族民间形成了一整套萨文化，萨的传说故事、歌谣、踩歌堂、吹芦笙以及各种敬萨祀萨活动等，在侗族文化史中占有重要地位。

图 1-3 湖南通道高步村萨岁堂

2. 自然崇拜

侗族的自然崇拜是把自然事物和自然力直接看作有意志的东西加以崇拜，侗族自然崇拜的主要对象是风、雨、雷、电、水、土、树、山、石等。侗族人心目中有很多保护神，包括土地神、地脉龙神、山神、火神、水神，以及各种动植物、器物（包括牛圈、猪圈、鸡圈、鸭舍，农具、桥梁、古树、果树、大岩石、碓、灶等）的神灵。

人生靠土养，人死靠土葬；土能生万物，地可发千祥。侗人对土地神的崇拜最为虔诚，侗族每寨必有土地坛，所谓"坛"，其实比较简易，用两块石板竖立为架，上横盖一石板，内置灯台、香炉、小茶杯等，门上挂一小幅红布，多数于其一侧栽上小黄杨树。行走侗乡，在桥头、寨门、路口、山坳、井边、凉亭旁，甚至自家的神龛下，都可看到土地祠，人们对土地神出门三叩首，早晚一炉香。出门远行、集体围猎、砍山拉木、岁时节日、病患降临，都要到土地祠供奉祈祷，请求土地神暗中福佑。简易的土地祠门坊上写着"保一方清洁，佑四季平安"，或"公公十分公道，婆婆一片婆心"。

侗族地区经常能看到"泰山石敢当"这样刻写在石头上或者毛笔书写在房屋木头上的文字。在一个阳光灿烂的日子，在侗寨的一个木楼的柱子上，笔者第一次看见这几个字，感觉十分震撼，因为它让人感到一种特别的气势、力量、硬度、强度、豪气、霸气。笔者惊叹世界上有这么飞扬跋扈、不可一世的文字。毛笔字体歪歪扭扭，却丝毫不影响它给笔者的感觉。

关于这几个字，据说有两种读法。

一种读法是：泰山石——敢当。来自泰山的石头，敢当一切妖魔、邪祟、厄运、灾难、祸事、不幸；祛风、防水、辟邪、止煞、消灾、镇鬼。如果这样读，供奉它的人崇拜的是石头。

万物有灵，石头也不例外，更何况人类与石器相伴漫漫 300 万年，笨拙地用它狩猎、宰杀禽兽、切割兽皮、砍伐树木，先祖们对它怀有特殊的感情，用它随葬。于是人们相信，石头是生命的本原，创始的母体，女娲炼石以补天、精卫衔石而填海。《淮南子·修务篇》竟然说："禹生于石。"

因为对远古石头之梦的追忆，人们读到了"木石前盟"、石猴西游的神话。如今人们仍然热爱石头，迷信石头，那些奇石、玉石爱好者，无不是在石头中追寻自己的迷梦。

羌族和藏族供奉白石神，欧洲、非洲北部以及印度等地的"巨石建筑"，韩国的石头爷爷，台湾的石母娘娘，均说明石头崇拜是一个普遍的现象。

另一种读法是：泰山——石敢当。说石敢当是一个英雄的名字，他匡扶正义，除暴安良。除了"猛士石敢当"还有"晋朝将军石敢当""神医石敢当""李世民卫士石敢当"等。如果这样读，供奉它的人崇拜的是英雄。

中国人崇拜英雄，"英雄崇拜情结"的产生，至少可以追溯到原始氏族社会末期：战斗英雄、治水专家，都是人们崇拜的对象。

其实说到底，侗族人崇拜的或许还是文字，一块石头，写上"泰山石"它就能保平安，写上"石敢当"它就能祛邪祟，这是文字的魔力。

侗乡的"泰山石敢当"相当之普遍，有石质的、木质的，在大门口、屋角、房前、桥路冲要之处，甚至猪圈、牛圈都可看见。有的还在这几个字上画八卦图、镶矩形银镜，或者书"姜太公在此善神见喜煞神回避百无禁忌"字样。

图1-4 湖南通道高步村民居朝向路口的梁柱上手书"泰山石敢当"

侗族人不仅崇拜土地、石头，还崇拜大树。树崇拜是古代世界各宗教与民间信仰中共通的文化现象，树的传说，树形图像在世界范围内广为流布。笔者在湖南通道县坪坦乡阳烂村村口看见一棵大树上挂红布，布中间用大号字写着"奉拜千古老林佛上"，右书"长命百岁"，左书"易养成才"以及小字书写的敬拜者的姓名。通道县平坦乡回龙桥桥头的大树上的红布中间写着"慈心奇（疑为寄）拜父母告"，右书"老如青山不动"，左书"日如江水长流"。香椿树被九寨侗族看作树中之王，是能吓退恶灵凶鬼的神树,所以有条件的人家都用香椿木作为堂屋大门的门枋,以驱鬼避邪。侗族地区拜树为父母,用树辟邪的现象无不表明,树以其高大的形象负载着侗族民众与神灵沟通、与天地沟通,像神一样自由地来往于天地人间的渴望。

对这些保护神,人们在必要的时候会备香烛纸钱,刀头酒礼敬祭,没有生命的农具也会得到侗人的祭拜。祭农具一般在大年三十的晚上,人们将纸钱捆在农具把上,把它们放在清净处,新年出门前解下来烧掉。有的用字符,禽圈上贴"姜太公在此,百无禁忌","六畜兴旺"。

侗人心目中的自然神除具有多样性以外,还具有直接性的特征和实用性特征。他们的祭祀、祷告、赞颂也完全是实用性的,并不是为了精神的解脱,求得在彼岸世界的幸福,而是为了马上即可兑现的好处。侗族对自然物的祭祀活动和崇拜现象与其说具有宗教的意味,倒不如说更具有习俗的意味。侗族的这些祭祀活动没有人为宗教的欺骗与强制成分,而是一种宗教情怀的自然流露,带有自发的性质,更多地表现了人与自然的关系。

3. 祖先崇拜

侗族祖先崇拜分为家祖、宗祖、始祖崇拜。著名人类学家,英国的弗雷泽认为:"在各种形式的自然宗教中,几乎没有一种形象像永生信仰与死者崇拜这样在人类生活中产生如此深远的影响。"[①] 家祖指直系亲属的先辈。侗族民众相信人生前有神魂附体,死后有三魂:守家魂、守坟魂、投胎魂。人死后魂魄并不离开居所,因此侗家普遍安设祖先位置,一般将火塘之位设为祖先之位,用大红纸标明神位,正中为"历代君亲师之位",两侧为"某氏历代宗祖,当境应敬神祇"之句。变成鬼魂的祖先生活在鬼的世界里,但又与人间的子孙有来往,"人们走路,祖宗跟后"。人们相信,只有在阴间的祖先安宁,阳世子孙才能昌盛繁荣、兴旺发达。侗族人的祖先崇拜不仅体现在各种烦琐的祖先崇拜仪式上,也渗透在各种生活细节之中,人们一日三餐为祖宗添一副碗筷,节

---

① 郭跃华:《死的困扰与生的执著》,中国人民大学出版社 1992 年版,第 28 页。

庆宴饮，必焚香化纸，敬酒敬茶。人们相信祖先与自己同在，无不以他们的仁爱之心福佑人间的后世子孙，因此，凡诉讼、抗敌、出门、应试、求婚、经营，甚或伐木、放排无不先向祖先敬祭，祈之暗中相助，顺利而行，如意而归。祖先的作用如此巨大，因而家中供奉祖先的神龛被视为神圣之处，一切刀剑、戈矛、弓弩甚至棕索等凶器，都不可放置其上，否则会因为对祖先的大不敬而招致惩罚。

侗乡流传着"十人站不如一人躺"之说。由于侗人相信灵魂不死，生命的存在是永无止境的循环轮回，因此如何安置死者的遗体方能使不灭的灵魂有一个安居的去处，是人们非常重视的问题，这使得侗人分外重视坟地的选择，因为坟地的好坏直接影响到其子孙的生活。好的坟地有"左青龙""右白虎"之说，意思是两边都有山的坟地风水最好，左山为"青龙"，右山为"白虎"，两座山的形状和高低也有讲究，必须是"青龙"高于"白虎"，因为"青龙"预示男性子孙的未来状况，"白虎"预示女性子孙的未来状况。如果"青龙"低于"白虎"，则意味着后代会阴盛阳衰，于男性传宗接代不利。

宗祖崇拜。在侗乡，有的村寨不分姓氏过同一节日（如吃冬节）以祭祀祖先，同时，各大姓氏有自己的姓氏节日，湖南通道的双江、黄土、坪坦、陇城、甘溪、马龙、传素等乡镇的吃冬节时间各不一样，风俗也各有区别，如：独坡骆团吴姓过"十一节"，每年的农历十月十一日，该姓祭祀祖先，仪式完毕以后，让一人挑着一担装有衣服等日常用品的担子到寨门口去稍放片刻，意味不忘祖先的艰难岁月；独坡一带的黄姓和龙姓，过祖宗节时，砍新竹、削新筷子祭祀祖先。

与汉族的清明扫墓有所不同的是，侗族地区的"挂清"不仅是祭拜自己的父辈或祖辈，而是要祭拜同一个房族的所有祖先，甚至七代、八代以前的祖先都在"挂清"的对象之内。

第一章　侗族审美文化的生态与人文环境

图1-5　广西三江侗族博物馆内展示的侗族祖先牌位

始祖崇拜。在蒙昧的原始社会阶段，侗族先民无法从科学的角度去理解大自然的种种现象，因此他们创作了许多对社会现象进行想象性解释的神话。侗族先民所崇拜的"鸟"是由蛋孵化而来，因此他们认为人也是卵生的，在侗族古歌《侗族祖先哪里来》中，第一章《龟婆孵蛋》是这样描述的：

四个龟婆在寨脚，它们各孵蛋一个。
三个寡蛋丢去，剩下好蛋孵松恩；
四个龟婆在坡脚，它们又孵蛋四个。
三个寡蛋丢去，剩下好蛋孵松桑。
从那时候起，人才世上落，
松恩松桑盘后代，侗家子孙渐渐多。①

---

① 杨通山等编：《侗族民歌选》，上海文艺出版社1980年版，第66页。

古歌中的松恩、松桑都是从蛋中孵出来的，松恩、松桑结合后生下虎、熊、蛇、龙、雷、狐、猫、猪、鸡、鸭、姜良和姜妹十二兄弟姐妹，其中10人亦人亦兽，只有姜良、姜妹以完整的人类面目呈现于世，姜良、姜妹便被视为侗人的始祖，受到侗人的广泛祭祀。

4. 文化英雄崇拜

侗族人民敬仰萨神、祖先、土地万物，也敬仰玉皇大帝、太上老君、佛祖、阎王、菩萨、观音，还敬仰孔子、诸葛亮、关羽、张飞、鲁班、杨公等文化名人。文化英雄崇拜在侗族地区比较普遍，古圣先贤被侗族人赋予文化英雄的特性，为他们建堂修庙、立碑塑像，对他们进行供奉、朝拜。行走侗乡，见到比较多的是飞山庙，各地侗族均供奉唐末诚州刺史号称"飞山王"的杨再思。杨再思是唐末五代靖州飞山峒蛮首领，是古代侗族的杰出代表人物，人称"飞山太公"。侗族人对杨再思怀有深厚的感情，到了宋代，杨再思被朝廷追封为威远侯，也同时为侗族群众所神化。凡侗族人聚居的地方皆建有飞山庙，每年的阴历六月初六是他的生日，这一天，人们在飞山庙前烧香点蜡，燃放鞭炮，击鼓鸣锣，在硝烟滚滚中向杨公神像三拜九叩。另外，侗族地区还有为祭祀孔圣人而建的孔庙，为祭祀文昌圣帝而设的文昌阁，为祭祀武圣关羽建有武圣殿，为祭祀保护村寨之神——城隍而设的城隍庙。三江侗族的许多风雨桥桥头和桥尾还分别供奉文财神——福禄寿三星中的禄星以及武财神关公。民族文化的交流与融合无处不在，代表着威、义、勇、忠的关公从汉族的神祇中骑马挎刀，走入侗族人的生活，同样成为侗族人的保护神和招财进宝的财神，不能不说是一个有意思的现象。

(二) 巫术与禁忌

1. 巫术

巫术是企图借助超自然的神秘力量对某些人、事物施加影响或给予控制的方术，从其施用的目的上看，可以分为白巫术、黑巫术两种，前者是为祝吉而应用的，所以又称作吉巫术，后者是为嫁祸别人施用的，所以又称作凶巫术；

从施行手段本身的活动方式又可分为模仿巫术和接触巫术。

巫术作为人类最古老的文化现象之一,体现了对自然、祖先、图腾、鬼神的崇拜。巫术作为一种民族风俗习惯对人们的精神生活有强大的约束力。侗族主要的巫术是符咒、卜择与神判。

符咒。咒术是人类有史以来最古老的文化现象之一,曾作为与人类社会蒙昧时期共存的文化现象,广泛流行于世界上诸多国家和地区。咒语是巫术的核心,它的出现基于人类原始社会的蒙昧状态对万物有灵的信仰。

几乎所有巫术的仪式都集中在咒语的念诵中,侗族也不例外。侗族民众认为,若有人多灾多难或身体虚弱,必是因为鬼神或邪气附于身上而造成,因此侗族地区巫和医是很难分开的,二者常结合,形成特有的"巫医"之术。人们生病之后,会请巫师作法念咒,如退病咒:"天兵退,地兵退,人兵退,鬼兵退。阳魂速上,阴魂速下,痛部燎燎,令退发烧,若还不退,置起五百蛮雷打退,若还不灵,化起五百蛮雷打下万丈深井。"

咒术在侗族生活中十分常见,小儿夜哭,念小儿夜哭咒:"大神口吞小鬼神,诸神百鬼走出门。如不逃出走千里,一口吞了诸鬼神。顺吾者生,逆吾者死。天皇皇,地皇皇,我家小孩哭夜娘。我是老君念咒灵,一觉睡到大天光。"[1]

丧葬起土,念丧葬起土咒:"一开东方甲乙木,儿孙代代有官禄,二开南方丙丁火,凶神恶煞归依我,三开西方庚申金,儿孙代代斗量金,四开北方壬癸水,儿孙代代中科举,五开中央戊己土,儿孙代代田庄入。"[2]

侗族的咒术除了由巫师直接念咒语,还有"符"咒,侗族至今还有起针符的习俗,当带小孩出门时,事先请巫师起针符,由巫师将咒邪鬼符"附"于针线上,将带符的针线钉在小孩的帽子上,这样可以驱邪避鬼,保孩子平安。

侗人认为万物有灵,人们无不听命于神灵。他们把一切自然现象和自然灾

---

[1] 吴炳升、陆中午主编:《侗族文化遗产集成·信仰大观》,民族出版社2006年版,第70页。
[2] 同上书,第78页。

害都归因于神灵的神奇力量,生活中的不幸和苦难都归因于鬼神意志。咒术以它特具的疏解困厄、心理安慰功能使侗人在自然灾难和变故面前得到心理的慰藉和情绪的释放。尽管方式神秘,却表现了侗人依靠自身的力量战胜灾难、改造自然的强烈愿望。

卜择。卜择是通过特定的巫术来卜算人事未来凶吉的一种行为。卜择是侗族生活中与信仰相关的一项重要内容,作为古老的民族,侗族十分重视卜择,卜择是侗人日常活动中不可或缺的环节。侗人把对自然讯息的观察结果作为征兆,以此来判断凶吉祸福,由此而演化为形式多样的卜择习俗,常见的卜测方式有卦卜、鸡卜、蛋卜、革卜等。杨保愿先生在《侗族祭祀舞蹈概述》一文中呈现了侗族人死后下葬时的鸡卜仪式:"仪式上主祭巫师左抓一只红公鸡双脚,(身首朝上),右操利剑,率众巫师环墓穴歌舞——待墓穴中火无炭息之后,主祭巫师来到墓穴旁,摇首顿足,吟咒作法,挥剑削去鸡冠一齿,以其鸡血在巫符纸上点点画画,然后,突然拧断鸡颈,抛鸡入穴,鸡在穴中飞扑翻腾,挣扎至死。巫师视其鸡的飞扑翻腾路线、情状与其倒毙的倒向、形状等,释出其中'内涵',此谓鸡卜。"[①] 人们把自己的选择和判断交给卜择的结果,根据卜择中的不同样态及其意义解释来确定自己的行动。笔者在广西三江采访侗学专家吴浩的时候,吴老先生专门解释了丧葬中的鸡卜含义。他说,鸡倒下的形状若是两脚朝天则是阴卦,不吉,葬后过几年需换地再葬;侧身倒在墓穴中,则是定卦,说明墓穴风水好;若鸡俯身扑下,则是阳卦,不太好,但墓穴可以用。鸡卜是非常古老的民俗事象,它的产生可能与雄鸡信仰、雷神崇拜、阴阳原理有关。"蛋卜"是用生的蛋白的流动方向和熟蛋黄的形状、位置来确定吉凶的一种占卜方式,用于渔猎、寻觅走失的牛和迎亲等。卜择是侗族宗教泛神论在日常生活中的一种泛化。

神判。神判即神明裁判。神判是一种古老的、世界性的人类学现象,它存在于世界上许多国家和民族的文献、法典、习俗之中。在中国西南、北方少数

---

① 杨保愿:《侗族祭祀舞蹈概述》,《民族艺术》1988年第4期。

民族习惯法中，有许多具体的神判表现形式，比较常见的神判有捞沸、铁火、占卜等。侗族相信万物有灵，一切都在神的掌控之中，在依靠寨佬和"先生""师傅"的智慧和力量无法解决某些疑难或纠纷时，往往转而求助于神的意志而获取判决方案。侗族神判的形式很多，主要是吃生鸡血酒和捞油锅。吃生鸡血酒是在案情无法判断时，双方请德高望重者为中人，砍公鸡之头滴血入酒，双方对天发誓：若谁作恶谁就不得善终，日后视有灾祸者为理亏一方，灾祸即神灵对作恶者的惩罚。捞油锅是在无法判定是非时，将一金属物放入滚烫的油锅中，当事双方轮流从油锅中取出金属物，若谁的手被烫伤，即被视为理亏一方。

2. 禁忌

弗洛伊德《图腾与禁忌》一书认为，禁忌包含着双重含义：一是崇高的、神圣的，唯其崇高神圣故而凛然不可侵犯；二是神秘的、危险的、不洁的、禁止的。[①] 禁忌是一种社会心理层面上的民俗信仰，是人们对诸多自然和社会现象在疑惑与恐惧之中添加许多清规戒律的结果。禁忌是侗族传统社会根深蒂固的民间观念，侗族民间有比较系统的禁忌观念和禁忌行为规定，渗透在侗族生产、生活、饮食、婚丧嫁娶诸多方面，禁忌之多，可谓动辄得咎。侗乡的许多行为都是禁忌的结果，侗乡"路不拾遗"的淳风美俗一贯为人称道，这一方面得益于侗人的民风淳朴，另一方面，更为重要的是因为人们相信鬼魂能够依附于各种物品，病人或遭遇过灾难的人禳灾祛祸的方法就是拿自己的衣物等请巫师作法，丢弃户外，将作祟于人的鬼魂转嫁于捡拾者身上。禁忌是源于内部自我力量的软控制形式，侗人在潜意识里认为拾取他人物品就有招致灾祸的可能，路不拾遗因而成为一条源于自我而非外在律条的行为准则。

侗族特有的地理环境和历史人文，是形成侗民族审美文化的基础和背景，正是在这样的基础和背景中，形成了侗族审美文化的特征与基本品格。

---

① 参见［奥］西格蒙德·弗洛伊德《图腾与禁忌》，杨庸一译，中国民间文艺出版社 1986 年版，第 32 页。

第二章 侗族审美文化的总体特征

审美文化作为感性和理性的统一，归根结底体现的是人，反映的是人，而人是具体的、特殊的、不同的，那么以人为根本的审美文化也自然有着地域、国别，特别是民族的差别。民族性是审美文化的本质属性，侗族人民创造了美，热爱着美，侗族的文化性格、观念、理想、趣味形成了本民族独特的审美趣尚和风貌。笔者拟从四个方面探讨侗族审美文化的基本取向：侗族审美文化在审美价值方面体现为精神意趣上的俗世化；在审美风格方面体现为风格倾向上的优美化；在审美目标方面体现为实践目标上的娱乐化；在审美范围方面体现为外延范围上的生活化。

第一节 审美价值论：侗族审美文化精神意趣上的俗世化

人该怎样活着才最理想、最美好？在侗人看来，答案应该是在人间，在充满生机的俗世，在饮食男女、生老病死的此岸世界，而非虚无缥缈的天国和彼岸。衣食住行、文学艺术、乡规民约，无论是物质、精神还是制度层面的侗族文化，从审美的角度来看，都具备一种重生的现实感怀，飞动的生命情怀，侗族审美文化似乎更侧重世俗的层面，更倾向于现实美感，更多关注自身的美。

一 重生的现实感怀

审美文化与宗教文化之间存在着不可分割的关系，侗族社会的宗教是一个具有实际应用性质的信仰体系，在侗族的各种宗教信仰活动中，实用祈求多于宗教情怀，对现世利益的关心多于超出三界之外的终极追求，重生的现实感怀，俗世的精神意趣，是侗族审美文化的突出表征。

侗族民间信仰有别于以彼岸世界为现世人生价值目标的宗教，不重神圣性与终极目标，其根本出发点是现世生活的美好安宁。侗人相信凡人皆有灵魂，认为人之所以能安然于人世，是因为灵魂附着于肉体，所以他们对灵魂倍加关注，小心呵护：婴儿诞生要举行接魂仪式，因为婴儿虽到人世，但灵魂尚在高顺鹅安徘徊，婴儿诞生满三天的时候举行的接魂仪式可以让桥头萨保护婴儿魂魄顺利来到阳世；小儿不适要举行喊魂仪式，因为小儿身体娇弱，肉体不能牢牢地吸附灵魂，以至于灵魂在邪祟的影响下会暂时游离，这种时候，家人需在黄昏时焚香烧纸，一步一步将其灵魂喊回家；成人重病要举行招魂仪式，在侗人理解中疾病一定是灵魂出窍，失魂落魄所致，所以需在大门口用板凳当桥为其招魂；至于那些久病不愈、神志不清者则要举行赎魂仪式，因为久病不愈、神志不清必定是灵魂被鬼魅长时间劫持，因而需要法师捉鬼驱鬼，用"魂米"收惊等方式为失魂者安魂定魄。伴随侗人一生的各种接魂、喊魂、招魂、赎魂等一系列的安魂法术与信仰体现着侗人对生之重视，对神秘模糊的彼岸世界的恐惧与抗争。

图 2-1　湖南通道坪坦河回龙桥边木牌

注：木牌上书："天黄地绿，小儿夜哭，君子一念，睡到日出"。

在侗人看来，人死之后还有三个灵魂：投胎魂、守家魂和守坟魂。三个灵魂各有所归，但又无一不指向现世：投胎魂回到祖灵之地高顺鹅安，根据自己的前世因果投胎转世，守家魂则留在家中神龛牌位上保护家人，守坟魂似乎脱离了人世，留在孤寂的坟地，但是并未失去与现世的联系，因为它担负着福泽后代的职责。所以，肉体虽死，但仍在人世得永生。

因为灵魂的观念，侗族崇生，也重死，侗人对死的重视体现在繁复的丧葬仪式中，接气沐浴、招魂超度、入棺发丧、乐穴安穴、下葬复山，各种哭号、孝道，各种仪式、祀奉，各种巫术、习俗，无一不是为了告慰死者，让其安心离开阳世，不再打扰生者生活；无一不是要贿赂死者，让其在另一个世界行善，保佑生者得享福泽和长生。侗人对寿终正寝者的丧礼充满着繁缛的仪式，因为人们祈望他们的福佑，而那些坠崖溺水、枪击雷劈、难产夭折的凶死者，死后会变成恶鬼为害人世，所以他们的尸体不得进家门，不得入祖坟，只在荒郊野地草草掩埋，并在坟墓上覆盖带刺的树枝以防其鬼魂窜出，甚至以符箓、法术、咒语进行打击或禳镇。同为亲人，因死法不同而体现出的情感、态度的决然不同，取决于死者是否能带给生者利益。

二 飞动的生命情怀

强烈的生命意识，飞动的生命情怀，是侗族审美文化指向人生俗世的重要原因，而侗族人对生活的渴望、生命的礼赞尤其体现在侗人的生殖崇拜之中。

侗人祖祖辈辈生活在交通相对不便、生存条件比较恶劣的南部山区，他们以坚强的性格、乐观的态度从事着生活资源的生产和人类自身的生产。在侗人看来，自身的繁衍与物质资源的获取同等重要，因此生殖崇拜成为他们信仰的重要内容。在生产力水平相对低下、医疗卫生条件相对落后的状况下希望人丁兴旺，自然有一定的难度，因此人们将生殖繁衍视为神秘现象，甚至对性器官顶礼膜拜。湖南通道侗族自治县黄柏一带的侗族每逢子年和午年的农历八月十五都要举行一次淹牛仪式，将一头公牛沉入深潭淹死，割下生殖器供奉于当地崇拜的男性祖神"三容神"前，祈求人口繁衍，村寨兴旺。这种仪式并非个别现象，十月初一，双江一带的侗族会将母猪淹死，割阴具祭神后煮汤分食，以期人丁兴旺。

侗族的生殖崇拜还表现在各种求子仪式中，求子妇女在女巫师的带领下找到祭祀大树后象征着男根的石柱，然后坐在石凳上，四个女巫围着他们做媾和动作，并朝她们洒"灵水"，然后又在女巫的带领下来到象征女性生殖器的水井边祭井，裸体浴身，饮巫师舀起的井水，以示"灵水入身，多子多福"，再由巫师举行"架桥接子"的法术。①

从上文中我们已看出,侗人的生殖崇拜意识已通过敬神仪式、求子仪式得到充分体现,而这种意识尤其体现在舞蹈《天公地母舞》中。通过原始舞蹈表现生殖意识是各民族共有的特征:黑龙江满族的《野人舞》中舞者直接模拟性交动作;普米族的《压土舞》中表演者则将生殖器画在身上;苗族的《茅古斯舞》中表演者每人胯下夹着一根又长又大的模拟男性生殖器的木棒——"神棒";河南淮阳祭祀伏羲和女娲的人祖庙保留有祭人祖舞蹈《挑花篮》,其中的动作"剪子股"明显是"交尾"的象征;广西融水苗族春节上演的《芒蒿舞》由七至九个戴着面具的男子表演,表演时,男人们在激烈的鼓声中跳跃,故意追逐女青年,并做性交的象征动作;哈尼族的《同尼尼》舞中男子面鼓而舞也是性舞的一种表现形式。杨保愿先生在他的《侗族祭祀舞蹈概述》中描述了如今已不再多见的《天公地母舞》:"天公和地母在一起舞蹈。一人代表天(戴白色蓝纹面具),一人代表地(戴青色黄纹面具),锣鼓开场,随之牛角号、海螺号、萨巴号齐鸣,代表天的祭师手持鼓棒(棒端球形,根部扎五色布条,象征男性生殖器),作寻觅动作从左边出场。代表地的祭师手持扇鼓(亦称'太平鼓',圆周亦扎五色布条,象征女性生殖器),做摸找动作从右边出场,行一正一反螺纹路线。相互寻觅、摸找,交错位置,变换路线。后来,天公发现了地母,地母也发现了天公,双方乜斜辨认,一方以棒,一方以鼓,互相挑逗、勾引媾合动作。于是鼓棒开始点击鼓面,或轻或重,或缓或急,表演者以鼓声为节,做各种抚摸、偎依、媾合动作。最后,天公张开披毯,将地母裹抱——天地混沌不分。"② 整个舞蹈动作粗野、怪诞、蛮荒,充满性暗示,古朴、大方、热烈,极具原始风情,看似猥亵的舞蹈表演,其实具有庄重而认真的意蕴,抱有繁衍子孙、延续种群的美好愿望。

侗族的信仰是重生的信仰,侗族的民俗是重生的民俗,基于这种信仰和民

---

① 参见杨保愿《侗族祭祀舞蹈概述》,《民族艺术》1988年第4期。
② 同上。

俗的侗族审美文化必定体现出它重生、乐生的特质。

第二节 审美风格论:侗族审美文化风格倾向上的优美化

审美文化总会表现出某种性格气质,风格特色,或阳刚或阴柔,或优美或壮美。从形态来看,侗族审美文化比较倾向于阴柔,偏重于优美。侗族审美文化较少矛盾、冲突、动荡、怪异、诡秘、凌厉、恐惧等特征,而倾向于平和、含蓄、阴柔、内敛、清新、和谐等优美特征,具体表现为自然环境的清新优美,社会关系的和谐优美以及文学艺术的含蓄优美。

一 自然环境的清新优美

侗族居住在我国南部丘陵地区,来到侗族聚居地,映入眼帘的往往是这样的景象:郁郁葱葱的青山,清清的小河流水,风雨桥,鼓楼,吊脚民居,咿咿呀呀转动的水车,戏水的孩童,午后阳光里榕树下闲坐的老人,挑着庄稼担子行走在田间小道上的农民把身子潜在树荫下的溪流里,不时露出脑袋悠闲地环顾四周的大水牛——这是一幅多么和谐而美好的画面,既有田园的幽静,又生机盎然!

自然是侗族先民初期直接崇拜的对象,在他们看来,自然界中存在着某种神秘的、超人的力量,因此他们对自然保持着充分的敬畏之心。侗族是依山临水而居的民族,大山给他们提供了生活的资源、天然的屏障、活动的场所,因此侗人上山打猎、入林砍柴、挖坑烧炭、伐木放排都会用仪式礼敬山神,求得山神的宽恕和原谅。水在侗人生活中具有重要的意义,每年首次下河或到井边汲水都要携带香纸,在河岸旁或井沿边点火焚化,而后汲水到家。在榕江车江一带,每年初春,妇女们还集体到井边跳多耶舞,用酒食敬祭井神,感谢井水

图 2-2 贵州黔东南黎坪侗寨山、水、楼与水车

四季长流,清凉甘甜,带给人们幸福。土能生百谷,地可发千祥,土地滋养万物,作为稻作民族,侗人更明白土地在他们生活中的意义。到处可见的土地祠、土地庙昭示了人们对土地的化身——土地神的礼遇,出门三叩首,早晚一炷香,恳求土地赐给人们粮食、丰收和希望。因此人们处处小心谨慎,春天要选择在属"土"的日子让种子下土,"土王用事日"绝不动土。在侗族,寨头的一棵古树、路边的一块巨石、山里的一个溶洞都能得到人们的爱惜、保护,甚至敬奉,人们相信在这样的爱惜、保护和敬奉中,他们必然得到诸神的保佑,自然的回馈,自己和子孙后代也必将能永久与山川河流、古树巨岩、凉亭水井、道路桥梁相伴而生。

侗人视大自然为自己的衣食父母,因此侗族乡民绝不会竭泽而渔,焚林而猎。强烈的环境意识形成特殊的民俗,在孩子出生的时候,侗人唱着"十八杉,十八杉,姑娘生下就栽它,姑娘长到十八岁,跟随姑娘到婆家"。侗人不会用织得很细的网捕鱼,不会用赶尽杀绝的方式田猎,他们懂得留有余地,大自然也在他们的珍惜和敬畏中源源不断地给侗人以回馈。同时,正因为侗人强烈的自然和生态意识,侗乡得以处处青山,碧水环绕,蓝天白云,鸟语花香,在这样的环境中栖居、劳作的人们,眼神是清澈的,思想是纯净的,心灵是美好的，生活是诗意的。

二 社会关系的和谐优美

美即和谐，这是世界各民族的共识，早在公元前7世纪左右，毕达哥拉斯学派就指出和谐是最美的，柏拉图、亚里士多德等哲学家也都把美界定为一种和谐，和谐几乎被公认为是一种最高的审美范畴。和谐是侗族文化的关键词和首要特征，这种和谐具体表现为人与自然的和谐共生、人与神的和谐交流、人与人的和谐相处。

1. 人际和谐

侗乡人际关系和谐，邻里乡亲，和睦相处，村头寨尾，团结互助。为表示大家同心同德，传统侗寨还会举行"同心树祭"：将一棵楠木树或枫树连根挖起，移植到氏族祖公祖母埋葬地，每家人各在树周围栽一根木桩，将树围在中间，各家从树上牵一条彩布系在木桩上，这样，这棵"同心树"便像一把张开的五彩大伞，大家围着这把象征着侗族祖母伞的同心树献祭、歌舞、祈祷、祝福。[①] 共同的祖先崇拜、萨神信仰让大家紧密地团结在一起，亲如家人、互敬互爱、守望相助、患难与共。

共同的信仰是侗族人际和谐的重要基础，款文化则是侗族维持侗族人际和谐的重要保障。《侗款起源》说："古时人间无规矩，父不知怎样教育子女，兄不知如何引导弟妹，晚辈不知敬长者。村寨之间少礼仪。兄弟不和睦，脚趾踩手指；邻里不团结，肩臂撞肩臂。自家乱自家，社会无秩序。内部不和肇事多，外患侵来祸难息。祖先为此才立下款约，订出侗乡村寨的规矩。"[②]

侗族团寨社会逐渐形成的款文化系统，是对侗族民间生活进行规范的力量。人们在"补腊"或"斗"中的头人带领下组成小款，然后合小款为大款，

[①] 参见杨保愿《侗族祭祀舞蹈概述》，《民族艺术》1988年第12期。
[②] 张世珊、杨昌嗣：《侗族文化概论》，贵州人民出版社1992年版，第56页。

合大款为款联盟,各级款首组织大家宰牛歃血,盟誓立碑,立下"六面威规""六面阳规""六面阴规",各"规"各有职责:"六面威规"对村民的礼仪、道德做出要求;"六面阳规"对情节不甚严重的逾越规矩行为做出罚款或敲锣喊寨以示悔过的处罚;"六面阴规"则罗列种种严重的罪行,立规严惩。人们在"立款""讲款""聚款""起款"的活动中订立、修改、宣传款约,在"约青""约黄"中创造、执行、完善款文化。款组织及其款规款约的权威性造就了秩序井然的侗族社会生活,从而做到村村寨寨夜不闭户,路不拾遗。

2. 群际和谐

侗族的群际和谐既体现在侗族内部的群际之间,也体现在侗族与其他民族的族际交往之中。侗族社会集体社交、相互拜访的"月也"翻译成汉语意思是"做乡客""做众客",这样的集体做客活动在侗族显得频繁隆重、声势浩大。侗族社会往往以村寨为单位,互相邀请、彼此往来,踏歌吹笙、多耶踩堂、讲款叙谈,将村寨交流、文化教育、休闲娱乐融为一体。这种大型联谊活动使得主客双方构成固定的社交群体,村寨之间在"月也"活动中沟通感情、增进友谊,甚至结成婚姻联盟,共同维护局部地区的稳定与和平。

图 2-3 贵州黔东南榕江三宝侗寨迎客拦门酒

千百年来，侗族与壮族、苗族、瑶族、土家族、布依族、汉族等民族交错杂居或者毗邻而居，谦让平和的民族性格使得侗族能够长期和兄弟民族睦邻友好、紧密联系、互通有无、取长补短，少有矛盾冲突、民族纷争。侗族的《创世款》在说到各相邻民族的来源时，都有各族同根共源的相似表述：湖南通道坪坦阳烂一带的款词《人的根源一》说侗族始祖姜良、姜妹破铜钱起誓，结为夫妻，生下怪异儿子，姜良、姜妹将其砍为肉团，"肠子做汉人，骨头做苗人，肌肉做侗人"[①]。湖南通道拢城路塘的《创世款》也唱道：姜良、姜妹的孩子"肠子聪明变汉人，骨头坚硬成苗人，拿肉做侗人，肝脏做壮人"[②]。这种与诸民族同根共源的思想不仅存在于侗族神话中，也存在于普通侗人的歌唱中：《琵琶歌·侗汉苗瑶本是同源共根长》这样唱道："侗汉苗瑶本是同源共根长，好比秧苗共田分几行……侗汉苗瑶一家亲，共个苍天星星亮。"[③] 这种各民族同源共祖的古朴民族平等也是侗族群际、族际和谐的心理根源。

3. 代际和谐

侗族社会的代际关系良好，家庭内部子女与长辈之间，社会范围的老年群体与青少年群体之间都能和谐合作，井然有序。良好的侗族代际关系体现在侗民的日常起居、饮食宴会、劳动生产、休闲娱乐、人生礼俗、丧葬赡养、议事讲款、文化教育等诸多方面。长幼有序、尊老爱幼是侗族社会的基本行为准则和社会风尚。

在侗族，对长者有专门的称呼方式，年过四十岁的男女，按侗族"亲从嗣名"原则，男性在第一个孩子名字前加"甫"，称为"甫某某"，女性在第一个孩子名字前加"乃"，称为"乃某某"，一旦某人被称为"甫某某"或"乃某某"，就意味着他在社会上具有了某种地位和威望，必能得到应有的尊重和重视。侗族的养老习俗使人人都能老有所养，即使是鳏寡孤独也会在房族共同的赡养下不致流离失所。

---

① 湖南省少数民族古籍办公室主编：《侗款》，岳麓书社1988年版，第271页。
② 同上书，第341页。
③ 杨通山等编：《侗族民歌选》，上海文艺出版社1980年版，第47—48页。

侗族青年在行动上孝敬长辈，精神上尊敬长辈，心理上信任长辈，长辈对晚辈更是体贴照顾、细心呵护、包容关怀、耐心教育。长辈的爱友护幼贯穿侗人的一生：婴儿出生，长辈要为他们举行隆重的"三朝"庆贺，欢迎他们的降生；孩子长大，长辈要为他们准备"行歌坐夜"的"仓楼""月堂"，让他们社交恋爱；姑娘出嫁，长辈要为她们置办"姑娘田"、银饰嫁妆，使她们能过上幸福的生活；孙辈出世，长辈又毫不犹疑地分担子女的家务劳作、生计烦恼。如此看来，侗族社会的长辈无疑被晚辈视为强大靠山、精神支柱。侗人代际之间良好的互动从另一个层面维持了侗族社会的和谐稳定，具有非常重要的意义。

三　文学艺术的含蓄优美

侗族是个自律、谦和的民族，侗人多半善良，柔弱，不张扬，宽容柔和的民族性格决定了他们的文化艺术追求的是一种谦和、含蓄、优美的形态。

从文学上来看，卵生与神鸟神话，身化万物创世神话，英雄传说、爱情及风物传说，各类机智人物故事，宝物故事构成了侗族民间文学的主要内容。侗族的原始神话和民间传说充满浪漫神奇的想象之美；民间故事或悲或喜，无论情节的设置，还是人物的性格命运的安排，都不倾向于大悲大喜，读起来不会给人暴戾、乖张、离奇之感，体现出含蓄优美的美学风格。

侗族音乐以其独特的旋律和调式、结构和音响展现独特的艺术魅力和审美特征。侗族是歌的海洋，侗歌形式多样，风格各异：耶歌旋律简单，古朴典雅；大歌变化多样，胜似天籁；琵琶歌古朴沧桑，曲调悠扬。侗族民间乐器就地取材，制作简单，表演原生古朴，简约率真。侗戏音乐简单的曲牌，多样的唱腔，热闹的伴奏，是侗戏民族性和地方性的鲜明体现。

各民族的舞蹈有属于自己的动作特征和标志性姿势。侗族文化属于典型的耕耘文化，登高越岭、犁地耙田的日常身体动态造成了侗人的舞蹈姿态比较倾向于地面，舞蹈动作以腰部为起点和支点，双脚紧贴大地，给人以一种沉甸感、扎实感。

侗族农民画的创作主体和欣赏主体都是地地道道的农民，这决定了其画风必定带有农民原始经验和民俗文化积淀而来的艺术思维特质，斑斓赋彩，稚拙布局，对比协调，装饰写意，体现出饱满拙朴的构图与造型趣味。

侗戏简单质朴的舞台表演形式，舒展柔缓、淡化冲突和矛盾的情节安排，柔善的人物性格表现，以女性为主的角色设置，无不体现优美含蓄的美学风格。

其实，不仅是文学、戏剧、歌舞、绘画，侗族的民居、服饰、饮食、工艺等无不呈现出低调、含蓄、素朴、典雅、谦卑、和顺的特色，体现出侗族审美文化整体风格倾向上的优美化特征。

第三节 审美目标论：侗族审美文化实践目标上的娱乐化

在侗人心目中，美虽与现实人生密不可分，但又不是一般意义上的庸常人生，乏味人生，而是意趣盎然，富有生机和乐趣的人生。侗人艰苦的生活环境使得他们格外需要身体的休憩，精神的放松，情绪的宣泄。侗族审美文化以娱乐化为审美实践目标，人们通过文学艺术，舞蹈歌唱，娱己娱众，娱神娱人。最能体现侗族审美文化的娱乐精神的是其对待神灵的态度。

侗人崇奉万物有灵，他们相信自己生活在诸神之中：山神、水神、雷神、火神、土地神、灶台神、牛神、谷神、萨玛神、祖先神、飞山神——他们与诸神同在。在侗人的观念里，神不在遥不可及的彼岸世界，而在山林水边、村头寨尾，在自家供奉的香案上，在寨中垒砌的萨坛里，在他们时常使用的器物中，在侗族女子织就的背带上。人们敬畏诸神，对待神灵的仪式繁复又烦琐，态度认真又严肃，因为人们相信，人在明处叩，神在暗中佑，但这并非等于人们必须在神前战战兢兢，小心翼翼，侗人心中的神和气又和善，人们以放松的心态对待神灵。在侗人心目中，神灵和侗人亲如一家，最高级别的神灵"萨玛"是奶奶、祖母的意思，侗家的小孩认树神做"妈妈"，有些神甚至可以称兄道弟，林中午餐不忘招呼"山兄弟"来和大家一起分享，打到野味一定要感谢"山兄弟"的慷慨。

  人们不仅和神称兄道弟，亲如一家，还敢于在神前撒娇、撒野。在贵州黎平、从江的"六洞"地区（包括黎平县的皮林、肇兴，从江县的龙图、贯渭等寨）以及广西三江一带流行"抬官人"的民俗，侗族青年扮演的"官人"，一说是包拯的化身[①]，一说是侗族石姓先祖的化身[②]，总之是侗人心中的保护神，但是在抬官人的活动中，"官人"会遭受各种尴尬的经历：遇到扮"喽啰"的拦路"抢劫"，"官人"不得不从；遇到扮兵卒的乞讨"压岁钱"，"官人"不得不赏；还会遇到盛装的侗族姑娘唱歌盘问，智取"官人"钱财。在这样的活动中，"官人"和百姓的关系不可谓不亲密。

  如果说"抬官人"是人在神前撒娇、撒欢、撒野的话，侗族傩戏咚咚推《菩萨反局》则简直就是人神颠倒、戏弄神灵。这是一个非情节性侗族傩戏剧目，全剧都是两人对话，大致的意思是菩萨嫌香火不够旺盛，要人背他下山，另寻处所建庙，迁到一处，菩萨不满意，一番交涉之后，菩萨竟背起人继续走上迁徙之路。表演者为两人，一人戴着面具，手敲木鱼，另一人用一菩萨面具，配上木质的手脚支架，外面罩上衣服，绑在胸前，看起来像是被菩萨背着的样子，在对话中，持木鱼者还时不时用敲木鱼的小槌敲菩萨的头。无独有偶，咚咚推的另一个剧目《天府掳瘟，华佗救民》还嘲笑傩公傩母，也就是侗族始祖神姜良、姜妹：寨子里发生瘟疫，乡民去求傩公、傩母居然无济于事，最后，解救他们的是作为凡人的医生华佗。

  只有侗人有这样幽默的情怀，他们创造了各式各样的神灵来保护自己，也

[①] 参见贵州省文管会办公室、贵州省文化出版厅文物处编《贵州侗族音乐——南部方言区》，贵州人民出版社1985年版，第27页。

[②] 参见谭广鑫等《巫风武影：南部侗族"抬官人"挖掘整理的田野调查报告》，《体育科学》2014年第3期。

对这些神灵顶礼膜拜,但又不时对他们进行一点揶揄调侃,甚至戏弄嘲讽。我们无须怀疑侗人心目中各类神灵存在的真实性以及侗人信仰的虔诚度,只需相信,各式神灵已是侗人生活的一部分。侗人与他们心目中的诸神友好和谐地生活在一起,侗人把他们当作保护神,也当作生活中的同伴,他们的宗教情怀中混杂了娱乐的心态,因而以貌似肆无忌惮的方式使诸神快乐,使自己快乐,这些娱乐化的心态和信仰活动不但丰富了信众的生活,也促进了人际间的交往,使一切显得和谐美好。

人性观念的圆满实现就是美,但人总是受到种种限制,娱乐使人松弛,所产生的是一种"溶解性的美"[1]。侗人在娱乐中获得的轻松和谐的快感"溶解"了现实人生中的种种紧张,拥有这种娱乐精神和心态的侗族审美文化便不是过于理性和刻板的,而是极为充分地发挥了娱乐的功能,通过娱乐来使人逐渐走向全面的、丰富的人生。

第四节 审美范围论:侗族审美文化外延范围上的生活化

侗族审美文化的一个重要特征是日常生活审美化与审美日常生活化,侗人的艺术与日常生活的界限并不明确,美在生活、实用的基础上展现自身,美成为日常生活本身的组成部分。侗族被称作"生活在歌海中的民族""生活在舞蹈中的民族""生活在艺术化节日中的民族"[2]。他们的歌舞、戏曲、绘画艺术、服饰、建筑、饮食文化都跟日常生产生活密切相关。

侗族是百越民族的后裔,侗族建筑属于典型的"巢居文化"系统,人们根据当地的地理地貌、气候条件、生态环境、森林资源所修建的干栏民居掩映在

---

[1] [德]席勒:《审美教育书简》,北京大学出版社1985年版,第79页。
[2] 黄秉生、袁鼎生:《民族生态审美学》,民族出版社2004年版,第6页。

青山绿水中,是侗乡一道美丽的风景,也是人们日常起居的住所,别具特色的干栏民居,既有审美的价值,更具实用的功能,是合规律性与合目的性的美的统一。鼓楼是侗族村寨的标志和灵魂,是民族的族徽,修建过程充满神秘的仪式之美,人们赋予它精巧的形态、繁复的装饰,是侗人巧思和审美完美结合的产物。可是鼓楼在侗乡并非为美而美,为艺术而艺术,人们在这里"月也"、讲款、祭祀、歌舞娱乐、迎宾庆典、传承生产经验和民间艺术,鼓楼是一个实用、神圣、审美功能兼具的公共建筑。侗族的风雨桥,既有结构科学、造型独特的技术美,又有雕梁画栋,廊亭楼阁结合的艺术美,还有灵魂转世、人神沟通的寓意美,可谓侗族的重要文化标志,同时风雨桥也起着重要的通行作用,还是避雨纳凉、聊天、约会和迎送宾客的重要场所。侗族建筑,无论是吊脚楼、鼓楼、还是风雨桥,无不体现合规律性与合目的性的美的统一。

所谓"饭养身子歌养心",侗人把音乐和生存联系起来,等同对待,对侗族人民来说,歌唱与物质生活同等重要。歌唱是侗族生活不可或缺的一部分,因为没有自己的文字,自古以来,侗族人民就是"以歌代文",她们用歌来记载历史、教育后代、传播文化。喜庆节日、男女相恋、生活劳动、丧葬祭祀、叙述历史都离不开歌声,人们在歌声中庆贺、交流、传言、寄意、学习、教化……侗人的一生都在歌唱中度过,而且这种歌唱是自娱性质的,作为侗族社会文化生活的一部分而存在。

舞蹈也是侗人生活的一部分,多耶舞、芦笙舞是侗族祭"萨"仪式的主要内容,也是村寨之间互访,聚会庆祝中的重要内容。人们在舞蹈中祭祀神灵、祈祷平安、庆贺丰收、愉己悦人,在舞蹈中感受团体的感召力,在舞蹈中体会节奏的享乐,释放模仿的冲动,表达对神灵的礼赞,夸耀自己的勇武与力量。

侗族节日集会分外频繁,几乎月月有节日。人们在节日庆典中抒写情怀、表达喜悦、祈求上苍、缅怀先祖、提醒农事、庆祝丰收。每一次节日庆典,都是一次美食的大聚会、服饰的大秀场、歌舞的大展演、人际关系的大互动,每一次节日庆典都是一次美的冲动的释放,美的大书写。

侗族的生活习俗、山水风光、社交活动、节日庆典和恋爱婚姻既是生活，也是画作、艺术，如牧牛、放排、碾米、踩桥、织布、走寨、对歌、多耶、斗牛、"抬官人"、抢花炮、宴会等生产生活、节日庆典、饮食习俗、体育娱乐等活动场景……所有这一切，是艺术表现的内容，更是真正的生活。在侗人眼中，美即生活，生活即美。

精神意趣上的俗世化，风格倾向上的优美化，实践目标上的娱乐化，外延范围上的生活化是侗族审美文化的基本特征，这些特征具体地呈现于侗族服饰民居、婚丧嫁娶、节日庆典、文学戏剧、音乐舞蹈、侗族农民画等民族风情与民族艺术之中，下面将分别予以论述。

第三章 拣丝练线染红蓝 穿花纳锦饰人生
——侗族服饰审美

侗族的服饰文化包括服装和银饰，它与侗族的音乐、舞蹈、戏剧、民俗和宗教信仰有着紧密的联系，是侗族传统文化的重要组成部分，是侗族智慧和审美心理的结晶，也是侗族审美生存的重要组成部分。

服饰除了御寒蔽体的功能之外，还具有审美意义。侗族的服饰文化凝聚着侗族人民独特的智慧与创造，侗族服饰五彩斑斓、绚丽多姿，有着无与伦比的多样性；穿花纳锦、精织巧绣，有着精美的制作工艺；象征表意，隐喻人生，有着深刻的文化意蕴。

第一节 五彩斑斓，绚丽多姿
——侗族服饰的多样美

侗族服饰千姿百态，浓缩着劳动人民的社会观念，反映了人们的憧憬和追求。根据款式、装饰、图案、工艺、色彩以及相应的发型、头帕不同，可以分出很多类，最具侗族特色的有：伦伶装、萨岁装、雁鹅装、花鱼装、蝴蝶装，以及螺丝衣、银朝衣、芦笙衣等。

伦伶装：伦伶装流行于通道芙蓉金殿。侗族古称伦伶，通道芙蓉金殿的古伦伶人的女装古朴独特：上为合领对襟土布白衣，五排大布扣，下为黑色或藏青色

第三章　拣丝练线染红蓝　穿花纳锦饰人生

百褶裙，裹绑腿，脚穿勾鞋配白袜。头裹白帕，红绒线杂在发间，编成长辫，盘在白帕之外，飘绒须于脑后。胸前戴三排项圈，吊耳环，戴手镯、戒指。

萨岁装：萨岁装流行于通道牙屯堡。棕黑色右衽上衣，银球系衣扣，形成一道花花的衽边，束腰裙，系织花绑腿，脚穿彩条绲边勾鞋。挽锥髻于脑后，七两到一斤半重的银钗横穿其间，裹白帕，两端绕发髻打个叉，形成两支豆雁白翅。此装束最突出的特征是项圈，项圈分五环，中间为螺纹银圈，二至四环为菱形银圈，并吊一串银毛绒花于胸前，戴耳环、手镯、戒指，皆为白银。

雁鹅装：雁鹅装流行于牙屯堡播阳河，之所以称为雁鹅装是因其布料以灰白色、棕黑色为基调。右衽紧身上衣，细长管裤，青勾布鞋，上衣领口、袖口、襟边、裤子的裤脚以及鞋边均用双色彩条绲边，如雁鹅羽毛边缘。相应的发饰是挽髻于脑后，裹灰白花格头帕，在脑后扎成两支雁鹅翅膀，相应的首饰是胸前配三盘、五盘项圈，吊耳环，戴手镯、戒指。

花鱼装：花鱼装流行于三省坡下的独坡八寨，右衽宽松上衣，缀色折叠卷袖，彩条绲边，银链银球衣扣，腰围织花彩裙。头挽锥髻，裹细花格头帕，两端于脑后打叉，形成雁鹅羽翼。此装束最大的特征是手镯特别显眼，手镯成串，少则两三个，多则五六个，彩素搭配，与折叠卷袖形成多彩手臂。

蝴蝶装：蝴蝶装在侗族地区流行较广，衣裤均有花边，上衣青色，右衽，花边为红蓝两色，衣袖被一道花边分为上下两截，上节为青布，下节为蓝布，裤脚彩色图案镶边。腰裙左右两边各有一个织花衣兜，裙头为织锦彩带，身前身后各系一束拖至膝盖的多彩长绒须。挽锥髻于脑后，头帕主体部分是麻灰色纹理，两头织锦，包裹时，麻灰色部分在前额，彩锦在耳后扎成三角几何状，穿着这样的装束，再戴上银圈项链、耳环、手镯，像一只蝴蝶，故得此名。

螺丝衣：螺丝衣流行于黎平茅贡侗族，其刺绣精致，图案结构完美，以所绣龙纹变形卷曲如螺丝而闻名，穿着此衣时下配花带帘裙。螺丝衣是古老的盛装，精致的刺绣要耗费许多人力、物力，现已不多见。

银朝衣：银朝衣流行于黎平银朝侗族，是古老的盛装，叶片式帘裙，帘裙上绣饰"滚圆形龙纹"，绣饰精美华丽，下端系有吊花，吊花下吊串珠，串珠末端系有一撮玉百羽毛，给人以奇特神秘之感，是侗族地区最为古朴的服饰，现在只在婚嫁及重大活动时穿用。

芦笙衣：芦笙衣又称百鸟卉衣。《广西通志·诸蛮》载："峒人，椎髻扦雉尾、卉衣。"卉衣就是百鸟衣，这种服装在古代可能仅为部族首领所独有，现在一般在祭祀庆典及多耶踩歌堂等重大活动中为演奏芦笙的人所穿戴，因而称为"芦笙衣"。芦笙衣上身是马夹背襟，用侗锦缝制，后背装饰有图案，其图案中既有日月星辰、龙凤虫鱼等古拙的形象纹样，也有高深莫测的抽象图案，有原生态的连环锁丝绣针法，也有装饰性的金银色箔材料，繁复华丽，肩围、臂背、臂端、后背的补子，都以侗锦镶嵌装饰，别具特色。芦笙衣与众不同的地方在下半身，下身是双层花带裙，也用侗锦缝制，裙下摆钉一圈绣花的小绶带，绶带于尾端下吊三簇串珠羽毛，层层叠叠、花团锦簇，穿上服装跳芦笙舞，让人眼花缭乱，惊艳不已。

侗族自古有以银为饰的习俗，以上盛装多离不开银饰。侗族银饰很多：银凤冠、银耳环、银项圈、银链、银手镯。这些银饰工艺精细、造型多样，充分体现出侗族人民的智慧和审美眼光，盛装的侗家女子银光闪闪，环佩叮当，令人目不暇接。银饰让侗族服饰更为灿烂耀眼、绚丽缤纷。

图 3-1　湖南通道三省坡大雾梁歌会上着盛装的侗族女孩

图 3-2 广西三江侗族男装

第二节 穿花纳锦，衮衣绣裳
——侗族服饰的工艺美

  侗族用自纺自染的侗布做衣料。侗布用织布机手工制成，用蓝靛草叶、柿子皮、猴粟皮、朱砂根块等植物做成天然的染料染色，经晾晒、捶打等多道工序做成。侗族人民在实践中摸索出一套独特的染色技艺，他们能用蓝靛染出深浅明度不同的黑、蓝黑、蓝、浅蓝等色纱，另外还有用黄栀子汁、枫叶汁和杨梅汁染出黄、黑、红等颜色的纱线织彩色的侗锦，古朴而艳丽。侗族服饰的工艺中，尤其值得称道的是其织绣技术。

图 3-3　贵州黔东南三宝侗寨捶布工具

一　工艺精湛的织绣艺术

侗族服装的重要审美价值在于服饰中的织绣工艺。"织"是指织锦，织锦是在脚踏织布机上织成，亦称侗锦；"绣"是指刺绣，亦称侗绣。

侗族织锦是一项古老的指尖工艺，编织一幅侗锦，要经过轧棉、纺纱、染纱、绞纱、绞经、排经、织锦等十多道工序，是侗族众多民间工艺品中的一朵奇葩。侗锦是侗家女子在织布机上穿经走纬，手工编织出来的，其工序复杂、工艺精湛、图案精美、色泽丰富，堪称精品，通道侗锦织造技艺现已列入国家非物质文化遗产名录。侗锦历史悠久，在侗族的《远祖歌》中就有"鱼骨做梭织花锦，骨针用来缝衣裳"的诗句，织锦是侗族女子必备的手艺，她们尚未成年即跟着长辈学习织锦，到出嫁时已成为织锦高手。侗族青年男女谈情说爱，女方用侗锦作为信物赠给男方，以表爱慕之情。侗锦分彩锦和素锦两种，人们用五色丝绒织成美丽的彩锦，用于衣裙、背包、头帕、胸巾、绑腿、被面、门帘、枕头、侗带等织物的镶边；用黑白线织成素锦，用作老人的寿毯、祭祀挂单、祭师披的法毯。人们把花草鱼虫、日月星辰、神话传说、美好愿望织在锦上，穿在身上，美在心里。

侗族刺绣是观赏与实用并举的工艺形式，是一种融合了剪纸和绣花技艺的民间艺术，早在侗锦之前已被列入国家非物质文化遗产名录。侗族刺绣是侗族服饰不可或缺的装饰部分，主要用在妇女胸兜、头巾图案、婴儿背带、花鞋、鞋垫、荷包、挎包、烟袋等地方。侗绣种类繁多，有连环锁绣、铺绒绣、结子绣、错针绣、盘绣等，绣工精湛。侗绣中的精品当属北侗盘轴绲边绣，该绣种历经作模、打面浆、粘布、拟模、贴面、镶边和绣花等数十道工序，制作一件完整的盘轴绲边绣精品颇为耗时，往往要花一年的时间。刺绣在侗族女性生活中具有十分重要的地位，侗族女孩从懂事起，就开始学习制作侗族服饰，为自己准备嫁妆。

侗族织绣工艺精巧独特，纹饰图案多样，色泽丰富艳丽，具有鲜明的民族特色和审美特色。

二 造型独特的织绣纹样

织绣纹饰是文化的一种印记。侗族织绣纹样的种类很多，有植物纹、动物纹、景物纹、抽象几何纹等。

侗族织绣中植物纹有树纹、菊花、麦子花纹、葫芦纹、竹纹、瓜子纹等，其中以树纹和竹纹最为常见。侗族是崇树的民族，在侗族地区可以见到许多"风水树""保寨树"。侗家孩子若多病多灾，有的就栽种树木，以求消灾；孪生子如果一个夭折，父母必给活着的那个栽种一棵常青树，代夭折者陪伴存活者；还有的根据八字，缺水者拜井、缺木者拜树为保爷，每年二月初二进行祭献。更有趣的是，在古老的风俗里，每出生一个孩子，不论男女，家长都要为其种100棵小杉树，18年后，孩子长大，树木成材，杉木自然成为置办婚事的木料，这种习俗被称为"十八杉"。侗乡多竹，屋前栽金竹，屋后置锦竹，塘边种水竹，山上育楠竹。侗人不仅喜欢种竹，而且很多习俗与竹有关：姑娘出嫁要"哭竹"，红白喜事要用"彩竹"，走亲访友要讨"喜竹"。崇竹的风俗源于古夜郎国国王竹多筒，崇竹风俗表现在服饰纹样中主要是没有竹子枝叶的形态特征，只有竹根的竹根花。

侗族织绣中的动物纹也很多，常见的有蜘蛛纹、鸟纹、鱼纹、龙蛇纹等花纹。

蜘蛛纹：侗锦中的蜘蛛画面比较多，南北侗乡均有所见，既有抽象的符号，又有接近真实形象的图案，多突出行进中的肢体。混沌花是侗族服饰图案中最典型的纹样，俗称螃蟹花，造型是金斑大蜘蛛向花朵的变异。蜘蛛是侗人喜爱的动物，侗族习俗认为外出遇见蜘蛛从天而降，是平安喜庆的吉兆；有的地方在新婚夫妇的床铺四角分别放置用布包裹的蜘蛛，用以驱赶妖邪，以祈求早生贵子；孩子患病认为是掉魂落魄所致，要到寨门外寻来黑、白、红三种蜘蛛，用黄纸包好放在孩子枕头下，或者用布制成小三角带，吊在小孩的心口上，表示收回魂魄。蜘蛛还象征智慧，称赞别人家的孩子说："乖得像蜘蛛。"因此，侗族织绣中多见蜘蛛纹样就不奇怪了。

鸟纹：古越人崇鸟，河姆渡文化和良渚文化遗址中，有许多属于古越人的鸟形雕塑和图案。侗族《远祖歌》中鸟类为侗族作出了很大贡献：凤凰做媒让姜良、姜妹成婚才使人类在洪水后得以延续；大鸟衔来谷种让侗人有了生活的必备品；仙鹤用鱼虾哺育侗人；大雁指引侗人迁徙的方向。因此，侗族的福桥和凉亭的顶上都竖有仙鹤图腾柱；老人去世要扎一只很大的仙鹤做棺材罩；湖南芷江有过年节扎鸟习俗；侗族妇女的盛装头饰仍插白羽，芦笙衣上缀饰白羽毛。这些不仅是审美的需要，也是崇鸟的遗风。湖南通道的锦被、广西三江的胸兜及背带、织锦侗帕都喜用飞翔的鸟纹为主题纹样。侗锦中的鸟纹常与龙纹、葫芦纹、花卉纹配合布局使用，形成龙凤呈祥、双凤戏珠、鸟戏葫芦、双鸟戏花等纹样。

鱼纹：鱼类是侗族及其先民崇拜的重要动物，鱼因其顽强的生命力和旺盛的繁殖力受到侗人的崇拜，因此，人们把鱼的形象装饰到被面、绣花飘带、挑花头帕以及芦笙服上，侗锦中常见的鱼纹图案有两尾相对鱼纹、变形鱼纹和鲤鱼跳龙门鱼纹等。

龙蛇纹：龙蛇纹是侗族织绣艺术中的古老纹样。以龙为主题的纹饰有单独的翔龙、云龙、盘龙，也有龙和其他纹样的组合，如二龙戏珠、双龙戏石榴、对龙对凤等。除了龙纹还有蛇纹，湖南会同的侗族崇蛇，称蛇为爷爷。广西三江林溪三月三抢花炮仪式，以及三江三王宫祭祀仪式上都有一盘猪小肠充气盘成的蛇形祭品，蛇纹有盘蛇纹和游蛇纹。

侗族织绣纹饰中比较常见的还有太阳纹。侗族崇拜太阳，祭日神。侗族人背带上最为常见的图案是正中绣一大圆形，大圆形用金黄色彩线绣两条金链子镶边，旁边绣八个小圆形，俗称"八菜一汤"，是典型的太阳纹，侗族织绣中出现较多的抽象图案"卍"纹也是太阳或火的象征，是对太阳或火的崇拜的表现。

侗族织绣纹饰图案多样，比较独特的还有井纹、人形纹，是其他民族织绣中不太常见的纹样。侗族织绣纹样保留了事物的现实主义形象，并逐渐演化为略带抽象的装饰用图形，同几何形图案装饰融合在一起，丰富了侗族织绣的图案造型。多姿多彩的侗族织绣纹样体现了侗族人民的生命意识、图腾崇拜、祸福心理，是侗文化的具象化。

在具体构图时，侗族织绣图案纹样一般采用单独纹样、连续纹样、适合纹样和综合纹样四类构图方式。侗帕、帐帷、锦被、床单构图时多采用一个独立的个体纹样，如鸟纹、树纹等进行上下左右、相对相背转换交叉，或者对一个纹样进行涡形、S形、折线等方式的延续、反复、扩展，用多种方式进行对称或均衡布局，图案组织有序，变化有规律，给人以理性与秩序的美感，同时又不失变化，丰富、生动、活泼，让人感觉到节奏与韵律的美。童帽、背带、口水兜、荷包、挎包、火药袋、鞋面等用品因为面积小，形状固定，在构图时，聪明的侗家姑娘会在特定的边缘、角隅等位置采用合适的纹样。纹样往往会经过适当的变形处理，或圆或方，或桃形或扇形，恰到好处地安排在一个完整外形内，达到构图和形象的完整性、装饰性。在侗族织绣中，更为多见的是综合纹样，即用单独、合适、连续纹样等组织在一起的纹样，侗族女子常用圆形、弧形等在对角线上做安排布局，根据织绣物品的造型设计合适的纹样，创造出丰富多样的图案。

  图案是民族服饰的重要组成部分,在民族服饰乃至整个民间美术体系中都有着重要的意义,侗族织绣的纹饰是侗族人民审美情感和侗族文化的视觉信息符号,它传达出侗族人的习俗信仰、审美风尚。

图 3-4　2011 年 10 月广西三江侗族文化节期间三江鼓楼展览馆里的侗族织绣

第三节　象征表意,衣饰人生
——侗族服饰的意蕴美

  人赤裸裸来到这个世上,但没有谁能够赤裸裸行走在这个世上,从诞生到辞世,服饰包裹着人的一生。从褴褛到嫁衣,从丧服到祭冕,服饰不仅仅是外表的物质包装,更是生活习俗、审美情趣、道德规范、宗教观念的文化符号。侗族服饰文化和人生礼仪紧密相连,从诞生到死亡,从摇篮到坟墓,人生在不断的换装中变换角色。

  服饰民俗作为人类群体社会生活的重要内容,与人生仪礼密切相关,诞、婚、寿、丧除本身的礼仪风俗外,大多在服饰上有所表现,因此观服可以知俗。

一 牵线求子

传宗接代是一件非常重要的事情,侗族女子结婚以后一段时间没有怀孕迹象,就会举行仪式,祈求神灵送子,各地风俗不同,新晃舞龙灯求嗣,榕江侗族则在二月初二选择一小溪或者小沟架设便桥供人行走,通过架桥积阴德求子。侗族更为常见的求子仪式是牵线求子:不孕的夫妇来到桥头,将染成红色的鸭蛋一个,公鸡头一只,针一枚,红绿色丝线若干根装入陶罐内,封好罐口,另备红蛋、猪肉、公鸡、糯米酒等,摆在桥头,而后将陶罐埋入桥头,当事者各拿一枚红蛋,男方从现场牵一引线,长短不拘,一直牵完为止。[1]

由"牵线求子"自然也会联想到许多民族的"拴线"礼。德宏傣族、佤族、苗族都有拴线的习俗,傣族的拴线仪式一般分为婴儿满月拴线、婚礼拴线、招魂拴线和丧葬拴线四种。傣族的《接子歌》中唱道:"今天我们来拴线,念着神圣的咒语,把吉和凶隔开,把人和鬼隔开,把幸福与痛苦隔开,现在我们来拴线,在他手腕上挂上红线,在他脖子上拴上白线,把美好的祝愿,献给天赐的仙子,献给新生的儿女……"[2]

彩线似乎有神秘的力量,满族家祭仪式中有一项就是牵线:从西墙宗谱神龛处牵出一根彩色的"子孙绳"绑到院外的柳树上,寓意祖先对子孙的福佑。

笔者以为,"牵线"仪式也好,"拴线"仪式也好,都源于"五色线"信仰。五色线是俗信中具有魔力和象征的神奇物,不仅能驱邪避瘟(很多地方端午节都有戴五色线祛病避邪的习俗),还能带来好人缘、好姻缘(傣族婚礼上拴线礼),五色线是佛教及道教中常用的开运宝物,在佛教中,五色线的绿、

---

[1] 参见杨筑慧《侗族风俗志》,中央民族大学出版社2006年版,第90页。
[2] 邓启耀:《衣装秘语》,四川人民出版社2005年版,第84页。

红、黄、白、黑分别象征佛教的信、进、念、定、慧五种法门，也代表着金刚界的五佛；道教中五色则代表金、木、水、火、土五行以及东、西、南、北、中五方，彼此相生相克，具有神秘的驱邪迎吉作用。侗族拴线求子是希望通过彩色丝线的神秘力量把孩子的魂拴到母腹中，可以说，人还没出生，已经和做衣服的线联系上了。

二 黄衣避邪

几乎每一个民族都传承着一套与妇女产子、婴儿的新生息息相关的民俗事象和礼仪规范。胞衣是人体最初的包装，是从娘胎带来的人生第一件衣服，人们处理胞衣的措施各不一样，居住在榕江、黎平一些地方的侗族婴儿生下后要进行"封胎盘"仪式。"封胎盘"即当婴儿生下后，要把胎盘用烂泥包好，埋于房子中柱脚边，封成小土包。"封胎盘"仪式是一种希望孩子将来长大扶柱抱梁，成家立业的祈祝，同时埋胞衣是一种象征性的"退装"仪式，表示婴儿已从彼世来到此世。侗族父母在处理完胎衣后，用旧衣服尤其是年高有福的老人的旧衣服包裹，认为这样可以真气相滋，令儿有寿。按照"接触巫术"和"致染巫术"的理论，旧衣服上往往会附着穿衣者的神秘气息，这些衣服上的福气就会感应到婴儿身上。

服饰连同降生时的礼仪规范被视为关乎孩子一生祸福吉凶的大事。人们相信，由于婴儿体质孱弱，阳气不足，其灵魂还未能安生于婴儿体内，随时都有可能出逃或游离，带来孩子的夭亡，因此人们希望通过服饰来留住孩子的灵魂，使其留于人世。鹤庆彝族小孩穿的第一件衣服要先给狗穿一会儿，傈僳族婴儿帽先给狗戴一会儿，白族婴儿的衣服也要先给狗披一会儿，之所以给婴儿穿"狗衣"，是因为从法术的观念看，狗有驱鬼功能，穿上"狗衣"邪祟就不敢近身了。

侗族新生幼儿的服装第一次裁剪很讲究，一般在黄道吉日，把裁剪婴儿服装的布卷和贡品一起摆上供桌，举行祭祀仪式之后方可正式裁剪。侗族父母有给新生儿"穿黄衣"的习俗。在侗族人民的心目中,婴儿的诞生是从另一个世界向这一个世界的转世或投生,初生婴儿穿黄衣是因为"据说婴儿来自清水、浊水共一条河的雁鹅村,婴儿投阳换去红衣(血衣)穿黄衣"①。

婴儿投生到阳世首先要换去红衣(胞衣),穿上黄衣,表示从另一个世界进入这一世界。在通道当外婆得知外孙诞生后,要用一种名叫花林木的树皮染制黄色衣料做成衣服送去,初生婴儿穿黄衣习俗应该与民间的黄色崇拜传统有关。《周礼·考工记》:"杂五色,东方谓之青,南方谓之赤,西方谓之白,北方谓之黑,天谓之玄,地谓之黄。"五色之中,黄色属土,对黄色崇拜的根本是对土地的崇拜;民间把宜于办事的日子称为"黄道吉日","黄道",是古人想象中的太阳绕地球运行的轨道,可见"黄"字与太阳也有密切的联系。侗族正是一个崇拜土地神、崇拜太阳的民族,人们相信,初生婴儿穿黄衣可得神灵保佑,不会被彼世的邪祟所侵扰,还处在阴阳交界、人鬼之间的婴儿魂魄便可固定在阳世,不再游离。为了小孩健康成长,除了穿黄衣避邪以外,三至五岁的小孩还要穿后背缝有红、黄、蓝、白等彩色布条的彩衣,让鬼魂不敢近身,从而顺利成长。

三 三朝背带

侗族在婴儿未满月前都有"打三朝"的习俗。对于奉行"不落夫家"婚俗的侗族来说,人生最盛大的庆典,不是婚礼,而是第一胎孩子的出生。因此在头胎孩子出生的第三天或第十天以内的某个单日要举行隆重的"打三朝"仪式。

作为综合性的民俗事象,"打三朝"承载了侗族的历史文化、民族特征、伦理道德等诸多方面内容。"打三朝"仪式隆重、热烈,有着鲜明的娱乐色彩,通道侗族在"打三朝"仪式上会戏弄外婆。届时,女婿村寨中,从寨门到女婿

---

① 杨筑慧:《侗族风俗志》,中央民族大学出版社 2006 年版,第 92 页。

家门全都紧闭，外婆要用优美的歌声才能唱开寨门和家门，"打三朝"仪式完成，外婆回家时，婴儿的祖母要找一件破衣服给外婆穿上，用蚌壳当酒杯，用猪牛粪当礼包，再找一顶烂斗笠戴在外婆头上，然后用牛粪抛在外婆脚上，一直赶出寨外。

在"打三朝"这一仪式化语境中，核心事象是外婆为外孙送背带，因此，侗族的背带艺术获得众人的极大关注和评议。侗族背带的经典图案是"八菜一汤"：侗族妇女以黑布为底，用五彩丝线在背带中心绣一个大圆，周围围绕着八个小圆，圆的边缘绣着光芒纹。这些圆和光芒纹是太阳的象征，侗族崇拜日神，太阳普照大地，生养万物，侗人相信，孩子在阳光的沐浴下才能茁壮成长。黔东南黎平、从江、榕江一带的侗族背带中心的刺绣图案是八角花，八角花也是太阳纹的一种变化形式。从属性来看，背带不仅仅是服饰，更多的是一种护身符，按照某些地方的风俗，用过的背带要悄悄地带回娘家烧掉，因为它与孩子的灵魂息息相关。

三朝仪式除了背带，外婆还给孩子送银帽：有装饰有蝴蝶、银铃、鱼仔、金银花花苞、铜钱（裁剪祭祀仪式上的贡品）的百花帽，有前额绣八仙图或者"长命富贵"字样的狗头帽。笔者在调研期间见到过一种菩萨帽，印象颇为深刻。侗族民间有俗语"十八罗汉护身，鬼神远离；观音菩萨坐萨殿，佑尔长命富贵"。人们用美丽的侗锦制成童帽，帽檐嵌一排银泡，每颗银泡表面镌刻一朵莲花，在这排银泡的上部钉十八个银质小菩萨，也称十八罗汉帽。帽后挂十八根银链，上缀四方印、仙桃、葫芦、鹰爪等，晃动一下，琅琅作响。侗人相信，在太阳神和菩萨的护佑下，孩子们会平安、吉祥、幸福、健康地成长。

黎平的侗族三朝宴酒中还有一个奇特的"走布仪式"，过程如下：事先准备好一匹用鸡蛋浆过的侗布和一条长凳，长凳一头朝大门、一头朝屋里面摆在堂屋里，铺上侗布，婴儿的父亲站在长凳靠里的一头，鬼师、巫师和其他人分站两边。先由鬼师烧香化纸念祝词，然后把婴儿从房里抱出来，让两旁的人一个接着一个象征性地帮婴儿从布上走过，大家嘴中念念有词，说些祝愿孩子顺利、健壮之类的话，最后交给父亲。人们用这样一个仪式祝愿婴儿的成长像布和蛋那样光滑顺利，道路平坦。

图 3-5　广西三江侗族博物馆展示的背带

四　文眉滚泥示成年

成人礼，在世界各民族中都曾盛行过。它是一个人生理发育成熟时所举行的仪礼。各民族都有成年礼的习俗，成年礼是各民族以不同方式赋予青年男女的一种特殊标志，彝族少女成年需举行一种叫"沙拉洛"的仪式，在仪式上女孩由漂亮能干的妇女为她们改变发式和裙式，并佩戴耳环。永宁摩梭人在十三岁时，男孩举行穿裤子仪式，女孩举行穿裙子仪式，以示成年。独龙族少女的成年以文面来完成，哈尼族男子则将围帽换包头，女子腰间系花飘带作为进入成年社会的通行证。《礼记》中说："男子二十而冠，女子十五而笄。"这种冠笄之礼，在中国的朝鲜族中保存得比较完整。朝鲜族的冠礼又叫"三加礼"，即当男子在举行成人礼的时候要更换三次礼服。女子行笄礼比较简单，盘发插笄即可，可见多数民族把换装作为成年礼。

侗族各地成年礼不一样，多半也是通过服饰的改变来显示成年，但是锦屏侗族地区的女孩子通过文眉显示成年，那里的女孩子有青春期文眉的习俗，一生只文一次。文眉时要对男孩子保密,在一位大姐姐的指导下进行。先用火炉灰擦眉毛,这样被拔掉的眉毛不会再生,然后再用麻线夹拔不规则的部分,使留下的眉形符合要求。一般而言,侗族讲究细眉,眉形有弯月形、镰刀形、柳叶形等,长度、弯度视脸型而定。

傣族的文身,是一种古老的成人礼,也是对成年男子的一种血的考验。至今在傣族地区,一个文过身的男子,常被姑娘们视为英雄。而没有文身的男子,常常被姑娘们视为怯懦和不勇敢。没有文身的男人,自然得不到姑娘们的喜爱。用植物的汁液染黑牙齿,则是滇西一带傣族男子成人的标志。

和傣族的文身、墨齿一样,侗族的滚泥巴田也是成年礼的独特表现形式。侗族女孩子用文眉象征成年,湖南新晃一带、恩施市芭蕉侗族乡黄泥塘村男孩子用滚泥田来完成成年礼,男孩在成长中有三次滚泥田:五岁时,母亲在田堤的这边,孩子在那边,滚过来母亲接,表示得到母亲的慈爱。十岁时,父亲在这边,儿子在那边,滚过去父亲接住,意为从父亲那里得到勤劳诚实。十五岁时,接孩子的是祖父,表示孩子从祖父那里学智慧及做人道理。在锦屏、天柱、玉屏一带的侗族,男孩们则打泥巴仗,甚至被打出了血才被视为开门红,如果打得鼻青脸肿不出血,身上泥巴也少,则被视为不吉利。在侗族人看来,只有经过滚泥巴田,打泥巴仗,才懂得种田及成长的艰辛。其实,裹在身上的泥巴可以看成是服饰的一种象征,侗家儿女的成年礼仍然和服饰密切相关。

五 改髻出嫁

结婚后变服改饰的习俗在很多民族中都很普遍,侗族姑娘出嫁,都得把姑娘的标志取消,换上媳妇的装束。侗族女性婚否的重要标志是发饰,主要的变化是改辫为髻。湖南通道芙蓉、金殿一带,少女的发型很特殊,边发剃光,只留头顶部分头发,用红绒线扎绒须结,绣球须垂于辫尾,婚后发髻围发布,发髻绾于头顶;贵州天柱水洞、石洞、凸洞、高酿一带未婚姑娘留齐眉刘海,梳单辫,用红头绳编扎盘于头顶,已婚生育妇女改刘海为鬓垂于耳际,绾髻别簪于脑后，包藏青色或蓝布头帕；贵州锦屏绣洞、平金、大同、稳江等地未婚女子单辫盘头，红绳绑扎，红绳头左垂至肩，婚嫁生育后改辫为髻；贵州锦屏九寨未婚者留齐眉刘海，齐耳鬓发，已婚者改辫为髻，用银簪或木梳别绾于脑后；贵州锦屏启蒙一带未婚者扎辫盘于头顶，已婚者不再梳辫，头搭方帕，以银簪或木簪别住发髻；贵州剑河小广女子婚前留长辫，出嫁后改绾发髻于脑后正中，发髻中插缀五色须的绒别簪，包藏青色布头帕。

可见，改髻是侗族婚姻习俗。广西三江、龙胜一带侗族姑娘出嫁时举行专门的改髻仪式：那一天村上的姑娘，房族的嫂子、婶子都聚到姑娘家，给姑娘送行，一起唱起"解髻歌"和"盘髻歌"，歌词生动展示了初嫁女的复杂情感。如："蝌蚪把大尾巴甩掉，为的能自由自在走路；金鸡把一身旧羽脱掉，为的是穿一身新的花袄；女儿我双髻解下，怕捡的是无尽的烦恼；自家的碗容易端，人家的饭难留；妈妈打我不痛，人家打我头起包……"边改髻梳妆边唱，头发梳得亮亮的，发髻盘了一次又一次，最后罩上黑亮的髻网，卡上银梳子，插上翠头针和翡翠花，拂晓时分，接亲人催急了，才盘成媳妇发髻，送出家门。

图 3-6 侗族女孩发髻

六　原装归根

葬礼是人的最后一次换装。茫茫宇宙，大千世界，人们诞生、成长，最终的结局必定是死亡。侗族葬礼有许多与服饰有关的习俗。岩洞、竹坪、坑洞一带的侗族，在人死后的第一件事是派专人向舅家送去一块长二尺五寸的白色侗布报丧，白色的布匹负载着特有的象征意义，舅家接到白布，就知道发生了什么事。

在娘家人到来之前，家人即为死者洗尸更衣。无论平时穿什么服装，死后都要原装归根，为死者穿本民族的传统服装，这在侗人心目中所具有的神圣含义远远超出服饰本身的物质形式。因为按照传统的观念，人死之后就要去见自己的先祖，只有穿民族传统服饰，老祖宗才能认出自己的子孙，让他认祖归宗。因此，更衣时，男人着左衽大襟，外套对襟短褂，下穿宽裆肥脚裤，剃发，头扎侗帕或者戴圆顶小纱帽。女人上身内为右衽大襟，外罩无袖和服式短衣，下身里面着裤，外罩百褶裙，扎裹腿，筒式布袜子，梳妆挽髻，扎侗帕。丧服侗话称"ugs wangc laox"，是"王老服"或"防老服"的意思，侗族寿服裁剪时间有讲究，大都选在"天赦""成""开"之日开剪。健在时穿这套衣服做寿及参加祭萨等重大节活动，寿终正寝时，穿这套衣服"返高胜鹅安"（侗族认为人死后灵魂所归之地），并且要求上下身均以白色为里层，里层穿白，再度投胎，长得白嫩漂亮。

侗族死者所穿丧服的件数有严格规定，必须是单数，或三，或五，或七，忌双数。数字作为一种符号，是文字的一个组成部分，与其他文字以及绘画、服饰等，都是文化的载体。数字既是数量符号，也是文化符号，小小的普通的数字背后有各民族的哲学理念、文化信仰、思维习惯、生活习俗，有着丰富的文化内容，人们觉得它似乎有一种超自然的力量。在侗人看来，死人穿衣单数是吉利的，偶数是不吉利的，这也是一种普遍的现象，民间祭祀活动，一般讲究使用奇数。除了对丧服层数有要求外，丧服还必须剪掉纽扣，以布条代替。茅贡一带不用布条，而用一束青纱捆在死者身上，青纱的数目是死者年龄的数目。这样做是表示"带子",就是后继有人的意思。在榕江,用香在寿衣上烧一个小洞,用剪刀在寿裤上剪一个小孔。据说这样表示衣服死者已经用过,衣服归他所得,到了阴间好认记号。澜沧江和怒江的白族那马人也有用香火把死者的衣裤穿一洞的习俗,表示吉祥,也有的说是怕"死国里的死鬼"来抢新衣,烧通后,死鬼就不抢了。无论男女,都脚穿白底勾鞋,寿鞋底部还故意留下线头,用墨汁点染,象征着砂鞋(安有砂钉),据说死者穿着这样的鞋好走侗寨的青石板路。云南永宁摩梭人为方便死者走路,要把寿鞋穿孔(男九女七),表示回归祖地路途遥远,鞋底有孔,好抖沙石。

　　洗尸更衣后是入棺,若死者牙齿尚全,须打掉一颗。很多民族把断发文身和拔牙、凿齿当作成年仪式举行。侗族给死者凿齿之俗源于寿终正寝的愿望,在侗族,意外夭亡是不吉利的,凿掉死者牙齿表示死者是老掉牙后才死的,这样死者便可以尽快转生。另外还要在死者口中放"含口银",即将碎银放在死者口中或嘴唇上,这样到了阴间便不会成为饿死鬼。入棺时,为了使死者即便到了阴冷黑暗的另一个世界也能感受到来自人世的温暖,儿女们把他们自己穿过的衣服去掉纽扣塞在死者尸旁。入棺后,子女念祖怀亲的情谊也是通过服饰来表达的:死者本房晚辈披麻戴孝,亲子女腰间系一根朝左搓成的草索。

　　丧葬的过程也是生者与死者的对话过程,整个过程都与服饰密切相关。无论在哪个民族的葬礼上,生者和死者都要经历一次换装仪式,在这生与死、阳与阴的神秘转换过程中,换装改饰表达了人们的畏惧、希望、寄托等情绪。

　　侗族服饰五彩斑斓、绚丽多姿,有着无与伦比的多样性;穿花纳锦、精织巧绣,有着精美的制作工艺;象征表意,隐喻人生,有着深刻的文化意蕴。侗族服饰丰富了我们的审美体验!

第四章　龙凤以藻绘呈瑞　斗拱飞檐工天巧

——侗族建筑审美

人们常常把建筑比喻为"石头的史诗""立体的画""凝固的音乐",建筑本身蕴含着浑厚的文化信息。世界上古老而伟大的文化和民族都是通过建筑来实现这个综合的文化表达的。这方面的例子很多,如希腊的帕特农神庙,古代基督教文化中的哥特式教堂,中国的古典园林建筑。"要了解一个民族,最重要的是要从了解她的建筑开始。"[①] 正如梁思成所说,建筑作为人类文化的结晶,"建筑之规模、形体、工程、艺术之嬗变,乃其民族特殊文化兴衰潮汐之映射;一国一族之建筑适反鉴其物质精神,继往开来之面貌。今之治古史者,常赖其建筑遗迹或记载以测其文化,其故因此,盖建筑活动与民族文化之动向实相牵连,互为因果者也"[②]。

建筑作为一种实体文化和审美对象,蕴含着诸多关于人类的生态智慧和人文思考,不仅是独特生活方式的体现,更是蕴含着充满智性理念的意象空间和寄托美好愿望的诗意空间。侗族人民擅长木构建筑,而且其建筑独具特色,鼓楼高低林立,风雨桥蜿蜒横跨,干栏式吊脚楼鳞次栉比,构成了侗寨的特有风光,有着深厚的美学价值和审美情趣。

---

① [美] J. H. 布鲁范德:《美国民俗学》,李扬译,汕头大学出版社 1993 年版,第 233—234 页。
② 梁思成:《中国建筑史》,百花文艺出版社 1998 年版,第 11 页。

第四章　龙凤以藻绘呈瑞　斗拱飞檐工天巧

第一节　干栏式民居审美

《韩非子·五蠹》："上古之世，人民少而禽兽众，人民不胜禽兽虫蛇。有圣人作，构木为巢，以避群害，而民悦之，使王天下，号曰有巢氏。"[①] 张华《博物志》也记载："南越巢居，北朔穴居，避寒暑也。"[②] 所谓有巢氏就是筑巢为居的部族，"巢居"本为鸟类的居住习惯，原始初民学习鸟类的智慧，构木为巢，把住所直接构筑在自然的一棵或数棵树上。现在，还有些地方保存着远古"巢居文化"的遗存，黔东南黎平述洞的独柱鼓楼就是例证，12米高的鼓楼只由一根直径 50 厘米左右的中柱支撑，整体看起来俨然一棵大树巍然挺立，展现给人们"若鸟巢然"的奇观，只有第一层为了伸展和装修立有几根撑柱。

随着社会的进步，巢居形式发展为"干栏式"建筑。干栏式建筑的功能是防水淹，防潮湿，防虫蛇，防野兽等。古代南方少数民族被称为骆越、干越、荆蛮、南蛮、蛮人、黎人、傣人、壮人、摆夷、夷人、獠人等，都属于百越民族。百越民族首创的"干栏式"建筑房屋，最早出土于浙江余姚河姆渡 7000 多年前的新石器时代遗址中，现在仍然是我国南方少数民族的住房，如傣族、爱尼族（哈尼族的一支）、侗族、壮族、瑶族、土家族都以干栏式建筑著称，但是武汉科技大学张良皋教授认为"侗族民居是干栏建筑的顶峰"[③]。

一　合规律性——干栏式民居的审美适应

侗族建筑作为侗族人民的生活空间，是侗族人民对特殊的自然环境进行文

---

① 陈维礼等译注：《百子全书·韩非子》，辽宁民族出版社 1996 年版，第 545 页。
② （晋）张华等撰，王根林等校点：《博物志》，上海古籍出版社 2012 年版，第 10 页。
③ 张良皋：《干栏——平摆着的中国建筑史》，《重庆建筑大学学报》（社会科学版）2000 年第 4 期。

化选择的产物。与衣、食、行相比,"住"与自然环境的关系更为密切。

侗族是百越民族的后裔,中国古人类学和古建筑史证明有巢氏、越人、南人、獠人与侗族人有渊源。侗族建筑属于典型的"巢居文化"系统,语言学家研究发现,"家"是北方语言,现在壮侗语称家为"栏"。当地的地形地貌、气候条件、生态环境、森林资源以及文化传承等诸多因素造就了侗族的干栏式建筑特征。

侗族的聚居地主要在湖南、贵州、广西三省交界的毗连地带,以山地为主,东有雪峰山,西有苗岭支脉,南有九万大山和越城岭,北有五岭山、佛顶山。与当地地形地貌、气候条件、自然环境、森林资源及文化传统相适应,建筑形态上形成了"天平地不平""占天不占地"的特征,那便是干栏式或干栏化(吊脚楼)建筑。"九山半水半分田"的特殊地理环境,决定了侗人不可能利用太多的平地建造房屋,干栏建筑把地理劣势化解为优势,可谓大智慧。

人类最初的建筑在很大程度上依赖于当地自然环境所能提供的自然物质材料。侗族地区盛产优质杉木,它是房屋建筑的材料来源,侗人造房时,从柱到顶,都用杉木,高矮不一的柱子纵横交错,大小不等的木方斜穿直套,柱与柱之间的穿插连接也用大小不一的方形木条开榫衔接,不用一颗铁钉,全由卯榫嵌合。这样的杉木楼房,却非常坚固,一般都可维持二三百年寿命。

二 合目的性——干栏式民居的审美取向

从发生学的观点来看,民居建筑总是实用先于审美。普列汉诺夫说:"人最初是从功利的观点来观察事物的现象,只是后来才站到审美的观点上看待它们。"[1] 建筑最根本的意义在于它提供的内部空间与人类的生存活动具有一种适应性关系,在这种实用价值中,产生了它根本的审美特性:实用美。人们遵循合规律与合目的性的要求,根据环境和条件考虑房屋的建造。人们建造房屋

---

[1] [俄国]普列汉诺夫:《艺术论》,人民文学出版社1962年版,第31页。

时，首先考虑的是力学的安全性、耐久性，然后考虑的是房屋功能美的多样性应符合人的生产与生活这一根本目的。

人类建筑的审美价值取向往往与生产方式、生活方式密切相关。侗族人民在生活实践中通过对"真"的认知与理解，即对客观现实规律的把握，创造出符合自身利益的居所，即实现合目的的"善"。在合规律与合目的的创造中，侗族人在发挥居室使用功能的基础上形成自己的审美特征。

山区少平坝，侗族吊脚楼通常沿山川坡地坐基而建，因而往往采取山地建筑中一些常用的手法，如附岩、镶嵌、跨越、倚台、分层入口等处理方法建楼，这样的建筑就是干栏式建筑，因为一般吊在空中，俗称"吊脚楼"。吊脚楼是一种前虚后实的木楼，前厢吊脚，后堂坐基，用木柱架空前半部倾斜的地方，后半部平坦处则直接接地，这样看起来，楼房半截悬在空中。吊脚楼随山势的高低而起伏，随地形的变化而绵延，各栋建筑依坡而建，逐级而上，因势造型，井然有序，分布密集，鳞次栉比，错落有致，千姿百态，与自然融为一体，令人叹为观止。

侗族的干栏式民居采用重檐式，即在檐柱上增加一吊脚柱，并挑出一步架，形成二三重密檐式的挑楼或雨檐，使得干栏顶部不仅具有多层次的韵律感，而且可起到遮阳避雨的作用。楼层之间也采用穿枋悬挑，逐层悬挑以形成阶梯形吊脚楼，既实用，又美观。

侗族干栏式民居高大宽敞，流行六榀五柱式（即五开间四进间），高度一般少则二三层，多则四五层。在功能上，一楼豢养家禽猪羊、置放农具木柴，二楼为走廊、檐廊、祭堂、火塘、住房、客房等生活空间，这里宽敞明亮，空气流通，光线充足。侗人的饮食起居，织布纺纱，接待宾客均在这里。阁楼（即上层）主要用来存放粮食。侗族民居中的厅一般都特别大，因为侗族青年要在那里行歌坐夜，通宵达旦地打油茶、聊天，为老人做寿时"卖粮队"（为老人添粮祝寿的宾客）也要在那里举行庆祝仪式。

人类自诞生的那一天起，便将对于安身之所的需求，像果腹与蔽体一样置于根本和急迫的地位，在长期的生活实践中，侗族人民从自身需要出发，用自己的智慧建造了具有自己审美特征的房屋。

第二节　鼓楼审美

　　走进侗寨，会看到许多巍峨壮观、飞阁重檐、结构严谨、做工精巧、装饰细致、色彩朴质的鼓楼。侗歌里唱道："锦鸡翅膀凤凰尾，比不上侗家鼓楼美。"鼓楼每寨必有，有的侗寨一寨一座，有的侗寨按照姓氏一寨多座，如贵州黎平被誉为"侗乡第一寨"的肇兴，全寨就有5座非常壮观的鼓楼。据统计，黎平县有大大小小的鼓楼328座，而广西三江侗族自治县独峒乡的土冲寨一个村寨就有7座鼓楼。

图4-1　贵州黔东南榕江三宝鼓楼

第四章　龙凤以藻绘呈瑞　斗拱飞檐工天巧

鼓楼作为民族精神外化的建筑艺术形式，展现出充分的美学内涵，有它自身的美学原理，体现着侗族人民的审美观照和审美意识。鼓楼建造过程一直与各种仪式和祭祀活动相伴，显得神圣庄严。鼓楼的结构精巧，鼓楼层级之间的变化规律都蕴含缩放、对称、平移和平行等数学思想。鼓楼装饰造型或具象或抽象，有着韵律、节奏、对比、重复、均衡、连续、穿插、疏密等美学规律。鼓楼还有着丰富的文化内涵和多重功能，是侗族政治、文化的中心。

一　神秘——鼓楼建造仪式美

鼓楼多建于村寨的中央，形如村寨的心脏，民居以鼓楼为中心，构成和谐的富有生态气息的建筑群。用侗族人民形象的语言表述，即"我们侗家人要像鱼儿团聚在鱼窝中一样，团聚在鼓楼里"。鼓楼是侗族村寨或族姓的标志，是村寨政治文娱活动的中心。

鼓楼的建造过程笔者虽没能亲见，但却见到过记录侗族鼓楼建造的过程及仪式的图片。2011年10月4日，笔者到三江良口和里村参加侗族村民祭拜三王爷的活动，有幸结识了村支书杨会光先生并受邀到他家参观。他家是一座三层的侗族风格的楼房，三楼的走廊全是照片，一部分是当地的党建工作的宣传照片，做得很有文化气息，宣传图的背景是经过虚化处理的村里的民族建筑或穿民族服装的村人。更多则是展示侗族文化习俗的照片，每一张都编了号，并配有文字说明。支书介绍说，这些照片都是他照的，他设计建造的博物馆已经建成了，还空着，他准备把这些照片都摆到博物馆去，让更多的人了解侗族。我相信这些图片都是极有价值的资料，最有价值的是展示侗族鼓楼建造过程的照片，因为这样的资料在别的文献里还没有发现过，于是笔者如获至宝，用笔按照他做的编号顺序记录如下：

"筹备→取材：第一斧、第一尺、第一牛→拉山（把砍下的木头拉下山）→第一锯、第一凿（特殊图纸）→开工第一卦、第一斧、第一柱→第一盘（选址）、奠基、敬地→扎排、竖柱→构造→上大梁→踩梁、压梁→点缀、安宝顶、安翘角→开楼门：进粮、生火、献利市、立约、踩楼→迎宾→题贺词→贺楼：唱贺歌、庆功百家宴、敬师傅、庆功晚会、送师傅礼品、送师傅→送客。"

杨会光是一个有着充分的文化自觉、让人敬仰的侗族人，这些资料对传承侗族鼓楼文化无疑有着重要的价值和意义。

杨会光的图片展示虽然把取材放在最前面，实际上鼓楼建造的第一步是开盘选址。村寨建寨之初，必先建鼓楼，如果当时条件有限，无力建造鼓楼，也要先确定鼓楼的位置，并栽一棵杉树以象征鼓楼。村寨鼓楼的选址即确定了村寨的选址和布局，村寨的民居和道路均以鼓楼为中心而向外延伸。鼓楼大门之前，必定留有一块较宽的坪地作为鼓楼坪，鼓楼坪用鹅卵石镶嵌成一个大圆圈，从大圆圈向坪地四角有四条对称的射线，射线之间为扇形，分布有一些小圆圈。这个图案就是村寨主要道路和各氏族吊脚木楼的总体布局图。"中心的大圆圈，为村寨鼓楼的位置；四角射线，为村寨的四条主要通道向外延伸的方向（历史上即以此来构建四方寨门）；四个扇形，为各氏族鼓楼和吊脚木楼的分布区。现在的侗族村寨的布局，不管其地形如何（临江河'一'字形铺开的村寨布局除外），仍然保存有这种古老的天体图案。"[①]

在古代，村寨鼓楼的选址，一定在村寨的中心之地，也是山水相交、阴阳融凝、龙脉止聚、土厚水深的风水宝地。有时候，讲究鼓楼选址，还有补助风水的作用。例如，黎平县肇兴大寨所处的山形貌似一条大船，他们分别在船头、船舱、船篷、船尾处建侗寨，并对处在船的不同部位的村寨鼓楼进行高度和形式上的要求，使这些鼓楼连起来看像一座船的样子，这样整个村寨就像航行的船一样顺风顺水；肇兴大寨相邻的纪堂寨由寨头、上寨、下寨三个寨子组成，处在一座大山西端的一块凹地上，山形似龙之口，于是三个村寨分别建起高矮有讲究的鼓楼，共同来降住龙脉，使村寨繁荣昌盛。很显然，鼓楼的构造观念体现着侗族的风水观念以及侗族人民对聚居环境的美好寄托。

鼓楼建造地址选定后要举行奠基、敬地仪式，祭台设在鼓楼选址的中心，

[①] 吴浩：《中国侗族建筑瑰宝：鼓楼·风雨桥》，广西民族出版社 2008 年版，第 179 页。

第四章　龙凤以藻绘呈瑞　斗拱飞檐工天巧

祭品为酸草鱼、猪肉、活鸡、五个酒杯、五双筷子，祭祀的对象为四方土地和飞山神。一切准备就绪，先由祭师念祭词，然后由头人或款首砌下第一块基石并燃放鞭炮，再正式开工。

在砍伐鼓楼第一根主承柱时举行"第一斧""第一尺""第一牛"的伐木仪式，领头人在山脚或树根下点香化纸，敬请山神保佑，恳请"山兄弟"避让。砍来木料之后，择良辰吉日开始"第一锯""第一凿"，也要举行仪式，把一根主承柱放在架好的木马上，将木工工具摆在主承柱上，摆上祭品，掌墨师傅在柱子的一边点香化纸，口中念念有词，祭祀鲁班祖师、萨神和飞山神，祈求开工顺利。

竖柱是鼓楼建造过程中关键的一环，竖柱之前先扎排，搭好木架，做好准备工作，正式竖柱仪式在下半夜举行，吉时一到，掌墨师傅就在中央设祭坛，祭品除了鱼、猪肉、活鸡、五个酒杯、五双筷子之外，增加了圆形的糍粑和一把禾，祭师念完祭词就鸣炮，在炮声中众人开始竖柱。竖柱时一排人在下面用肩抬，一些人站在事先搭好的木架上用竹竿撑，一些人站在高处用缆绳拉，然后用木槌敲打，使梁枋穿紧，用缆绳和木杠慢绞，将柱子拉紧。大家齐心协力将主承柱竖起来。

上梁是鼓楼建造过程中最隆重的一环，上梁仪式隆重而复杂。多在木构架基本搭好之后便准备上梁。梁木要用双生木中粗壮结实的一根，谁家能提供这样的林木做鼓楼梁木是莫大的荣幸。梁木做成之后摆在木马上任何人都不能跨越，掌墨师傅设坛祭祀之后，在鞭炮声中用缆绳慢慢拉上高空。梁木安好后，由掌墨师傅站在梁木旁边搭建的木架上，吟诵上梁的祝词，举行踩梁仪式：

　　今日日吉时良，
　　今日时强日旺。
　　邪气随风飘走，
　　福气随云下降。

今日是福生之日，

今日是天宝之日。

你们卯时敲响铜鼓，

你们辰时敲响铜锣。

我听到鼓声架起云头，

我听到锣声走出天门。

我来自九霄大殿，

降落在你们村前。

今天你们村人——

用青石砌起台基，

用大木竖起楼架。

太上老君夸你们技艺高超，

花山圣母赞你们功德无量。

我受玉帝大王派遣——

架起紫云来踩梁。

我怀抱金宝银宝，

我口含灵气仙气。

大家看啦——

我把金宝银宝送给你们地方，

我把灵气仙气喷洒在你们山寨。①

踩梁之后是"压梁"。所谓"压梁"就是从梁上挂红布，最中间挂由村寨集体准备的、代表全村寨的红布，旁边悬挂各家各户准备的红布，掌墨师傅在高空手持茅草，从碗里喝一口水，喷在茅草上，然后把茅草向四方飞撒，唱道：

---

① 吴浩：《中国侗族建筑瑰宝：鼓楼·风雨桥》，广西民族出版社2008年版，第203页。

第四章　龙凤以藻绘呈瑞　斗拱飞檐工天巧

从今而后——

八方神仙到你们这里聚集，

四方龙神到你们这里会合。

护佑你们年年风调雨顺，

护佑你们岁岁五谷丰登。

护佑你们人丁兴旺，

护佑你们六畜满山冈。

从今而后——

公侯出在你们村寨，

贵人出在你们山乡。

子子孙孙，世世代代，

大吉大利，大发大旺。①

　　掌墨师傅走到梁木中间时，把一个备好的圆糍粑从最中间的一匹布上滑落下来，下面由有威望的头人跪地接着，接着从左到右按顺序将各氏族及各家各户送来的银器从其悬挂的布匹上滑落下来，下面由各家户主跪接。安梁、踩梁、压梁仪式最后是从楼架上撒银圆、糖果或糍粑，在村人的欢呼声、铁炮声、鞭炮声中仪式结束。

　　上梁之后继续对鼓楼进行点缀、安宝顶、安翘角等工序，竣工之后，择吉日举行开楼门仪式。这天，村寨款首、款师、歌师，早早地穿上节日的盛装，来到新鼓楼，关上鼓楼大门，在火堂升火，并设坛祭祀神灵、立约、踩楼。然后打开楼门迎宾，由本村寨的芦笙队、歌队、讲款队聚齐鼓楼坪迎接附近抬着红猪和匾牌为礼品赶来参加开楼门庆典仪式的各村寨贵客们。开楼门仪式在中午举行，宣告仪式开始的铁炮震响之后，穿百鸟衣的"仙人"在盛装的青年男女们簇拥下来到鼓楼坪中间。"仙人"要楼内的人开楼门，楼内有资历

---

① 吴浩：《中国侗族建筑瑰宝：鼓楼·风雨桥》，广西民族出版社 2008 年版，第 204 页。

的老人对"仙人"进行盘问，问答之间妙趣横生，围观的观众欢声雷动。最后因"仙人"来路不凡，此时又是良辰吉时，就遵照"仙人"的要求开楼门了。举行完开楼门仪式，"仙人"领头吹起芦笙开始贺楼，唱贺歌、跳芦笙、踩堂舞、放鞭炮，歌舞之后是庆功百家宴，宴会上要敬师傅，送师傅礼品，最后送客。

二 精巧——鼓楼形态美

走进通道芋头寨，你会看见一座叫"牙上"的鼓楼，牙上鼓楼一半搭在山坡上，一半悬于山坡下，由17根梨木柱子支撑，最长的一根有9.1米高，四面靠背若无其事地向外倾斜。这样的"危楼"历经210年竟然安然无恙，你不能不感慨侗族人高超的建筑艺术。

鼓楼属木质结构，以榫穿合，整座建筑不用一颗铁钉，重檐密层，平面均为偶数，呈四面、六面或八面形。立面均为奇数，三、五、七、九层不等，一般高十多米，最高者达几十米，但不管多高，檐层多少，层数均为单数。侗族文化传统认为单数属可变之数，取其"活"意，有生命的象征意义于其中。黎平城中休闲广场鼓楼楼高53米，重檐为25层，当地人说这25层代表全县53万各族人民和25个乡镇。广西三江鼓楼于2002年11月建成，是当地著名的侗族民间工匠杨似玉带领的民间楼桥师傅队伍建造的，高为42.6米，共有27层瓦檐。硕大的鼓楼，不用一颗钉，全是卯榫衔接，大小条木，横穿直套，纵横交错，分毫不差，结构严谨。

鼓楼的建造以四根主承柱为主体，代表一年四季，每根主承柱又由3根衬柱围绕，4根主柱共有12根衬柱，象征着四季有12个月。鼓楼形式多样，有塔式、干栏式、楼阁式、门阙式多种。不论哪种形式的鼓楼，基层的结构基本相同，不同在于二层以上，主要表现在中心柱上。

中心有雷公柱的鼓楼一至三层都是四方矩形，雷公柱落在三层的横梁上，凌空耸起，向四面八方穿出榫头，和四面主柱相连，形成六角或八角的檐面，向高逐层缩小，直到尖顶，攒尖收顶。工艺复杂的则在顶层再加4根、6根或8根短柱，又和雷公柱相连，在上端设楣窗，进行装饰，最后攒尖收顶。

中心无雷公柱的鼓楼，"干栏式"和"厅堂式"的比较多，下面三层结构和有雷公柱的一样，到了第四层以上就不同了。四层以上以4个主柱为基础，用抬梁枋方式承载负荷，并向上逐层收分，直至顶端，最后用歇山顶形式收梁覆盖，如果把它摆成平面图，就仿佛小"口"字套在大"口"字上。

也有两者混合的，即底下几层檐面用抬梁枋承托，上面再用雷公柱支起檐面，形成六角形、八角形状攒尖收顶。

除了这几种形式以外，还有一种比较少见的独柱鼓楼，它是以一根直通顶尖的独角柱耸起，从独角柱向四角伸枋，在枋的另一端用4根柱支撑顶住，组成四方形的基础檐面，在这基础檐面上组成六角或八角的第二层，然后逐层收缩形成多层重檐，最后以攒尖式收顶，变成宝塔式独柱鼓楼。贵州省黎平县岩洞镇述洞鼓楼就是独柱鼓楼，建于1921年，共5层，高约12米，呈四檐阁。除第一层为了伸展和装修立有撑柱以外，整个鼓楼只由一根直径50厘米左右的中柱支撑。中柱直立于鼓楼中央，直伸顶端。广西三江高定独柱鼓楼又称"五通"鼓楼，始建于1921年，穿斗木结构，13层重檐、攒尖顶。内中主承柱也为独柱。独柱鼓楼从外观上看与一般鼓楼无异，不同在于内部，从楼内观看，独柱鼓楼以中柱为中心，大小不一的枋片斜穿直套，纵横交错于中柱，使其连成一体，形似伞状。

鼓楼的规模无论大小，都由上中下三部分组成，上部为楼首（帽），是建造工艺集中表现的部分，顶部造型既有悬山式、歇山式，又有多面坡攒尖顶式，而在攒尖顶式中又有双叠顶和双层暗顶之分，外观呈伞形，有的顶下还有人字格斗拱，形如蜂窝，百孔千窗。有的斗拱周围的木雕似燕巢垒泥，工艺精巧，造型别致。在侗人心目中，天地宇宙的形象就是房屋的形象，也是有柱有盖的，鼓楼楼首正是人们在屋顶上寻求与天相通的媒介。

图 4-2 广西三江鼓楼楼顶内部结构

三 繁复——鼓楼装饰美

鼓楼不但有独特的建筑结构，而且有很高的艺术造诣，从基脚的礓岩到高耸云天的顶尖，无一处不体现出艺术修饰，体现出繁复之美。鼓楼的装饰手段主要有雕刻、绘画、铸塑和涂刷等工艺。

鼓楼的装饰最明显地体现在檐上。鼓楼多为重檐结构，相叠的檐面之棱，用雪白的石灰筑成适当倾斜的脊梁，使檐面有鲜明的界线。每方檐角均为翘角，侗语称它为"勾"，用扁铁弯成弧状而成，钉于角梁上，一根一根的白勾冲天，如白鹤齐飞、如龙爪刚劲。侗族的雕塑、绘画工艺也都展现在重檐部分。雕塑手段主要有木雕、石雕、嵌瓷、泥塑，主要内容为飞禽走兽：有坐镇的雄狮，有翻飞的蛟龙，有亮翅的孔雀，有翘尾的鲤鱼……还有各类弯根勾藤，图腾人物，云卷云舒、千姿百态、栩栩如生。龙在侗族的宗教观念中是重要的图腾标记，也是鼓楼装饰最常见的图腾形象。黎平县信洞寨鼓楼的第一层檐面上就雕塑着侗族《银女和白龙》的传说：这一组彩塑中，人骑着马，带着狗,紧跟在破浪前进的龙的后面;则里寨鼓楼大厅正门的额枋和柱头上,饰有二龙盘柱托枋争宝的泥塑;肇兴乡信寨鼓楼被称为"五龙楼",此鼓楼顶部正面三角屋脊上各塑有一条飞龙,第二层正面则有"二龙抢宝"泥塑。鼓楼的装饰除了檐边的雕塑,檐板上往往饰以绘画,内容为龙凤鸟兽、古今人物、草木虫鱼以及侗族的现实生活画面和历史神话传说。肇兴乡厦格下寨鼓楼的第二层瓦面上,塑有一组"牧牛"灰塑;肇兴乡信寨鼓楼第一层封檐板上,绘有"春耕图""纺织图"和"刺绣图"。

鼓楼楼顶顶尖的装饰一般是这样:先用一口底部凿穿的铁锅,套进雷公柱削小的顶端,罩盖在顶梁的青瓦上,在铁锅上又套一口无底的大瓷坛,大瓷坛上再套无底的小瓷坛,小瓷坛上再套无底的花瓶。鼓楼攒尖顶四坡交角屋面上以及其他类型的垂脊之间,由云头形或如意形装饰成葫芦形状,花瓶上面还用石灰加铁丝或者铜、铁等金属铸塑成富有寓意的吉祥物,常见者为鸟。更为有趣的是,侗族人发挥自己的聪明才智,用薄薄的铜簧弹片,巧妙地装在鸟嘴里,风来的时候,鸟嘴里就发出悦耳动听的声音。有的比较简单,只用一根长约三米的铁柱,串上五至七颗单数陶瓷宝珠组成,呈葫芦状,犹如塔尖,凌空而立。

鼓楼内部的装饰主要是绘画。鼓楼底层为方形厅堂,高5—6米,面积为60—100平方米,是承重的柱子组成的空透的空间。可容纳200人集会,四周钉板或置栏杆,设座位,中间有火塘。因为鼓楼里经常要放置大的芦笙,所以,天花板没有顶棚,但是空旷的空间并不显得单调,环四根主柱在4米左右高度处多用杉木板镶嵌,上书鼓楼修建捐钱献物者的姓名,让其无量功德万古流传;或彩绘各类人物兽禽虫草,让人沉浸于美苑艺海中。有的绘有一些寓意图案,例如湖南省通道侗族自治县黄土至高铺河流域的鼓楼、贵州省黎平县黎榕公路沿线村寨鼓楼多绘有圆形二分之一分割法的道教太极图;寨头鼓楼正梁中间除画有太极图之外,两边还有一副对联:"风调雨顺国泰民安,时和世泰人寿年丰"。

鼓楼的主柱和衬柱在不同的位置上也都有不同程度的装饰,主要是雕刻或彩绘。另外鼓楼的磉岩（鼓楼立柱下方的柱础）也多有装饰。鼓楼磉岩底部呈四方矩形，面部呈圆鼓形，中部呈细腰形，周围多有用沉雕手法雕刻的云勾、花草、星点、鼓钉之类的图纹雕饰，一些雕刻较为精细的则以浅浮雕手法在鼓径部分用阴线刻出连续的几何纹饰。广西三江鼓楼充分利用前后磉岩，用浅浮雕的形式表现侗族歌舞、宴饮、纺织、耕种、婚丧嫁娶等生活场景和图式。

四　神圣——鼓楼功能美

鼓楼是侗族村寨的标志和灵魂，是民族的族徽，是侗族村寨祭祀、议事、歌舞、娱乐、迎宾、庆典、诉讼裁夺的主要场所。正如侗歌里唱道："鼓楼地，鼓楼堂；冬取暖，夏乘凉，聚众议事共商量。赛芦笙，踩歌堂，文娱活动好地方。"鼓楼在侗族人民的生活中必不可少。

从美学人类学的角度来看，鼓楼的意义已经超出了建筑的意义。鼓楼建筑文化充分反映了侗族的社会、宗教、风俗的方方面面，王良范先生说鼓楼"连接着天地，连接着自己的图腾，连接着森林、宗族、屋居、社会组织，连接着生活的秩序与变化，连接着人生礼仪、交往、习俗，人情的温暖以及梦幻般的色彩与景象"[1]。它是侗族的图腾符号、通天圣塔、风水中心、政治中心、法律中心、艺术中心、交际中心、军事中心和休闲中心。现在侗族鼓楼的有些功能比如军事防御功能已经不存在了，但它无疑是村里重要而神圣的公共空间，侗族传统中的每件大事都在鼓楼内进行，人们在这里取名、月也、讲款、祭祀、歌舞娱乐、迎宾庆典、传承生产经验和民间艺术，它是侗民族的象征，也是侗族凝聚力和民族向心力的象征。

---

[1] 王良范：《文化境域中的诗性象征——侗族鼓楼的美学人类学解读》，《贵州大学学报》（艺术版）2002年第4期。

第三节 风雨桥审美

侗族的风雨桥以其优美、独特的建筑艺术形象闻名遐迩。风雨桥又称"福桥""花桥""廻龙桥""风水桥"。风雨桥历史悠久，数量众多，仅广西三江县就有111座，很多已被列为国家级重点文物保护单位，如广西三江的程阳桥、邑团桥，贵州省黎平县地坪风雨桥等。湖南省通道侗族自治县坪坦河流域17座形态各异的风雨桥中，有9座在2006年被列为国家级重点文物保护单位。

图4-3 湖南省通道坪坦河回龙桥

一 结构科学，造型独特的技术美

风雨桥集桥、廊、亭三者于一体，凿榫打眼，穿梁接拱，不用一钉一铆，结构科学，构思独特，造型优美，建筑坚固，横跨江面百年而不朽，具有极高的建筑研究价值和艺术审美价值。

风雨桥多为石墩木廊结构。建造时，河水清底后建基台，基台上建桥墩，桥墩有六面体和五面体两种形状，六面体状的上下均成锐角，五面体状的只有上游方向呈锐角，这样的形状可以减少激流冲击力。整个桥墩，按自下而上百分之八的比例收小，下大上小的结构显得结实稳重。

风雨桥桥身多为纯木结构，桥身架设体现了侗族工匠在建筑学方面的高超技艺。工匠们巧妙运用"木上加木，层层递出"的结构，灵活地利用力学原理，科学地解决了在建桥中跨径宽、负荷重的重大难题。

桥廊是风雨桥的主体，由桥门、桥柱、桥栏杆、桥檐、桥凳组成。桥廊两头或中间的桥门颇具特色，有的呈鼓凸的"八"字形，有的呈隐凹的"一"字形。在梁檐的房枋片错综交叉，形成一个又一个歇山顶式的梁面，陪衬着桥廊的梁面，显得庄重而独特。桥柱通过纵横交错、大小不一的枋片，榫卯衔接成长长的桥廊。桥廊内两边设长凳供人们休息，齐腰处开栏杆，可观赏两岸风光，栏杆外挑出一层短檐，以挡住飘雨，保护桥面及桥梁。

桥亭是风雨桥的重要组成部分。有四方的歇山式的殿形、六角或八角攒尖的塔形、殿塔混合形几种类型。不管哪种形式的桥亭，在层数上都是奇数，桥亭的个数也是奇数。中间的桥亭一般为塔形或殿塔混合形，两边一般为四方殿形，而且中间的桥亭比两边的高两层。如程阳风雨桥共有五座桥亭，从中央到两侧逐步降级，中间楼亭为六角形攒尖顶，其两边略低一点的楼亭为四方形攒尖顶，靠近桥头两端的楼亭是歇山顶。

二 雕梁画栋、廊亭楼阁结合的艺术美

风雨桥装饰精美，像贵州黎平的地坪风雨桥，楼与楼之间，以及桥亭屋背上塑有三龙抢宝、双凤朝阳的泥塑，中楼的四根木柱上绘有四条青龙，天花板彩绘龙凤、白鹤。湖南通道坪坦回龙桥，每个桥亭的顶端都置有一个陶制的大

葫芦，葫芦上站一只展翅欲飞的陶鸟。中间桥亭收尖处置有覆钵、宝瓶、小鸟等装饰物。顶端雕塑的铜鸟，嘴里安有簧片，迎风而鸣。

风雨桥既有通行、休闲的实用美，又有雕梁画栋、廊亭楼阁结合的艺术美，充分体现了侗族人民的艺术审美情趣。诗人郭沫若曾行走侗乡，因为惊叹于风雨桥的艺术美而写下一首诗：

艳说林溪风雨桥，桥长廿丈四寻高。
重瓴联阁怡神巧，列砥横流入望遥。
竹木一身坚胜铁，茶林万载茁新苗。
何时得上三江道，学把犁锄事体劳。

三 通行、休闲功能兼具的实用美

侗族居住的地区主要是山地，山水相连，有山必有水，侗族所在地区江河纵横，有舞阳河、清水江、渠水、都柳江、浔江以及数以千计的小河溪流，这样的地理条件形成了侗族建桥的传统。

侗族风雨桥起着重要的通行作用，程阳风雨桥就被当地侗胞称为"程阳八寨桥"，因为马安、平寨、岩寨、平坦、大寨、东寨、平埔、吉昌八个村寨之间的通行都靠它。风雨桥不仅可以通行，桥廊上两边都设有长木凳，大家还可以坐在那里避雨纳凉、聊天、约会。丰收季节，人们把来不及搬回家的粮食堆放在风雨桥上，风雨桥又成了临时的粮仓。风雨桥还是走亲访友、迎送宾客的重要场所。侗族的风雨桥，既是通行的工具，更是一种文化标志。

四 灵魂转世、人神沟通的寓意美

除了实用和艺术的审美功能外，风雨桥还有着深刻的文化内涵。侗乡风雨桥在侗人的心目中是神圣的，关于桥的仪式很多，有"踩桥""祭桥""认桥""添桥""砍桥"等。每当风雨桥落成，一定要举行神秘而庄严的"踩桥"仪式，并找一个36岁就作了爷爷的男性首先过桥，预示子孙发达。

侗人相信，一个人投生和离世时灵魂都必须经过桥，桥被认为是灵魂的通道，"传说人的灵魂从阴间来到阳间投胎，有的成群结队，有的三三两两，也有的独行独往。他们到了一个村子，看见有桥，便往桥上走，然后从桥上走进某家去投胎。如果他们来到村子边，找不到桥，他们就会往别的村去。大的桥，供成群结队的灵魂通过；小的桥，供三三两两或独来独往的灵魂通过"[1]。著名的广西三江风雨桥周围村寨人丁最为兴旺，侗人认为这是一座宏伟的大桥，可以通过许多灵魂。为了怀孕生子，人们要到桥头祭拜，引魂投胎，并把农历的二月初七定为"求子祭桥"日，侗族人家的小孩一出生，就要请巫师卜卦，看看他的灵魂是从哪座桥上过来的，然后带着祭品去"认桥"，并终身祭拜，义务维修。

侗人认为，一个人（特别是孩子）生病是灵魂出游了。这时，家人要举行"添桥"仪式，砍一株树，修好之后系上红纸，带上酒、肉、鸡、糯米饭到桥头，把系有红布的圆木添放在桥梁空隙处，然后放上祭品，烧纸钱，敬奉桥头神，祈望她能引回孩子失落的灵魂，保佑孩子平安无事。

孩子病重，是灵魂错上了别人的阴桥，于是要请巫师举行"砍桥"仪式，巫师设祭坛拜四方土地神灵，摆两碗清水，中间架一双象征桥梁的筷子，巫师作法以后一刀将筷子砍断，碗里的水纹丝不动，说明孩子的灵魂平安回来，不会再错上别人的阴桥了。

风雨桥是灵魂转世的通道，也是人神沟通的一个特殊空间。桥上的每座亭阁都设有富丽堂皇的殿坛神台，装饰着双龙戏珠、金凤朝阳、珍禽异兽的粉金浮雕，殿壁和帷帐上贴金挂银，插花饰锦，殿中神台上用优质楠木精塑历代圣贤、爱国将帅、侗族始祖、文化名人等，栩栩如生，仪态轩昂，气势雄浑。

---

[1] 吴浩：《中国侗族建筑瑰宝：鼓楼·风雨桥》，广西民族出版社2008年版，第122页。

第四章 龙凤以藻绘呈瑞 斗拱飞檐工天巧

笔者仔细考察了湖南通道皇都普修桥上的神坛供奉情况：桥上建三座宝塔，桥顶四龙护宝（周围四山护寨之意），桥间设三个神殿，头殿为始祖祠，中间为关圣殿，最后一殿设文昌阁。始祖祠供奉一男一女二神，左为侗族女始祖姜妹，包侗帕，戴银耳环，着交领侗衣、百褶裙，绑腿，穿尖头鞋。左臂屈肘伸五指，自然前伸，右臂屈肘上举，手握侗族吉祥物。右为侗族男始祖姜良，神像被置于神龛之中，匾额上书"始祖祠"，红绸覆顶，旁有一联，左为"慎终追远祖德长存遍侗乡"；右为"探古溯源宗功永驻普南国"。中间的神龛左右各有一条盘龙红漆柱，龛内三座神像，中间关羽红脸长须，戴侗族花帽，左臂弯曲，手置腹部，曲右肘上举，拇指、中指、无名指弯曲，食指、小拇指上举。右立左手叉腰、右手执刀的武将，左立戴官帽、双手托印的文官。最后一个神龛顶悬黑字金底匾额，上书"文昌宫"，置三尊神像，中间文昌君头戴官帽，白脸长须，左手执笏，左右二神分别执毛笔和莲花瓣。左右二联为"昌盛国强金城汤池定江山，文能兴邦德政廉民安天下"。

图4-4 湖南通道皇都普修桥上关公神位

笔者在侗乡考察发现几乎每座风雨桥上都设有神坛或保存有神坛遗迹，每座桥供奉的神像都不一样。广西三江程阳万寿桥上也设三个神殿，分别供奉关公、观音和土地公。广西三江良口乡和里村人和桥桥面用鹅卵石铺设成各色花纹、太阳月亮纹、八卦纹，充满神秘气息，桥上只有一个神位，供的是周仓，匾额上书"盖世英雄"，左书"是君是臣是兄弟是朋友大义无论"，右书"与天地与日月与鬼神争光千古"。广西三江程阳桥上只有一尊菩萨像供在桥中央，但是桥屋梁上悬挂着一串串侗家妇女们用彩色布和鸡毛精心制成的吉祥花。设置了神像，风雨桥便有了人神相通的功能，神像的放置均背对下游，面朝上游，这样神灵才能更好地镇桥护寨。有的风雨桥上还有月老的神像或一纸神位，标明了风雨桥的另一个功能，即为青年男女提供行歌坐月的场所。

图 4-5　广西三江良口乡和里村人和桥上周仓神位

建筑是一个寓实在与超越、形式与内容、空间与时间、有限与永恒于一体的有机整体。建筑通过方式、布局、形制、规模、结构、装饰、功能等符号规定人的生活方式、等级、身份、性别、归属、地位，而并非建筑材料的机械拼凑。建筑是人们判别区分事务的依据，凝聚族群关系、坚定和统一族群意志的象征，是人们进行交易、婚姻、竞技、娱乐等交往活动的舞台，人的一切活动无不在这个空间或者从这个空间出发，侗族建筑特有的民族和地域特色因此也不难理解。

第五章　歌舞腾欢庆岁时　敬天祈年娱人神

——侗族节日审美

节日是人类普遍的文化现象，节日具有外在的感性的物质形态，同时也蕴含了内在的神圣的超越性的价值意义。人们在节日庆典中抒写情怀、表达喜悦、祈求上苍、缅怀先祖、提醒农事、庆祝丰收，经过祖祖辈辈历史的传递和继承，形成了各具特色的民族节日与庆典活动。侗族几乎月月有节日，每年的节日集会上百次，大的节日集会多达二十多次。其中既有直接植根于现实生活的，也有源于宗教信仰的，还有一些则是源于神话传说，侗族的民族精神通过各类节日的召唤得以恒久地凝聚和升华。

表 5-1　广西三江侗族民间节日活动表（根据三江侗族博物馆资料整理）

时间	节日名称	活动地点	主要活动内容
正月	春节	各地	芦笙踩堂、多耶、唱侗戏、舞龙舞狮
正月初八	吹笙集会	高安　岑牙	吹笙、登坡比赛
正月十三	花炮节	梅林等	抢花炮
二月初二	艾粑节	各地	包艾粑
二月十五	花炮节	斗江	抢花炮
三月初三	花炮节	福禄	抢花炮
三月初三	芦笙节	独峒	白天赛芦笙，晚上唱侗戏、对歌
三月初四	花炮节	沙宜	抢花炮
四月初八	黑饭节	各地	青年男女上山赛黑饭，对唱山歌
四月初八	敬牛节	孟江等地	打扫牛栏，给牛洗身，喂牛吃菜叶、乌饭

续表

时间	节日名称	活动地点	主要活动内容
四月初八	赶坡会	同乐等地	青年男女上山对歌
六月初六	拉牛上树节	七团	拉牛上树祭祖
六月初六	尝新节	各地	举行尝新仪式敬祖先，设午宴
八月十五	斗牛节	平流　八协	斗牛
十一月初一至初十	冬节	各地	各地杨姓过节
十二月二十六	花炮节	林溪	抢花炮

第一节　敬牛神、庆岁时
——侗族节日的农业文化特色

恩格斯在《卡尔·马克思〈政治经济学批判〉》一文中说："物质生活的生产方式制约着整个社会生活、政治生活和精神生活的过程。"[1] 作为人们生活方式重要表现的传统节日的产生，与民族的经济生活，尤其是生产劳动的关系十分密切。

侗乡地理环境适合水稻的生长，侗人在长期的生产实践中发明了独具特色的生产工具、科学合理的耕作技艺，其农耕生产习俗不仅内容丰富，而且对农事过程连带农事畜力、农事工具都敬重有加，从开耕、播种、生长、收成等主要农事到畜力及农用工具都有专门节日，由此可窥见他们对农事分外虔诚的文化心理。

一　牛的节日

我国许多少数民族都敬牛，壮族、仫佬族、布依族、土家族、苗族、黎族

---

[1] 《马克思恩格斯选集》第2卷，人民出版社1972年版，第117页。

都是爱牛的民族，并有专门的牛节。侗族是典型的农耕民族，也是世界上最早种植水稻的民族之一，他们的活动大都与农事有关。在农耕生活中，牛是重要的畜力，农人们与牛同生、用牛耕种、以牛为食，牛成了他们生存下去的重要保障，人们因此而产生爱牛、惜牛的心情，从而形成敬牛习尚。

侗族视牛为自己的民族图腾，视牛为自己的同类，对牛尊重有加：榕江县车寨人认为他们是水牛遗裔；龙胜县平等人称牛"牛公""牛奶"；都柳江沿岸的侗寨都奉母牛产子后的胎盘为神物，妇女们争相食用以期"多子"；南部侗族地区广西三江、贵州黎平、从江等地的侗族有食牛"瘪"之风（牛肠胃中未化成粪的草）。侗人不仅相信食用牛的某些部位有神奇的作用，而且还认为牛的行动可以告示吉凶，牛的体表特征也与人密切相关。牛是如此神圣之物，南部侗族还有村寨供养"圣牯"之习俗，并在牛死后把牛角挂在楼梯当头壁上以求辟邪。侗族具有特殊的"牛文化"，如相牛、以牛祭祖、以牛占卜等习俗，最为普遍的是为牛过节，侗族牛的节日很多，有春牛节、牛辰节、斗牛节等。

（1）春牛节。立春以前，湖南通道、广西三江、龙胜等地的侗族人民就修牛栏，制灯笼，备青草，做糯米粑和甜酒等。立春那一天，人们用竹篾、刀把、纸、布等做出牛的模样，套在人身上舞动，后跟掌耙、捞鱼虾以及手举"风调雨顺、五谷丰熟"，或"春牛登门，风调雨顺"的大圆灯的人组成的队伍，在锣鼓、唢呐声中走村串寨，每到一地，让"牛"绕圈行走，做耙田状，并唱《十二月农事歌》，举行包括农事知识问答的对歌活动，用这种形式提醒各家各户春回大地，做好备耕工作，不要误农时。

（2）牛辰节。重视耕牛，为它过节，是我国南方农业民族的一大特色。在农业生产中，耕牛是担负主要劳动的畜力，因此不少南方民族除了在过年时要犒劳耕牛以外，还要单独另过一个崇敬耕牛的节日。云南省丽江一带的纳西族每年农历六月二十日至三十日、九月十日至三十日，要举行两次"洗牛脚会"；土家族不仅过牛王节，还修牛王庙；云南省西北山区的彝族黑话人支系，在每年立冬要过一个"颂牛节"；桂西北山区的壮族在牛王节那一天对牛进行慰劳，为之招魂并让它休息,并视牛为家庭成员,牵牛绕饭桌一周……很多民族都认为牛是天神下凡来帮助人类的,云南省兰坪县的傈僳族神话中的牛为了帮助人类,屡屡触犯天庭,因此傈僳族不仅给牛过节,而且还要由家中最年长的妇女向牛祈祷,希望它能传达家人对天神的敬意,从而免灾无害,庄稼丰收。

侗族有一个关于牛的传说,相传牛魔王误传玉帝旨意,将"天皇赐你们一日三餐肚子饱"说成了"天皇赐你们一日三餐肚子不饱",结果害得人们忍饥挨饿。牛魔王为向人类赎罪,便下到人间苦力耕作,侗家人为了感谢耕牛对农业发展的贡献,于是便每年过洗牛节。农历四月初八或六月初六是侗族的"洗牛节"。传说这一天是牛的诞辰日,因此又称"牛辰节",这一日要让牛休息,不能对牛高声吆喝,更不能用鞭、棍打牛。还要给牛吃黑糯米饭,给牛洗澡,并用鸡、鸭等祭品在牛栏旁边设案祭祀,以表示对牛的敬意和谢意,同时也是祈祷耕牛平安健壮,来年耕作时出更大力气。

(3)斗牛节。斗牛节是侗族同胞的传统节日。侗族各村寨都饲养着善斗的牛王,关牛王的圈称为"牛宫","牛宫"的门楣上贴着"百战百胜"的匾额,左右门框各书"仁里今出大碰王,圣地滋生勇猛将"的对联。每一头牛王都有一个响亮的名字,如"镇天雷""大雷公""铁牛将军""百胜王"等。斗牛一般在秋收之后至次年春耕之前,有的在二月,有的在八月,北部侗族地区如贵州剑河、凯里、黄平则在九月举行,各地具体时间不一样,但都选择在逢"亥"的日子。斗牛的地点一般选在峡谷间秋后收割了的稻田里,四周的梯田,也就成为天然的看台。斗牛之前,要先约好对手,东道主寨派人到邻寨送帖请战,称为"约牛"或"订牛亲家"。斗牛的那一天,人山人海,在村寨要道和牛场入口扎起拱门,贴"一碰如雷盖天地,八足腾空赛狮龙"之类的对联,显得声势浩大。

牛王入场仪式很隆重,入场前先要芦笙踩堂,踩堂完毕,三声炮响宣布斗牛开始,在旌旗的拥护下,牛王全身披挂:头镶铁角、身罩红缎、背插令旗雉尾,颈吊铜铃,臀饰六尺虎尾,俨然出征的将帅在锣鼓芦笙声中从拱门出场,绕场三圈示威。接着,各队牵着自己的牛王,举着火把,严阵以待。再一声炮响,火把往前一抛,斗牛开始,牛王朝向火把的方向,四蹄腾空,冲向对方,斗作一团,斗牛场上飞沙走石、碰撞雷鸣、斗牛倒地、滚地拼搏,难解难分。一牛出征,代表全村,围观的人们振臂高呼,气氛紧张热烈,十分壮观。若一方失败了,胜者乘胜追击,姑娘们跑去将"败将"旌旗夺走,鸣铁铳,放鞭炮,敲锣打鼓,胜方全寨男女老少到败方寨上大吃三天。

名目繁多的以牛为中心的节日无疑体现出侗族节日的农业文化特色。

二 岁时节日

岁时节日源自古代人民对季节时令的认识。在"山中无历日,寒暑不知年"的古代,侗人们根据天体的变化、草木的荣枯、冷暖的更替来决定农时、指导生产、安排生活,即所谓"观象授时"。冬去春来,时序变化,草木在岁时中枯荣,大地在四季中变化,这是自然的律动,然而,在侗人的心目中,任何事物都被认为是神灵作用的结果,一切的变化都和神灵有关,都有必要感激、敬畏或庆祝,因此形成了岁时节日以及与岁时相关的农事节日。

(1)活路节。世界各民族大都经历过漫长的农业历史阶段,因此农事节日也就成为节日中最重要的一部分。贵州镇远地区的侗族盛行一个独特的节日"活路节"。

活路节是春耕大忙前的一次群众性的盛大集会,与农事活动密切相关。节日在每年除夕日至正月上旬逢戊日的第二天举行,节期一天。节前,各村寨选出两个"活路头",由他们主持仪式,每年腊月除夕日早饭后,活路头在山坳上鸣锣宣告:"从现在起,封农具、封纺车、封碓窝(舂米用)、停止挖山种地、停止纺纱织布……"于是各家各户便在犁耙、纺车、锄头等农具贴上封条,直到活路节前不得动用。正月上旬戊日的第二天,活路节开始。这天一早活路头就去山上拔来一捆发出青芽的嫩草,放在指定的田坝上,男女老少着节日盛装,在芦笙的伴奏下来到放嫩草的田坝上,铁炮三声,仪式开始:活路头驱牛扶犁,象征性地犁地,然后挥锄挖窝,将采来的嫩草栽在土里,接着大家奏起芦笙，围着青苗，吹笙跳舞。仪式完毕，人们撕掉农具上的封条，在自己的菜园里栽上几丛嫩草，妇女撕去纺车上的禁令，开始织布、纺纱。第二天，春耕正式开始。

（2）吃新节。吃新节也是个农事节日，多是为了庆贺丰收，并希望来年丰收而过的节日，大都在庄稼成熟时节举行。很多南方民族都有吃新节的习俗，仡佬族每年农历七八月新谷成熟即将要收割时都要举行庆祝活动，基诺族的吃新节是在八九月间谷子成熟时举行，景颇族、阿昌族、佤族、哈尼族、拉祜族和四川的藏族都分别在收获的季节吃新，仪式都与祭祀祖先、天地，保佑来年丰收有关。

吃新节流行于整个侗族地区，各地时间不一，一般在农历六七月，那时候稻子、玉米等还没有到成熟收割期，所谓"吃新"只是象征性地摘些尚未成熟的谷穗禾苞来尝尝。具体日期在卯、辛、酉日不等，北部方言区还有的选择寅日吃新。节日那天，家家户户都洗木桶、蒸糯米饭、做米酒、杀鸡杀鸭，做出丰盛的宴席，并举行对歌、斗牛等活动庆祝。吃新节充满感恩的色彩，节日那天要先祭祖，为让祖宗英灵进来一同吃新，祈求祖先保佑五谷丰登，房门一律敞开。剑河等地过吃新节，不仅祭祖，还要感谢狗，传说远古的时候洪水滔天，侗乡绝了稻种，狗在洪水中用尾巴为侗人保留了稻种，为了不忘狗取稻种的功劳，蒸出来的新米饭先让狗尝，然后人才吃。

侗族的农事节日还很多，每年四月的种棉节，五月五栽秧节，镇远县报京侗寨的"播种节"，剑河县小广侗寨的"采桑节"，还有侗年、春节、杀龙节、洗澡节、长工节等。一个个的农事节日，是民众集体创造的文化产品，是农业文明的伴生物，农事节日体现了民众张弛有度、应时而作的自然生活节律。同时，一个个农事节日也是一个个通过仪式，是一个阶段到另一个阶段的转折点，农事节日将农事生产的新阶段与旧阶段分开，通过庆祝活动避免种种不平安、不吉利的事，以迎接新阶段的到来。

就单个节日来说，侗族节日有着异常活泼的时间节奏，它们分布于四季，有规律地到来，人们在节日的庆典中自我调节，农事也在人们所膜拜的神灵的一次次施恩赐泽中进行，在节日中人们尽情地享受；在节日之后，人们又长久地回味。

第二节 祭祖祈社
——侗族节日的辟邪纳吉愿望

在宗教活动中，人们把自己的希求和寄托、理想和愿望毫无保留地抛向神灵，神灵是人们的希望所在，所以，人们不遗余力地用自己创造的美去侍奉神灵，以求得到同等的报偿；人们也在祭祀和仪礼中与神灵共享自己创造的美，获得心灵的慰藉。

节日产生的根源多种多样，其中一个简单而永恒的推动力就是辟邪纳吉的美好愿望，侗族节日的产生与侗族人的信仰密切相关，侗人在特定的日子祭祖祈社，希望来日五谷丰登、人畜两旺、岁岁平安、如意吉祥，因为这种愿望如此的强大，侗族的祭祀节日显得特别多。

一 祭祖节日

1. 始祖祭祀节日——萨玛节

萨玛节是南部侗族现存最古老而盛大的传统节日，在2006年国务院公布的第一批国家级非物质文化遗产名录中，由贵州省榕江县申报的"萨玛节"名列其中。萨玛是整个侗族共同的祖先神灵的化身，是侗族唯一共同祭祀的本民族自己的神，她能赋予侗人力量，让他们能打败敌人、战胜灾难，保佑他们村寨安乐、人畜兴旺。祭祀萨玛的时间各地不一样，一般在春耕之前（农历正月或二月）或秋收之后（农历九月或十月）的农闲时的吉日举行。正月是侗族人际互动的高潮，也是一年之中人神沟通最集中的日子，多数地区的祭萨活动在正月。祭萨是全寨人共同参与的大型祭祀活动,是最隆重的集体性公共事件,祭祀由萨师、鬼师、歌师主持,由寨佬、村干部组织,由房族代表、男女歌班、芦笙队等执行,仪式十分隆重。人们在芦笙、锣鼓、鞭炮的交响声中来到萨坛外,上香、点蜡、敬酒、烧纸钱,表达对萨的敬意;喝萨茶、和萨共进午餐,享受萨的赐福;吹芦笙曲、跳踩堂舞,唱颂萨歌:"进歌坪,进歌坪缓缓行。歌坪请萨前头走,萨领前头我后跟;进歌堂,进堂把萨安中央。六畜发来人丁旺,五谷丰登粮满仓;喜洋洋,引萨出门进歌堂。萨撑雨伞遮阴雨,保佑村民保安康。"然后萨师手举半开的黑伞把脸罩住,领着众人转寨。笔者曾亲见过一次祭萨转寨活动,声势浩大,游行队伍依次为:萨师——群十岁以下的男孩—寨佬—芦笙锣鼓队—未婚姑娘队—异族扮演者—火枪队—舞狮队—火炮队,其他人则两旁围观,人们在鞭炮、鼓乐、芦笙声中沿着既定路线,从萨坛到村口、风雨桥,最后到鼓楼,以体现萨的光辉会照临到村寨的每一个角落。龙胜各族自治县乐江乡宝赠村上寨把每年农历二月第一个卯日定为萨岁节,这是当地除春节外最为隆重的节日,节日那天举行盛大的"生祭""巡游""公祭""百家宴"及歌舞表演、文艺晚会等系列活动。

2. 宗祖祭祀节日:祖宗节、清明节

侗族村寨一般是一个姓氏或几个姓氏聚族而居,一个姓氏就是一个宗族,一个宗族供奉共同的宗祖,宗祖往往是这个宗姓历史上有影响的人物,本宗族的人都在他的庇护之下,所以要对宗祖举行合族祭拜。各族都有专门的宗族祭祀节日,有的固定为姓氏节,如通道侗族自治县洋须河一带的陆姓在立冬的那一天祭祀共同的祖先陆德亮,称为"过香节",那天杀"红猪"祭祖。黔东南德顺乡的侗族过"祖宗"节,邀请亲朋好友共同庆贺,"祖宗"节为期两天,第一天是正"祖宗"节,邀请男客人,第二天邀请女客人。靖州和会同杨姓的"抬太公"也是祖宗祭祀节日活动。

侗族清明节至今仍然保留着古风,清明节要上山采艾蒿,做"清明粑",祭祀列祖列宗。挂众清是侗族宗祖崇拜的重要活动,挂众清活动以房族"补拉"的方式集中进行,时间安排、物资采买、祭品的准备都由"补拉"集体商议,到了祭祀那一天,"补拉"中的各户都到最古老的坟墓前集中,摆好祭品,扫墓、上香、挂纸钱、放鞭炮,然后合族老小集体行三站拜、三跪拜礼。最后大家席地聚餐,与宗祖共食,大醉方归。

3. 家祖祭祀节日:鬼节

清明节那一天,侗人集体祭祀宗祖,各家也祭祀家祖,一般是烧纸培坟,挂清礼拜,分食祭品。另一个专门的家祖祭祀节日是鬼节,又称七月半,一般是七月十五日左右,具体时间各地稍有出入。鬼节的祭祀以家庭为单位,这一天,侗族各家各户要给祖先烧纸钱,纸钱不是直接烧,而是用老纸封包装好,并且在封皮写上历代祖先的姓名,晚上备上香酒祭品焚烧于寨外路边、河边,人们相信阴界的祖先自会收到这些冥币,用它们在阴间过上好日子。

祖宗是侗族崇拜的重要对象,人们祈望先祖保佑,感谢先祖眷顾,因此除了专门的祭祖节日,岁节祭祖几乎是所有节日不可或缺的内容,一年四季,春夏秋冬,或庙祭,或墓祭,或洒扫焚香,或望空遥祝,请先祖尝新,给先祖送纸钱,邀先祖魂灵和家人团聚……"事死如生"成为侗族人民社会生活的伦理原则。

4. 英雄祭祀节日

弗雷泽曾令人信服地列举许多民族节日的庆典都起源于对死者的哀悼仪礼,侗族也有很多节日来源于对英雄的崇拜和纪念:如三月三,林王节和乌饭节。

三月三是侗族的一个大型节日,也是一个英雄祭祀节日,具体祭祀哪位英雄,各地不太一样,湖南靖州等地的杨姓在三月三这一天祭祀飞山神杨再思,湖南芷江的龙姓则在三月三这一天祭祀起兵反抗朝廷残酷压榨的当地英雄龙冠保。杨再思和龙冠保都是真实的历史人物,他们的英雄事迹使他们具有了神的功能,人们为他们燃香,向他们礼拜,祈求他们的护佑。

第五章 歌舞腾欢庆岁时 敬天祈年娱人神

图 5-1 湖南通道坪坦飞山宫杨再思神像

"林王节"是锦屏县寨母一带的侗家人纪念明代英雄林宽的节日。明洪武年间，侗族英雄林宽带领侗人起义，反抗朝廷黑暗统治，起义军攻下了龙里守御千户所，接着又进新化、平茶，包围黎平府，朝廷震怒，派三十万人马前往镇压。起义军终因寡不敌众而失败，林宽战死，史书称之为"草寇"，但在侗家人心目中，林宽却是英雄，并被尊称为"林王"，并在每年六月的第一个辰日祭祀他，这个节日被称为"林王节"。林王节的节日食品和祭品是粽粑，因为传说林王带兵打仗常以粽粑为干粮。节日那天，杀猪宰牛、放田捉鱼，热闹喜庆。吃饭以前，各家都先在寨子里的一棵古枫树下摆好酒肉、粽粑、烧香祭祖，客人进寨也要先到古枫树下祭拜一回，因为传说这棵古枫树是林王亲自栽下的，岁月及英雄的传说使古枫树具有了神圣的功能，人们不仅在树下祈祷、歌舞，还要从古枫树上剥下几块树皮，用纸包好，带回去给孩子，祈福消灾。

吃饭以后，人们在古枫树下唱"林王古歌"。歌唱完毕，老人就向孩子们讲林王的故事，通宵达旦，十分热闹。

许多南方民族都有乌饭节，但节日时间和含义各不一样，每年农历四月初八，是侗族的乌饭节，这一节日是纪念一位古时候的女英雄杨八妹的，相传她曾机智地用乌米饭救出了身陷牢狱的哥哥杨七郎，因此这个节日又称姑娘节。这一天侗族妇女都要上山去采摘做乌米饭用的树叶，用树叶揉出的浆汁把糯米染得乌黑，蒸乌米饭吃。

二 祭祀土地神的节日：社日

贵州天柱县、三穗县、镇远县、岑巩县、玉屏侗族自治县以及湖南的新晃侗族自治县的北部侗族地区，侗族群众在立春后的第五个戊日过社日节。

至于节日的来源，侗族有两个传说。一个传说中"社"本是一个正直的大臣，皇帝大宴群臣时问世界上什么最好吃，群臣的回答各式各样，唯有社回答说："皇上，什么都不好吃，只有饿才好。"皇帝认为社是在讥讽自己，一怒之下，把社拉出去斩首，后来自己醒悟，给社平反昭雪，并定社死之日为纪念日，这就形成了后来的社日。

另一个版本的传说中"社"是厨神：相传古时侗乡有一位著名厨师叫木阿点龙，能做一手好菜。一次皇上问世上什么最好吃，木阿点龙心直口快，说世上只有盐最好吃。皇帝一尝之后怒杀木阿点龙，木阿点龙的朋友暗自决定为朋友申冤，于是晚宴时有意不在菜里放盐，皇帝一尝顿觉无味，于是幡然悔悟，追赦木阿点龙无罪，予以厚葬，并封为厨神，规定这一天为木阿点龙的祭祀之日。

其实，社日节习俗起源于对土地的崇拜，我国历史上是典型的传统农业社会，在这样的社会形态下，土地很早就成为人们的祭祀对象，称作"社"；而重点祭祀的那个日子，就是"社日"。土地是山地民族获取生存资料所需最重要的源地，因此侗族普遍信奉土地神，土地神无处不在，街坊、坳头、

第五章 歌舞腾欢庆岁时 敬天祈年娱人神

桥梁、菜园甚至牛栏、猪圈到处都有土地祠，土地神处处显灵，虔诚的民众时时可得其护佑，社日则是专门的祭祀的节日。社日分春社和秋社，分别在立春和立秋后第五个戊日举行，侗族一般只过春社，该节日也被称为"赶社"或"吃社"。

图 5-2　贵州黔东南榕江三宝侗寨都柳江边古榕下土地神位

对土地的祭祀，原始的祭法是将祭品深埋或直接灌注于地，直接向土地献祭，后改为封土设坛或树木而祭。所有节日诞生之初都是出于娱神的需要，但是随着社会的发展，时间的推移，节日功能大都逐渐由娱神转向娱人，侗族的两个关于社日的传说都与吃有关，因此，侗人的社日活动主要形式是"吃社饭"。节日前一天，侗家都要到野外采集野蒿，洗净剁碎，揉尽苦水，烘干，与野蒜、地米菜、腊肉干等掺和糯米蒸或焖制而成，吃起来别有风味。龙额的社饭味道偏咸，并且饭前喝点盐水，表示对木阿点龙的纪念，又因木阿点龙是被刀错杀的，所以这一天侗家均禁用刀器。

宗教信仰观念使得侗族节日充满神秘色彩，侗族人民在节日里祭祖祈社,以歌舞美食或相应的仪式讴歌神灵、贿赂神灵,无比虔诚地相信人在明处叩,神在暗中佑。尼·阿·德米特里耶娃说:"审美感情本身不是什么别的,只是对最美好生活的愿望。"① 在这一点上,宗教意识和审美意识趋于一致,迷离的宗教祭祀节日,浓重的神秘色彩,传递出侗人对美好幸福的渴求。

第三节 社交娱乐
——侗族节日的狂欢化特征

狂欢化和自由自在是侗族节日文化重要的美学范畴。侗族人民在自然和社会环境的压力下仍能保持着乐观、幽默和悲壮的喜剧性格,他们的这一性格在节日庆典中得到鲜明的体现。在他们看来,节日本身就是目的,人们不声不响地,并且有目的地促成了"节日"这一时刻的到来,在节日时刻,他们庆祝、交流、游戏、娱乐,喜悦心情达到高潮。

与其他民族相比,侗族的社交娱乐节日显得特别多,有坡会节、花炮节、打泥巴仗、打南瓜仗、打石头仗、打柴头等游戏节日。

(1) 对歌交友的坡会节。坡会节又称"歌节",北部方言侗族地区多在正月举行,以桂、黔、湘三省区交界地区的报京坡会节最为著名,人数常达万余人。每年农历三月初三,是天柱地区的坡会节,位于蓝田、白市、远口交界的凤岩坡,就是一个巨大的歌场,每逢节日,四方歌手,青年男女济济一山,树荫之下,花丛之中,木叶清脆,歌声飞扬。

南部方言侗族地区的坡会节则在每年年初的戊日举行,因此又称"戊日玩山",特别是以戊寅日在广西三江与湖南通道交界的大雾梁坡会规模最大,常

---

① [苏联]尼·阿·德米特里耶娃:《审美教育问题》,冯湘一译,知识出版社1983年版,第6页。

有数万人参加。这一天,方圆几十里之内的青年男女聚集在山坡上,对歌交情、寻找伴侣、互赠订物、结成良缘。

广西三江侗族自治县一带的侗族还有一个"土王节",每年农历谷雨节的前两天,各寨的青年男女结伴来到寨子附近的土王坡上,举行对歌、赛臂力、斗鸡、比试鸟枪、吃茶苞等活动。吃茶苞活动别具特色:男青年用藤枝将茶苞串成圈,套住心仪姑娘的脖子,或者塞进她们的嘴里,以试探对方对自己是否真情实意。土王节实际上是一个年轻人的欢乐节日,是侗族青年男女进行社交和娱乐活动的节日,这种走坡对歌交友的婚恋习俗,至今在侗族乡村仍然流行。

(2) 比武竞技的花炮节。岭南地区侗族、壮族、苗族、仫佬族等许多民族原本都有抢花炮的习俗,但多已逐渐淡化甚至消失,只有侗族的花炮节仍盛行不衰,成为盛大的民族传统文体节日,被称为"东方橄榄球"。花炮节在侗族人民的心中是最热闹的节日,所谓"花炮"由一内装火药的铁筒制成,炮口套着一个用丝线包扎的彩色铁环,点燃花炮,一声巨响,铁圈冲上高空,接获者即为神佑,因此双方队员争先恐后,挤、抢、护、拦、传,谓之"抢花炮"。一般一场三炮,每炮都有含义,听当地人讲,头炮为丁炮,二炮为财炮,三炮为贵炮,分别象征人丁兴旺、财源广进、加官晋爵;也有人说一炮意味着福禄寿喜,二炮隐喻着升官发财,三炮象征着人丁兴旺,总之,小小的花炮负载着侗人人财两旺、幸福安康的美好意愿。

花炮节在侗族已有一百多年的历史,是侗族人民盛大的传统节日,各地侗族都过花炮节,各地举行的日期不同,龙胜侗族一年两次抢花炮,分别在农历三月十三日和六月二十四日举行,广西北部三江侗族自治县程阳在正月初三,梅林在农历二月初二,富禄在农历三月初三,林溪在农历十月十六日。花炮节还伴随着其他盛大的庆祝活动,如唱侗戏、吹芦笙、多耶、打篮球等助兴。

图 5-3　广西三江侗族博物馆中展示的花炮

（3）宣泄释放的"打仗"节。侗族节日不仅有交友、竞技的功能，还有释放和宣泄的功能。在节日中"任何事或人都不形成威胁，任何人都不会被赶跑。生活和享受在节日期间得到了保证。许多禁令和隔离被取消，很不习惯的亲近得到准许和促成"[①]。侗族节日有着鲜明的反禁忌特征，如在平日里不被允许，却作为节日活动内容的打泥巴仗、打南瓜仗、打石头仗、打柴头仗等游戏。

贵州省黔东南自治州黎平县一带的侗族有过"打泥巴仗"节日的习俗，节日时间在芒种前后栽秧苗的时候，节日主题主要针对青年男女，节日当天，因为"不落夫家"习俗而结婚住在娘家的新婚新娘被接到夫家，在青年男女的陪同下集体插秧，这种集体劳动又是男女青年参加社交和进行娱乐活动的机会。当秧田插完后，打泥巴仗就开始了，开始是小伙子们故意将泥巴摔在姑娘身上，不愿示弱的姑娘们马上出手还击，结果双方以泥巴为武器，摆开阵势，互相投掷。游戏的输赢判定很有意思，身上泥巴点子最多的是最后的赢家，因为

---

① ［德］卡林·瓦尔特编：《我与他》，陈世澄等译，生活·读书·新知三联书店1994年版，第409页。

那代表着他是最受欢迎的人。

打南瓜仗是广西三江侗族自治县程阳八寨的古老习俗，也是中秋节当地青少年的一项娱乐活动。侗族有中秋前夕偷南瓜之俗，虽名为偷，却很诗意：青年男女成群结队，在月色中溜进瓜地，却并不是见瓜就偷，而是见双摘一，见四摘二，偷过之后还要插花留记，告诉主人"此处有瓜，已被我偷"，主人看见，也只会心一笑，毫不在意。中秋之夜，皓月当空，男女分油茶队和南瓜队，追赶嬉戏，将煮熟的南瓜互相甩打，通宵达旦，欢乐无比。

图 5-4　广西三江侗族博物馆展示的打南瓜仗场景

程阳八寨打南瓜仗，湖南省新晃县侗族自治县的新寨和龙寨却有另一种习俗，那就是在正月初一"打石头仗"。大年初一，两寨男女相约来到河边，先是隔岸对骂，挑起情绪，继而以石为弹，投向对方，小河上空一时之间石弹纷飞，骤如雨下，直到有一方被石头击中破皮流血方才罢休，可是在他们看来，破皮流血不是游戏的失败，而是需要敲锣打鼓回寨庆贺的，因为这是"开门红"的象征，意味着在新的一年里吉祥幸福。与此相类，侗族还有一项被称为"多高贝"的传统体育活动，汉语意为"打柴头"，这一活动在每年农历九月举行，人们怀着丰收的喜悦，在河边点起篝火，庆祝"多高贝"节，"多高贝"

以寨子为单位，一个寨子烧一堆火，两寨隔河对峙，将燃烧的柴火头，朝对岸互相掷投，以投准、投远为佳。这个活动每晚或隔一晚进行一次，为期一个月。

在这些节日中，禁忌被打破，人们自由地去做平常不能做的事，侗族人民的民族情感、诗性精神在节日的情景中被点燃和释放，充满酒神般的狂欢意识。侗族节日中的反禁忌给予侗族人一种日常得不到的审美愉悦感，释放了生命中的原始冲动，给他们提供了心灵的缓冲空间和身心的休养地带，促进了身心的和谐，守护了节日时空的神圣性。

侗族节日的狂欢是全民性的，在节日中没有观众，全民都是演员，其实是生活本身成了表演，而表演则暂时成了生活本身。

侗族节日除了鲜明的农业文化特色、强烈的祈福纳吉愿望、全民参与的狂欢化特征之外，还体现为节日意趣多元的歌舞传统、节日价值多元的生活追求。侗族节日渗透了丰富的民族心理，成为滋养和抚慰侗族人民内心世界的物质养料，成为他们乐观地面对生活的理由和一种生活资源，也是审美最宽广、最丰富的诗学形式。侗族节日的表现形式是朴素的、自由的，同时又具有生命原动力，展现为对生活的热爱和紧紧拥抱。在侗族节日的展演中，侗族民间文化内部存在的生活逻辑、人际伦理、生存法则、生活惯制在审美趣味中呈现出各种形态。

第六章 坐夜玩山结姻缘 宜室宜家存古风
——侗族婚俗审美

婚姻是人类生育活动的开始和基础，它是一个重要的"通过仪式"，马克思主义民俗学奠基人之一拉法格曾经指出："在各族人民中，婚姻曾经产生了为数甚多的民歌，同时也形成了稀有的礼俗。"[①] 各民族因为地理、经济、文化的不同，各自形成了自己的婚恋习俗，各民族的婚恋习俗具有自己的审美内涵和特色。

第一节 群体性
——侗族恋爱方式审美

群体，是人类童年时期战胜自然、获得发展的主要力量。因为居住环境和生产方式的原因，侗族在文化价值观上看重人的整体合作，是一种具有集体主义色彩的保守型心理类型，因此侗族文化无不体现出群体性特征：这种群体性特征体现在侗族的饮食（"合拢宴""帮盘"、吃"疱汤"）、居住（聚族而居）、

---

① ［法］保尔·拉法格：《关于婚姻的民间歌谣和礼俗》，载《拉法格文论集》，罗大冈译，人民文学出版社1979年版，第11页。

社交（走寨）、娱乐（对歌、斗牛）等各种习俗之中。非常有趣的是，这一群体性特征也体现在非常个人性的恋爱活动中，侗族青年的恋爱在行歌坐夜、坐仓楼、黄昏赶墟、凉亭聚堂谊、走寨做客、玩山、种公地等群体性活动中完成，形成了独具侗族审美观的婚恋现象。以下介绍几种具有侗族特色的恋爱方式。

（1）行歌坐夜。北部方言区的侗族恋爱方式主要是"玩山"，其基本形式是通过集体性的歌场对歌，互相认识和了解，建立恋爱关系，而南部侗族流行"行歌坐夜"。

"行歌坐夜"侗语叫"ny aoh nyamv"或"hyaoh wungh"，有"度过夜晚"或"唱歌聚集度过夜晚"的意思。冬末春初，农事稍闲，村寨的姑娘们聚在那些能言善歌、劳动勤快、才貌出众的"姑娘头"家里，纺纱、做针线、闲谈、唱歌，本寨不同房族的青年后生，还有那些外寨来走寨的青年后生，根据木楼里燃的亮光，循着纺车声、歌声和笑声，三五成群地弹着琵琶，或是拉着牛腿琴，来到姑娘们相聚的地方唱歌，如果姑娘家的大门是关着的，后生们就在门外面唱《喊门歌》，请姑娘把门打开。"喊门"是个漫长的对歌过程，对好了，姑娘把后生们迎进屋里。入座后，后生们客气地唱起《探望歌》，姑娘们则唱起有意考验对方聪明才智的《盘问歌》，随着进一步交流，会唱起《探情歌》《相爱歌》《想念歌》，这种情歌许多都是即兴而编，应景而唱。这种对歌活动，从晚饭后开始，直到深夜甚至黎明，后生们才依依不舍地离去。在离去前，后生们唱起《分散歌》。在交往中，如果后生看中了合意的姑娘，第二晚必然又去这个歌堂，与之相聚，继续做伴，谈情对歌，以加深彼此之间的了解。

去"坐夜"的后生每人都带一只小灯笼，进入姑娘家，小灯笼多挂在"昂"（筛形大竹笼）上，"昂"上小镜灯的数目是女孩儿出众程度的标志，父母们会为这些小镜灯感到荣耀，因此，父母并不干涉坐夜活动，有时母亲听到自己女儿答不出歌来时，还主动悄悄地教女儿如何答歌。

通道一带的侗族还有专门为男女青年行歌坐夜而建的"公房"，公房由寨子集体出资建成，结构简单，陈设简朴，功能明确——专为集体行歌坐夜而建，因公房又称"仓楼"，在这里行歌坐夜又称"坐仓楼"。

图 6-1　湖南通道三省坡大雾梁歌会

（2）"月堆华"。在湖南通道侗族自治县，贵州黎平、榕江、从江和广西三江的侗族人有一种有趣的集体相亲方式——"月堆华"。"月堆华"为侗语谐音，意为种公地。在这些地区，自古以来各村寨都有特定的地方，留出来作为"公地""公林""公鱼塘"。如《黔东南苗族侗族自治州民族志·经济卷》载："榕江县计划乡计怀寨 1951 年土地改革前有潘、姚、侯、杨四大宗族有 3100 亩山林、138 亩稻田、214 亩地、38 里长河滩为全村共有；侯姓有 338 亩山林为宗族共有。"[①]"月堆华"是村与村、寨与寨或村寨内不同姓氏青年男女之间的一种集体社交活动，活动时间长，内容多，给青年男女的交往提供了充足的时间和空间，不少青年男女，通过"月堆华"活动，喜结良缘。

"月堆华"活动一般由男方村寨主动筹划，大年三十晚上，"腊汉头"（男

[①] 黔东南苗族侗族自治州地方志编纂委员会：《黔东南苗族侗族自治州民族志·经济卷》，贵州人民出版社 2000 年版，第 37 页。

领头人）便召集村里男青年商讨"月堆华"活动实施方案，正月初一派人去女方村寨接触、试探，如果女方有意，正月初三，男方便由"腊汉头"带队，穿着盛装，吹着芦笙，在鞭炮声中去女方寨迎接参加"月堆华"的姑娘们。姑娘们在一片芦笙、鞭炮声中被接到鼓楼，大家在鼓楼坪上尽情多耶、跳踩堂舞，太阳偏西的时候，小伙子们一哄而上，拉自己的意中人回家喝茶，傍晚时分，所有人又一起吃合拢宴。合拢宴上，祭师先念诵《种公地请神》词，祭祀"桥头祖母""花林四萨""门楼土地"和各路神灵、列祖列宗，显得隆重而神圣，然后开始喝酒，酒过三巡，开始唱歌，行歌坐夜，第二天小伙子又在芦笙和鞭炮声中送姑娘们回家，初定"月堆华"活动仪式结束。

公地一般选在离寨子三四里路远的山坡上，整个种公地活动过程中有很多仪式性活动，谷雨前后，参加"月堆华"活动的青年男女便带上糯米、茶叶、糖果之类办茶歌会，商定种公地的具体日子。到了那个日子，男女青年便一起上山，木叶声声，歌声阵阵，欢歌笑语，大家一起播下谷物的种子，也播下爱情的种子。此后双方青年男女根据农事需要，一起到公地对农作物进行一系列管护，锄草、施肥直到收获。其间，还有很多仪式性活动：四月初八，女青年出面，邀请男青年一起上山砍竹子做豆棚瓜架；九月初九，男青年再邀请女青年一起吃刚收获的豆子茶；八月十五中秋节是"月堆华"最热闹的"闭幕式"，两寨之间将举行隆重的仪式庆祝这一届"月堆华"活动的圆满结束。

第二节　族群意识
——通婚范围与禁忌审美

婚姻的缔结是文化引诱的结果，直接受到各种社会习俗、道德、规范和制度的影响和制约。在侗族，婚姻是超个人和超家庭的事情，是整个家族、村寨的事情，是群体之间的一种联盟机制。宗族、族别、村寨在其中扮演了不可或

第六章　坐夜玩山结姻缘　宜室宜家存古风

缺的角色。侗族的婚姻缔结有着自己的规定和禁忌，表现尤为明显的是"根骨"意识和"女还舅门"的传统。

一　"根骨"意识

侗族传统的通婚范围基本以村寨为主，兼及邻村几个村寨，如贵州平江、榕江婚嫁只限在30公里的沿岸侗寨进行，范围原则是"以八吉为上盖，以苏洞寨为下底"。侗族不与外来户婚嫁缘自人们的"根骨"意识，人们认为外来户来历不清，与之缔结婚姻会祸及子孙，后世不昌。据李银艳、覃娜娜对贵州省黎平县黄岗村的调查，黄岗村三代以来外嫁外娶的比例仅为1.54％，本寨内部通婚率高达98.46％。村寨以外，族别也是侗族通婚要考虑的因素，即使在同一村寨，不同民族也很少通婚，广西三江独侗乡主要居住的是侗族和苗族，但是侗族和苗族不通婚，因为古话说"错谷种，不能错人种"，所以当地流行"看'灯'结亲"的通婚准则[1]，侗话里面，"灯"是"树根"之意，这个"灯"包括了层级、族别与宗族等诸多因素。侗族这些通婚习俗的形成，主要是对"根骨"的认识，人们害怕由于对外界的不了解，引进根骨不好者。[2]

侗族对异族异地的排斥，于女性尤甚，李银艳和覃娜娜的调查还显示，黄岗村外嫁女子17人，外娶的仅仅4人。对异姓女子的恐惧还体现在婚礼仪式上。把异姓女子当作邪灵，或容易招野鬼恶邪的观念，使许多民族的婚礼蒙上一层神秘色彩，对不洁新娘的种种应对之策，反映了人们对异姓外魂的畏惧心理。

广西玉屏侗族新娘子初进堂屋时，堂屋门槛下早已摆好两只"隔筛"，里

---

[1] 参见廖梦华《侗族传统婚恋习俗研究——以广西三江侗族自治县独峒乡为例》，硕士学位论文，广西师范大学，2010年，第25页。
[2] 参见李银艳、覃娜娜《侗族传统通婚圈形成原因初探——基于贵州省黎平县黄岗村的田野考察》，《三峡论坛》2012年第4期。

面贴着红纸，下用一个大木斗托着。新娘两脚分别落在两只隔筛上，向前迈步的时候两边的圆亲婆交替将两只隔筛和木斗往前挪，以确保新娘子的脚不沾地，因为侗谚语云："红花献瑞，金竹避邪。"踩竹筛无疑是一种辟邪仪式。

其实，很多民族视新娘为不洁之物，哈尼族新娘在跨入新郎所住的村寨寨门前，要换上一身洁白的衣服，表示一路洁净，没把什么邪秽之物带进寨门或家门。进门前，新郎的姐姐为其洗脚换鞋，冲去可能附在脚上的魂迹鬼影。接着洗手洗脸，剪去三缕头发，让旧魂无容身之地。过去，寨子里的人还要拿牛屎之类的污秽物泼在新娘身上。有的新娘会因没有换衣或不洗脚而婚事告吹。景颇族婚礼中有龙女过草桥的仪式，目的也是除尽身上的邪气。

侗族对"根骨"的关注延伸到婚姻以后的生育仪式上，通道侗族有奇异的外婆送背带习俗，外婆送背带有一个戏弄外婆的过程。外婆来时，女婿村寨中从寨门到女婿家门全都紧闭，外婆用优美的歌声才能唱开寨门和家门。外婆回家时，婴儿的祖母要找一件破衣服给外婆穿上，用蚌壳当酒杯，用猪牛粪当礼包，再找一顶烂斗笠戴在外婆头上，然后用牛粪抛在外婆脚上，一直赶出寨外，这种奇特的仪式可以看作侗族对异性外魂恐惧的表现。

二 女还舅门

侗族人的亲属称谓很有趣，对舅母、姑母、岳母不加区别地统称为"务"，对舅父、姑父、岳父也不加区别地统称为"农"，根据摩尔根的理论，这种称谓所反映的必定是一种奇特的婚姻形式——姑舅表婚。"姑舅表婚"是指姑舅表兄弟姊妹之间有优先婚配的权利，主要表现为姑妈的女儿要先由舅舅选择为儿媳，而舅家女儿也要先由姑妈选择为儿媳，这是按父系概念来使用的一种术语，侗族婚俗更强调前者，有"女还舅门"之说。

宋《渠阳蛮俗》云：靖州之地"姑表之昏，他人取之，必贿男（舅）家，否则争，甚则仇杀"。侗族婚姻习俗规定，因为姨表兄弟姐妹与自家的兄弟姐妹被同视为兄弟姐妹，姨表兄弟姐妹互不通婚，而姑表姐妹与舅家兄弟之间被

第六章　坐夜玩山结姻缘　宜室宜家存古风

视为一个固定的婚姻集团，姑家姑娘先嫁舅家儿子的"女还舅门"习俗被视为理所当然。

侗族婚礼中都会有祭祀仪式，祭祀仪式上的请神词这样唱道：

> ……
> 旧亲戚，新夫妻，
> 亲上加亲。
> 野芥喜爱咸地，
> 姑娘喜爱嫁到大舅小舅家。
> 那是培养感情的一片沃土，
> 河水东流入湖入海，
> 几酝酿为雾为云雨。
> 返回河头，
> 鱼仔随禾下游。
> 育子育孙育后代，
> 鱼子又返回滩头。
> 姑娘长到十八岁，
> 看上大舅小舅家的后生，
> 嫁去娘曾经从那儿嫁过来的地方。[1]

《侗款·九十九公合款》中载："……你又养得一女叫美道，我要抱她来结姑表亲。"又载："舅妈住哪里就在哪里攀亲，去啊！还是姑舅情深。""款"词相当于侗族的法律条文，"姑表亲"被写入款词，可见这一习俗对侗族青年男女的约束力以及它的强制性特点。侗族姑娘玩山自由，恋爱自由，但却不能婚姻自由，姑舅表亲就是自由婚姻的拦路石。虽然请神词里唱"姑娘长到十八

---

[1] 陆中午、吴炳升：《侗族文化遗产集成·信仰大观》，民族出版社2006年版，第101—102页。

岁","嫁去娘曾经从那儿嫁过来的地方"就如同"鱼仔又返回滩头"一样自然，是"亲上加亲"，但是事实上并不是所有的青年都认同这一道理。《金汉烈美》是侗族广为流传的一出侗戏，金汉与烈美是戏中的男女主人公，金汉与烈美彼此相爱，可是父母要让他娶姑妈的女儿，烈美的父母也要她嫁给舅舅的儿子，二人为了婚姻自由而私奔，这一情节典型地反映了侗族青年对姑舅表婚习俗的反抗。

"娘亲舅大，女还舅门"的姑舅表婚，是侗族旧时沿袭的传统婚姻习俗，即便舅家无子或儿子年龄不相当，姑家的女儿若要定亲也须征得舅家的同意。这样的婚姻习俗极不合理，拆散了许多对两情相悦的侗家男女青年，造就了许多不幸的婚姻。为解决这个问题，侗族地区约定俗成形成了一个折中的解决办法，即"抢鸡头"。有歌唱道："侗家有个正月二，姑娘临嫁抢鸡节，谁抢得鸡跟谁去，爹娘不得硬强迫。"在侗族地区，如果姑家的女儿不愿嫁到舅家，便由姑娘的父母出面，请娘舅和恋人所在两寨寨佬做仲裁，举行"鼓楼抢鸡"仪式。

"鼓楼抢鸡"仪式在女方寨子的鼓楼前坪地上或芦笙堂举行，这是一次勇气与力量的比试，也是一场夺爱的战斗，带有一种决斗式的悲壮，也带有民间体育的娱乐精神。比赛那天，女方寨子、舅家寨子的邻里乡亲像过节似的都来助威、看热闹，女家抬出家里最好的米酒，摆上糯米粑粑，姑娘举起一只活公鸡，等着舅家的表哥和自己的恋人一起来抢鸡头。规则是：抢鸡只准用嘴，不准用手，谁抢得鸡，姑娘就跟谁走。在鞭炮声和欢呼声中，抢鸡活动逐渐紧张激烈起来，姑娘手举活鸡，让表哥和恋人撕抢，直到把一只活生生的大公鸡用嘴一块块撕下，或者咬断鸡脚把鸡抢到方才罢休，胜利者往往满脸血污，却被众人当作英雄欢呼雀跃地抛将起来。舅舅家的儿子在抢鸡中失败，姑娘跟自己的恋人走，舅家绝对遵守习俗，不再追究。"抢鸡"在欢快的气氛中进行，这种以节日为形式、以娱乐为内容的调解婚姻矛盾办法，是独具侗族特色的民俗。

现在，这种婚俗逐渐淡出历史舞台，但其遗风还在：很多地方如贵州省的天柱、锦屏、黎平、三穗一带的侗族婚俗中，有一婚姻必经程序，当地汉话称为"卡舅"或"卡舅公",就是在结婚前,男方必须送给女方舅家一笔钱财礼物,非如此不可。

虽然"行歌坐月"使侗族青年男女拥有恋爱的自由,但是"女还舅门"却是不能违背的婚姻制度。"女还舅门"是母权制向父权制过渡阶段,两个互为通婚的氏族互相斗争而又妥协的产物,是一种文化、社会历史现象。姑姑与舅舅同属于一个母亲血统,这个血亲家族嫁出去一个女儿,就相当于损失了一个劳动力,所以舅家要娶回自己的外甥女,用被嫁姐妹的下一代来补偿损失,很显然,姑家的女儿成为母亲的替身,重新回到母亲原来所属的亲属集团,这一婚制是古代氏族外群婚被保留到对偶婚制时期的一种遗俗。

第三节 神秘性与戏剧性
——婚礼仪式审美

侗族婚俗充满神秘性与戏剧性,这主要体现为其婚礼仪式上保存着夜婚与抢婚的古俗。

一 神秘的夜婚

侗族大部分地区都在夜间成婚:广西三江程阳桥畔侗家人接新娘,大都选在春节前后,且集中在腊月二十八至三十晚上,这几晚,大村寨接来的新娘多达数十个,少也有十个八个。这里还有"篝火迎亲"的习俗,迎亲之夜,人们在新娘必经的路旁烧起堆堆篝火,当迎亲队和新娘经过时,人们便举起火把摇旗呐喊,为迎亲队助威;龙胜侗族举办婚礼,迎亲方式遵循"夜娶夜嫁"的习俗,新娘要在半夜发亲,并且要在天亮之前走进婆家;贵州东南侗族娶亲也是深夜行动,男家三十多人的迎亲队伍,除吹鼓手外,每人举着一个松明火把穿山过坳,甚为壮观;黎平、从江、榕江等县的侗族婚礼简朴,接新娘不抬轿子、不送嫁妆、不吹唢呐,一个接亲婆手提一只灯笼,背着新娘的铺盖,把新娘接进门;铜仁地区实行"两头黑迎亲",要求入暮到大约半夜时分,将新娘接到男家。

一般人结婚都在白天,侗族深夜举行结婚仪式的习惯看起来有点特别,其实,不但侗族有夜婚习俗,满族人一直奉行着夜婚习俗,而且把它视为自己独特的婚姻制度而恪守。反映满族人生活的小说《红楼梦》中贾琏偷娶尤二姐,贾宝玉迎娶薛宝钗都是在夜间进行的。在有些满族聚居地区,到民国时期仍然沿袭着夜婚风俗,末代皇帝的皇后婉容的凤舆就是在凌晨三时被迎进乾清宫的。其他许多民族也有这个风俗:畲族的青年男女结婚,迎亲队伍必须在天亮之前到达女方家,男女拜堂要在天亮之前进行完毕;云南省小凉山地区的彝族男女结婚时,男方迎娶一般在天亮前或日落后进行。有些地方的汉族也有夜婚风俗:山东泰安、曲阜和淄博博山等地保留着夜婚习俗;广东省东莞市望牛墩镇朱平沙管理区的汉族也实行夜婚,新娘于结婚当日的零时左右进新郎家门。其实,夜婚习俗不仅广泛存在于中国各民族,国外(比如俄罗斯)也有夜婚习俗。

为什么要在夜间成婚,这其实是一种古俗,夜婚古已有之:《仪礼·士昏礼》篇记述了"士"阶层的人婚嫁成亲的各种礼仪和全部过程:"期初昏,陈三鼎于寝门外……主人爵弁,纁裳缁衣,乘墨车,从车二乘,执烛前马。"是说新郎在黄昏的时候举着火把去新娘家迎亲。班固《白虎通义·嫁娶》篇也说:"婚姻者何谓也?昏时行礼,故谓之婚也。"是说"婚"字的结构和意义与黄昏时娶亲有关。可见夜婚是古俗,当今的夜婚习俗实际上是古代婚俗的遗留而已。东汉郑玄注《仪礼·士昏礼》时所作《目录》云:"士娶妻之礼以昏为期,因而名焉。"并解释了"以昏为期"的原因:"必以昏者,阳往而阴来。"根据阴阳学说,男为阳,女为阴,白天为阳,夜晚为阴,阳婿往迎,阴女从来,因此娶亲的时辰便定在黄昏时候。《白虎通义·嫁娶》篇道:"所以昏时行礼何?示阳下阴也。昏亦阴阳交时也。"意思是说男子到女子家去亲迎,是

"阳下于阴",黄昏正是阴阳交接的时候,男女成婚也是阴阳交接,中国人讲究天人合一,黄昏成婚正是人事与自然规律的合拍。侗族地区普遍的婚礼形式一般是黄昏去接,半夜进屋,新娘进屋一般在半夜的亥时、子时、丑时三个时辰,即十二点到三点左右,这一习俗,是暗合着侗人男女的阴阳观念的。

二 戏剧性的抢婚

古人从阴阳学说的角度解释了夜婚的原因,今天有学者认为,夜婚是掠夺婚的遗风。掠夺婚即抢婚,兴于氏族部落时期,那时的女子被视为财产或物品,一个部落的男子成年后,往往在族人的帮助下到另一氏族抢劫女子,强迫成婚。既然是抢,夜间更容易成事,这就形成了夜间抢婚的风俗。因为夜间便于偷袭,在夜间进行婚礼,正是来自抢婚的时间。

随着社会的进步,原始的抢婚之俗被文明社会所遗弃,不再成为一种缔结婚姻的方法,而变作婚礼上的象征性环节:如男女双方对送亲队伍或接亲队伍的种种刁难和戏弄,甚至送亲人和迎亲人进行的一些竞技比赛,都属象征性抢婚的遗俗。"'抢婚',是礼仪化后的掠夺婚,它仅仅把'抢'作为一种仪式来达到完婚的目的。婚礼中的相互奚落,迎亲中的种种避邪巫术,都与这种抢婚相关。"[①]

侗族的抢婚习俗,早在宋陆游《老学庵笔记》中就有记载:"原沅靖州蛮……嫁娶先密约,乃伺女于路,劫缚以归,亦佯争叫号求救,其实皆伪也。生子乃持牛酒拜女父母,亦佯怒却之,邻里共劝,乃受。"侗族各地婚俗中有许多令人迷惑不解的程序其实都与抢亲有关,如"偷亲"(半夜偷新娘)、"相沓"(男女双方预先约定,由新郎带着"苟"[即伙伴]把新娘"沓"[迎接或私奔之意]到家中)、"拦关亲"(女方拦男方接亲队伍)、"躲热脸"(女方到夫家时夫家人回避)、"画关亲"(女方往接亲人脸上抹灰等)、"敲豆"(打接亲人

---

① 张树栋等:《中国婚姻家庭的嬗变》,浙江人民出版社1990年版,第35页。

的头)、"吃高章"(吃枪尖肉)、"闹雪腮""哭嫁""穿露水衣"(新娘婚礼上穿破衣服去夫家)、"分火"(接亲人从女方家火塘分火带回夫家)、"背亲"(新娘兄弟把新娘背出闺房)、"拦房客"(新郎族中男女拦住送亲队伍只让新娘进屋)、"三天不吃婆家饭"(新娘在夫家三天只吃从娘家带的干粮)等礼仪,都是抢亲遗风的变俗。①

新中国成立前,湖南省的新晃、芷江,湖北省的宣恩、恩施,贵州省的天柱、三穗、剑河、镇远、玉屏,广西的三江孟河一带迎亲时,都有男方派"关亲",女方"拦关亲"的习俗。关亲队伍来到新娘的村寨,寨门口摆满了侗族生活和劳动的用具:油茶滤、杉木尾、禾秆草、纺车、干辣椒、柚子叶、竹篓、鸡笼、木马、风车,主客双方隔着一道象征性的围墙,形成了对峙的局面,姑娘们唱起《拦门歌》《拦路歌》阻挡"关亲"队伍,"关亲"们则故意不对歌,硬往寨里"冲",双方便互相推拉、扭打、笑闹、喊叫,制造出热闹混乱的局面,这种现象可以理解为:在古代侗族由母权制向父权制过渡之初,为了继续维持曾经的从妻居住制,妇女们曾有组织地抵制过强行抢婚的父权制。

贵州天柱县高酿镇关亲客进屋后,姑娘们便要"敲豆",所谓"敲豆"是把鸡笼或箩筐罩在"关亲头"头上,用筷子、棍棒雨点般敲打,这种"毒打"是假装的,筷子或棒子在她们手中高高举起,轻轻落下,直到关亲头交出带来的黄豆,并亲自生火煮油茶请姑娘们吃,戏谑才告结束。天柱蓝田区注溪乡迎亲时,新娘的姐妹们还拿着针线,趁关亲们不备把他们的衣服连起来,让他们走散时一个拉着一个,这种行为实际上是女方家族想将男方派来的抢婚者俘获、捆绑起来的象征。

新中国成立前,湖南、贵州边境一带的侗族人的新婚之夜,新娘所在的山寨里松照通明,人声喧嚷,寨里的妇女紧张激动地剪桃枝、劈金竹,准备笤帚和响篾(竹子做成的能发出响声的工具),笤帚扎好了,响篾做成了,姑娘们

---

① 参见秦秀强《从妻居制向从夫居制过渡的轨迹——侗族抢亲习俗研究》,《贵州文史丛刊》1990年第1期。

第六章　坐夜玩山结姻缘　宜室宜家存古风

在小伙子背上做试验,看打起来疼不疼,拍起来响不响,一切准备停当,手握笤帚和响篾的姑娘们在寨前屋后埋伏起来,严阵以待。抢亲的小伙子们一进寨门,等待他们的是笤帚、响篾还有助阵的狗,他们勇敢进攻,夺掉姑娘们手上的武器,姑娘们东躲西藏,小伙子们穷追不舍,识破姑娘们的种种诡计和迷惑人的假象,费九牛二虎之力,务必在鸡叫三遍的时候找到混在姑娘堆中的新娘——凡是做新娘的姑娘,脚上都会穿一双红绳缠绕的新草鞋,小伙子们只要认定红绳系足的姑娘去抢就不会错——一个机灵的小伙子背起新娘,其余的伙伴抵挡雨点般的笤帚和响篾,夺路逃出寨外。姑娘被抢了,举寨追赶,埋伏在半山腰另一拨抢亲人马截住追兵,飞快地将姑娘迎进花轿,三声铳响,鼓乐齐动,宣告抢亲成功,寨中人不再追赶,胜利者抬起轿,前呼后拥地归去。这种抢亲游戏各个山寨不太一样,有的山寨则平和得多,男女双方约好相会的地点,各自带着自己的伙伴,利用对歌的形式制造冲突,最后男方将新娘抢回[1]。

关于抢婚的最早记录,在易经爻辞屯卦的《六二》《六四》《上六》中都有相关文字,梁启超先生曾用《上六》中的语句来解释掠夺婚的状况,且说:"夫寇与昏媾,截然二事,何至相混?得毋古代昏媾所取之手段于寇无大异耶?故闻马蹄蹴踏,幼女啜泣,谓是遇寇,细审乃知其为婚媾也。"[2] 抢婚风俗自古以来就一直存在,恩格斯也说:"随着对偶婚的发生,便开始出现抢劫和购买妇女的现象。"[3] 韦斯特马克同样指出:"在诸般方式中,其一为不待女子自身与其亲族的同意,竟由武力夺取,即所谓掠夺婚姻。"[4] 世界各地的大量实例证明了这种风俗的存在。直到现在,除了侗族,我国的土家族、苗族、彝族、哈尼族、景颇族、傈僳族以及德宏地区的傣族、白族,也仍然保留着抢婚遗俗。

远古社会,随着生产力的发展,男人走上历史舞台,取得绝对的权力,婚

---

[1] 参见林河《抢亲之夜》,载杨通山等《侗乡风情录》,四川民族出版社1983年版,第110—113页。
[2] 张品兴:《梁启超全集》第九册,北京出版社1999年版,第5080页。
[3] 《马克思恩格斯选集》第4卷,人民出版社1974年版,第43页。
[4] [芬兰] E. A. 韦斯特马克:《人类婚姻史》,王亚南译,上海文艺出版社1988年版,第85页。

姻形式上由母系继承制和从妻居住制向父系继承制和从夫居住制变革，变革中的女人成为必然的输家，母权制习惯势力千方百计维持从妻居的婚姻制度，不甘退出历史舞台，而新兴的父权制势力则采取抢劫妇女的方式来缔结婚姻关系，以强制实行夫方居住制，时过境迁，这种惯例仍然残存了下来。至于为什么抢婚在失去了存在的必要背景时还会作为一种习俗继续存在的问题，台湾学者陈国钧在《文化人类学》中做过归纳："或以为是由于要试验男子的勇敢与灵敏。或以为是因为羡慕真的掠夺故模仿其状。或以为由于女家惋惜失女，故发生踌躇与留难。或认为是由于女性羞涩的表现及贞洁的表示，因为不肯无抵抗而失身，正为良好女子的态度。或认为是占有的象征，表示妻子的从属及屈服于丈夫。又有一说以为模拟斗争有净化的意义，可以使新妇祛避凶邪，更有以为模拟斗争是起于两性间的冲突，帮助女方的常为女性友人，因为她们将结婚当做妇女的受辱。"[①]

侗族的抢婚，最初或许是为考验男子的勇气，体现女子的贞洁，也或许是为祛邪，或许是对两性冲突的模拟，但是，最初的目的已不复存在，具实性的真抢婚演变成了侗族婚姻程式中娱乐性的象征礼俗，一种戏剧性的婚姻仪式，因为抢夺与被抢的双方事先都有默契甚至正式的婚议，新娘和新郎本来就是通过行歌坐夜久已定情的恋人，这晚的独特表演，这种戏剧性的仪式，只不过是一场狂欢，是一场别有风味的游戏，它的存在大大增加了迎亲活动的喜剧性气氛。

第四节　母权遗俗
——"不落夫家"的新婚居住形式审美

清朝举人林国乔《竹枝词》咏道："洞房花烛不须排，婚事东乡礼最乖，晚下进门清早去，明年社日我才来。"词中所写内容在广西《天河县志》有记

[①] 陈国钧：《文化人类学》，（台北）三民书局1977年版，第140页。

载:"女家三五十人送之,新妇以伞自覆,步行至婿家,过宿即归。不与夫会合。此后,过社日,插秧日,收禾日方住夫家。"词中所写和县志所记都反映了一个共同的婚俗现象:"不落夫家。"

中国西南一些少数民族流行"不落夫家"习俗。普米族流行"三回九转婚",他们认为女人一结婚就住夫家是一件不光彩的事,应该男家每迎娶一次,她就逃回一次,姑娘婚后起码要三回三转,甚至七回八转后才正式到丈夫家坐家;天河县今为广西罗城仫佬族自治县之一部分,《天河县志》所记载的就是仫佬族的风俗,仫佬族年轻人婚礼过后有一段长长的"走媳妇路"过程,直到有了小孩以后新娘才在夫家长住下来。

侗族婚俗中也有新媳妇不落夫家的传统,新媳妇过门,不闹新房,不同居,如果姑娘一出嫁就到婆家坐家,会惹人笑话,所以婚礼过后即送新娘回娘家,新娘只农忙时去婆家帮忙,农闲时则住娘家。新娘回到娘家后,不会轻易到婆家,婆家要去"请"才会来,然而,新媳妇一般不会轻易被请动,请的次数越多,越显得身份尊贵。第一次请颇为关键,因为有这样的习俗:新媳妇春天来插秧,秋天才会来剪禾,春节还会来纺纱,如果春天插秧没请回来,剪禾、纺纱也请不来了,就只能等到下年春天再请,所以第一次请的时候,婆家往往会使尽浑身解数,备上重重厚礼,三番五次地去请,直到请回家为止。新媳妇被请回去以后会和丈夫同居,但只是住上两三日就又回娘家了,等到下次剪禾、纺纱再请回来同住几日。

不落夫家的习俗主要出现在侗族南部方言区,靖州、通道、黎平、锦屏、榕江等县县志都有记载,各地不落夫家的时间长短不一,《黎平县志》记载是"三年不落夫家",《靖州县志》记载不落夫家的时间是"一年半载",《锦屏县志》则说"或一年,或两三年",《八桂侗乡风物》中记载不落夫家的时间更长,是"三年上,五年下",新媳妇就这样在娘家和夫家之间这样来来往往,少则一年,多则三五年后,女子才迁往夫家长期落户。

婚后的妇女要结束不落夫家往往要举行一定的仪式,镇宁扁担山一带的布依族中,流行一种强迫新娘"戴假壳"的仪式。新婚妇女如果婚后一两年还不到夫家落户，新郎的家人就会准备一个形似簸箕的帽子（假壳），乘新娘不备强行给她戴上，据说这样新娘的魂就被罩住了，必须在两三天内到婆家去。苗族则相信，新媳妇如果手摸到夫家的饭锅，意味着已是夫家媳妇，就必须结束不落夫家的生活，所以，女子在每年春秋农忙季节和过年返夫家帮忙时，夫家人千方百计诱骗她触摸煮饭的锅。凉山彝族对滞留娘家的女子采取"穿木鞋"的仪式，迫使女子屈从，结束不落夫家的生活。景颇、毛南和龙胜的壮族则借助巫术力量，在结婚时举行巫术仪式，将新娘的灵魂引入夫家，阻断其回娘家的道路，早日移住夫方。

比较而言，侗族结束不落夫家的仪式则光明磊落得多。广西隆胜地区的侗族以"接纺车"的习俗结束不落夫家的生活。纺车是侗族姑娘的嫁妆，但是，在姑娘出嫁时并不送往男方家，不落夫家生活结束时，两家主妇商定一个好日子，举行仪式迎送纺车。那一天新郎的母亲带领着族眷，带着砖头般大的三五包糯米饭前往接纺车，接走纺车时，女家用糯米饭作为礼品相赠。纺车到新郎家后，当晚新娘子即展示手艺，家里的妯娌、小姑和寨子里姐妹们都来参观，品论新娘的手艺。一番嬉闹之后，新媳妇才算真正成了婆家的人。

"不落夫家"作为一种特殊的婚姻现象，是民俗学家、社会学家、人类学家都很重视的问题。人类经历了三种婚姻居住形式：母系氏族制早期流行"望门居"，男女结为配偶后并不住在一起，而分别居住在自己母系血统的氏族公社里，男子不定期拜访女子，实行偶居；母系氏族制繁荣时期，偶婚制不断发展和巩固，男子从过去走访女子，过偶居生活，改为迁往妻方氏族"从妻居"；由于生产力不断发展，男子在生产中占据主导地位，妇女的劳动成为无足轻重的附属品，男子利用这种增强了的地位要求妻子迁到自己的氏族"从夫居"。从"望门居"到"从妻居"到"从夫居"，女子逐渐失去了自己在婚姻中的主导地位，"不落夫家"是母系社会向父系社会过渡期的遗留风俗，可以看作即将丧失主导权的妇女对父系制的一种反抗和抗争。

侗族社会虽早就进入父系家庭，但母系社会的遗迹至今仍有明显的存留，侗族萨崇拜就是该民族历史上经历过母系氏族制的曲折反映。"不落夫家"的

第六章　坐夜玩山结姻缘　宜室宜家存古风

习俗反映出远古母系家庭的遗风，因此被认为是落后的习俗，有其消极的一面，不利于家庭的稳定，人口的繁衍。民国政府时，三江县改良风俗委员会曾出台过相关法规进行禁止："女子到男家三朝后，新郎偕新妇归宁一宵，应即回男家久住，若外家无特殊事故，不得任意接回……女子嫁后不落夫家者，处十五日以下之拘留，或十五元以下之罚金，仍限期令回夫家。其家长纵容者，并罚其家长十元以上五十元以下之罚金。"[①] 虽然政府明令禁止，不落夫家的婚俗仍然没有消亡。

[①] 三江侗族自治县地方志编纂委员会：《三江县志》，（民国三十五年）2002年版，第67—68页。

第七章　丝竹管弦珠玉声　五音六律天籁曲

——侗族民间音乐审美

生活在山地的民族和自然声息相通。人们从自然中获得物质的馈赠，并妙用自然，建构自己的精神乐园，创作了音乐，形成了艺术，建立起独特的文化艺术世界。侗族素有"音乐的民族"之称，其民间音乐内容丰富、形式多样，从内容上可以分为民歌音乐、器乐音乐、曲艺音乐、戏曲音乐等。

第一节　侗族民间歌曲审美

有一首侗歌唱道："前辈讲，后辈循，一代一代往下传。树有根，水有源，古老事情有歌篇。汉人有书记古典，侗家无文靠口传。"[1] 自古以来，侗族人民就是"以歌代文"，她们用歌来记载历史、教育后代、传播文化，侗族民歌是侗族人民的骄傲，是一个长期没有文字的民族发展自己民族文化的补偿。歌唱是侗族生活不可或缺的一部分，喜庆节日、男女相恋、生活劳动、丧葬祭祀、叙述历史都离不开歌声，可以说，侗人的一生都在歌唱中度过，而且这种

---

[1] 普虹、张铁红：《侗乡艺苑奇葩——嘎老》，载贵州少数民族古典整理办公室编《侗族大歌》，贵州民族出版社 2003 年版，第 5 页。

第七章　丝竹管弦珠玉声　五音六律天籁曲

歌唱是自娱性质的，作为侗族社会文化生活的一部分而存在，人们在歌声中庆贺、交流、传言、寄意、学习、教化。

所谓"饭养身子歌养心"，侗人把音乐和生存联系起来等同对待，对侗族人民来说，歌唱与物质生活同等重要。正如一首广为流传的侗歌所唱："太阳未出歌先起，太阳落坡歌不落。侗家儿女爱唱歌，堆上明月碰云朵。歌声铁笼关不住，世世代代歌成河。"侗族民间歌曲种类繁多，陆中午、吴炳升主编的《侗歌大观》中把侗歌分为耶歌、款歌、大歌、喉路歌（因歌中以"喉路"做衬词得名，两男或两女分上下两个声部进行）、琵琶歌、可吉歌、侗笛歌、戏歌、双歌（两男或两女用同一腔调、同一声部演唱）、酒歌、茶歌、情歌、儿歌、哭歌等，下面选取几种最有代表性的歌唱形式，以期管中窥豹。

一　侗族民间歌曲音乐形式审美

1. 旋律简单的耶歌

耶歌是侗族群众最喜爱、流传面最广、参与人数最多的侗歌之一，它是侗族产生最早的音乐歌曲。耶歌是伴随着劳动而产生的，古老的侗族靠渔猎耕作为生，伐木拉排、围山打猎、临渊驱鱼成为当时主要的生产、生活方式，在这样的集体劳作中，诞生了集歌、舞、乐于一身的耶歌。最初的耶歌是一种简单的劳动号子，如最初的《劳动耶》："耶！嘿嘀！务！嘿嘀！鱼下滩，嘿嘀！个跟个，嘿嘀！众拉木，嘿嘀！脚跟脚，嘿嘀！务！嘿嘀！耶！嘿嘀！"[1] 很明显这是一种劳动调子，在"耶！嘿嘀！务！嘿嘀！"的不断反复中起到强化劳动节奏、统一步调、振奋精神的作用。在后来的发展中，耶歌便与各种民俗事件联系在了一起，是集体参与的活动，以一领众和或男女呼应为主要表演方式，歌曲旋律简单，节奏规整，起伏不大且不断反复，歌词内容极为丰富且成套成韵，歌词涉及侗族生活百态。耶歌歌唱时伴随简单的肢体动作，以转圈为

---

[1] 陆中午、吴炳升主编：《侗歌大观》，民族出版社2004年版，第39—40页。

主要特征。

耶歌按照演唱形式和演唱的腔调（旋律）分为耶堂和耶补两种。

"耶补"是赞颂、叙事性的耶。耶补一般在团寨举行各种庆典活动或年节团寨"为也"（村寨互访的仪式）时演唱。古老的耶补一般是男领男和，女的只做观众或列队举灯捧场，现在则不分男女，同堂耶补。耶补的主要内容是赞美歌，即主寨和客寨的歌队互相赞美，如《赞团寨》《赞鼓楼》《赞地方》《赞宴席》等。耶补的演唱形式是一人领唱、众人合唱，合唱者只唱每句中的后三个字，如《赞团寨》：

领：你们团寨真热闹啰呀，
齐：真热闹啰呀，
领：芦笙轰轰人欢笑啰，
齐：呀啰耶，人欢笑啰耶，
领：我们初次到贵村啰呀，
齐：到贵村啰呀，
领：迎接我们放铁炮啰呀，
齐：呀啰耶，放铁炮啰耶。
齐：呀啰耶呀啰嘿！

这首歌很简单，只有四句歌词，即"你们团寨真热闹，芦笙轰轰人欢笑，我们初次到贵村，迎接我们放铁炮"。采用的是一领众合的演唱方式，领者唱一句，众人接着齐唱这一句的后面三个字，再加上衬字"啰""啰呀""呀啰耶""呀啰嘿"等衬词重复演唱，造成一种恢宏的气势，厚重的质感。

耶补在演唱中用到的只有"宫、商、角、羽"即"do re mi la"四个音，曲终均以"羽"调即"la"音结尾，如：$\underline{1\dot{2}1}\,\dot{6}\,0$；$\underline{2\dot{1}}\,\dot{6}\,0$；$\underline{2\dot{1}\dot{6}}\,\dot{1}\,\dot{6}\,0$。从音调发展手法来看，上下句音调成对比，音调的发展多重复的手法，如上句：

第七章 丝竹管弦珠玉声 五音六律天籁曲

$\dot{3}0\underline{\dot{1}}\,\underline{\dot{1}\dot{3}}|\dot{3}\dot{1}\,\underline{\dot{2}\dot{3}\dot{2}}|\dot{1}\,-$,下句则是:$\underline{\dot{3}\dot{1}\,\dot{2}\dot{3}\dot{2}}\,\dot{1}$,也有的是稍作变化而重复,如上句:$\underline{6\dot{1}}\,\underline{\dot{1}\dot{1}}|\underline{\dot{1}\dot{2}\dot{3}}\,\underline{\dot{2}\dot{1}\dot{6}}$,下句:$\underline{6.\,\dot{1}}\,\dot{2}.\,\underline{\dot{1}6}$。从节奏上来看,节奏相对固定,较少变化,而且基本是一字一音,字密腔窄,不疾不徐,接近语速,有一种平稳质朴的叙事基调。如:

$6\ \ 6\ \ \dot{1}\ \ \dot{1}\ \ |\ \dot{1}\ \ \widehat{6\ \ 2}\ \ \dot{2}$

sibs jiul　laos xaih songv　pee uk sangl
　迎　接　　我　们　放　　铁　　炮

"耶堂"是耶歌的另一种演唱形式和腔调,是祭萨仪式上唱的,包括"进堂歌""转堂歌"和"散堂歌"。"进堂歌"由男子开唱,女子应和,恭请萨来到歌堂与大家同乐;"转堂歌"是主体部分,包括"根源歌"和"相骂歌"两种内容,"根源歌"歌唱万物的根源,对于无文字的侗族来说,根源歌体现着侗人对万物起源、宇宙洪荒的观点,相骂歌是歌唱根源歌的间隙互相逗乐、即兴演唱的歌曲;"散堂歌"由女班演唱,主要功能是送神,送走多耶开始迎请萨玛天子,感谢她的恩赐和庇护。

和耶补一样,重复也是耶堂词曲结构和歌词的处理方法,但不同的是,耶堂常常是全句歌词完整重复。如《不敢和你们来比歌》:

呀号耶呀号耶,

你们团寨大来人也多耶,

你们团寨大来人也多耶。

你们团寨人多歌成河啰耶,

你们团寨人多歌成河啰耶耶耶。

我们不敢和你们来比歌耶耶,

和你们比歌那我们歌不像啰耶。

呀号耶。

这首歌开头以衬词"呀号耶"的重复吟唱组成歌引,最后又以"呀号耶"做结尾,主题部分本只四句的歌词因为重复变成了六句。

耶堂用到的音是"宫、商、徵、羽",即"do re so la"四音列,宫调式,结句基本是:$6\hat{2}\hat{1}\ \hat{1}0$。从音调发展手法来看,采用特性音调如 $6\ \hat{1}\ \hat{2}\hat{1}6$、$6\hat{1}6\hat{2}\hat{1}$ 贯穿发展旋律。节奏组合较为自由,主要是先短后长,以 $\underline{xx}\ \underline{xx\hat{x}}|\hat{x}--$ 型节拍较为多见,曲式结构上,上下句段式重复和连贯性单句兼有。耶堂的抒情性强,听感上悠扬、舒缓。总的来说,从音域上看,耶歌音域较窄,一般在一个八度内,二度、三度等各种小音程以及同音重复频繁在旋律中出现。从节拍节奏上看,耶歌多为四二拍,节奏较规整,自由延长或自由紧缩的情况不太多见。从速度上看,耶歌全曲的速度很少有变化,多为中速。从歌词上来看,耶歌的句子有长有短,短的句子只有几个字,长句多达几十个字,其中又以七言句、九言句为主,句式一般为偶数,或二句式,或四句式,歌词段式结构可根据内容篇幅的长短分为无数段落。从耶歌反映的内容来看,神话历史、天文地理、山水草木、鸟兽虫鱼、生产生活,都是耶歌歌唱的对象。总之,耶歌是传统优秀文化得以传承的主要载体,是在侗族的文艺生态环境中生存开放的艺术之花。

2. 胜似天籁的大歌

侗族大歌历史悠久,宋朝诗人陆游的《老学庵笔记》和明代诗人邝露的《赤雅》中均对侗族大歌的歌唱风俗和歌唱形式有所提及,旧《三江县志》卷二中则清楚地描述了侗族大歌的演唱方法:"侗人唱法犹有效……按组互贺,而以喉音佳者唱反音,众声低则独高之,以抑扬其音,殊为动听。"[①] 侗族大歌作为侗族民间歌谣的一种类型,以其和声形态、合唱技艺、文化内涵而蜚声海内外,并于2005年第一批进入国家级非物质文化遗产名录,2009年入选联合国教科文组织非物质文化遗产,获得"一个民族的声音,一种人类的文化"

---

① 转引自樊祖荫《侗族大歌在中国多声部民歌中的独特地位》,载方中笑主编《侗族大歌研究五十年·序二》,贵州民族出版社2003年版,第6页。

第七章　丝竹管弦珠玉声　五音六律天籁曲

的极高赞誉。

传统的大歌演唱纯粹是侗族先民的自娱自乐,少有展演的意识,因此也不为人知。乐界曾认为中国没有多声部,复调仅存于西方。直到1953年侗族大歌在全国民间音乐舞蹈会演中才第一次走上正式舞台,1986年黔东南侗族自治州侗族女声合唱团的九个姑娘应邀参加了法国巴黎金秋艺术节,侗族大歌才走上世界舞台,古老而纯正的民间合唱赢得了世界声誉,人们才带着无限的惊讶和赞叹发现在中国偏僻的山区,居然有一种和声艺术。

侗族大歌不仅为国内外听众所欢迎,而且是被学者们研究得最多的一个民间多声部音乐品种。侗族大歌是侗族的族姓文化象征,侗族在本民族内部形成了一套学习自己民族音乐的习惯与传统,民俗活动的侗族大歌演唱都是在集体组织下完成的。侗族每一个村寨都有歌班训练机制,歌队的组成以自愿为原则,人数不能少于4人,按年龄分成儿童歌队、少年歌队、青年歌队、壮年歌队、老年歌队等,每队都有自己的领唱者"歌首"2—3人,像这样通过歌班的形式将社会多数成员有效地组织成不同的合唱队的民族并不多见。因为歌队成员从小就受到严格的训练,所以虽非专业歌手,但他们在音准、音色、节奏、歌曲数量的掌握方面都达到了相当高的水平,不亚于专业音乐人。笔者在广西三江和湖南通道调研期间,多次听到侗族大歌的演唱,演唱者平日里挑水、担柴、打稻子,站在歌队里,他们就成了技艺高超的歌唱家,从他们朴实的演唱中你体会到的是艺术的本真,他们歌唱的水准更是让人惊叹。

侗族大歌分为鼓楼大歌、声音大歌、叙事大歌、礼俗大歌、戏曲大歌和儿童大歌,按性别和年龄亦可分为男声大歌、女声大歌、童声大歌以及男女声混声大歌[①]。侗族大歌在侗语中叫"al loax 或 al mags",loax 和 mags 都有"大"的意思,也有正统、严肃、隆重、广泛的含义。侗族大歌的结构形式是相当完整的,每首歌开头都由具有起腔性质的几小节独唱引入,侗语称"起顿";主

---

① 参见普虹《大歌——民族的瑰宝》,载方中笑主编《侗族大歌研究五十年》,贵州民族出版社2003年版,第110页。

要部分是以齐唱为主的中心部分，侗语称"更夺"；尾声侗语称"拉嗓子"。大歌各段的结束部分与全曲的结束部分，大都以没有具体词义的虚词结尾，如"呃呃呃呃呃呃究""呃欧呃呃究""朗朗嘞朗朗嘞呃究""衣哟衣哟呃究"，其长度一般为8小节左右，形成尾腔。

在歌唱方法上，它一领众合，气势宏大，声音谐和明亮，音色多变，节奏疏密相间，旋律起伏有致，节拍疾徐结合，变化多样，演唱独具一格。侗族大歌是我国目前所发现的最完善的民间合唱音乐，其主要特点是多声部、无指挥、无伴奏。大歌分为高低两个声部演唱，高声部（又称"雄声"）由一到三位技艺高超的"歌首"轮流领唱，低声部（又称"雌声"）由四到十几个歌手合唱，高低声部人数基本保持1∶5的比例，队员之间相互协作，配合默契。整个演唱过程中，主要旋律保持在低声部，高音部都是派生而出的。

侗族大歌最常见的演唱技巧有链式呼吸、舌尖颤音、鼻腔共鸣及收紧下颚等。大歌均用真声演唱，并多是采用自由的链式呼吸，在长达数十拍的"拉嗓子"的时候，众歌手巧妙地轮流换气以保持歌声持续不断。舌尖颤音作为一种特殊技巧，在"拉嗓子"部分和声音大歌中应用广泛。模拟大自然中的虫鸣、鸟叫、山风、水流等是侗族声音大歌擅长的特色，侗族有很多模仿自然声音的声音大歌，如《春天一到布谷叫》模仿布谷叫声："春天一到（啊哈）布谷叫，布谷唱歌我唱歌，布谷叫，布谷叫呃，嘟咕嘟咕，布谷叫呃嘟咕嘟咕，布谷叫叫呃呃，叫呃呃，叫嘞叫嘞叫嘞叫嘞叫嘞叫嘞叫呃究……"还有《有领有合唱开怀》模仿知了的声音："三月一过知了唱起来，呃呃呃，衣哟，衣哟，衣哟衣哟，衣哟衣哟衣哟，去哟去哟，衣哟呃究。"《蝉歌好听人人爱》也是一首著名的声音大歌："人人爱听蝉歌我就唱，朗朗嘞，我就唱嘞，我就唱嘞，朗朗嘞朗朗嘞朗朗嘞朗朗嘞……"歌手们用舌尖颤音模仿众蝉齐鸣的热闹景象，生动逼真，可谓流传千年的民间天籁。

一首完整的侗歌长的有十几个甚至几十个歌段，往往演唱一首大歌少则三五小时，多则通宵达旦，再加上侗族大歌的演唱者年龄跨度大，从儿童到老人都有，同一歌班中个人的嗓音条件参差不齐，这一切都决定了大歌在演唱时音域必须在最舒服的自然声区，因此侗族大歌音域不算宽广，一般都只在一个八度内。

侗族大歌的调式基本上是以五声为骨干音的特性羽调式，以 la 为主音，母体调式为"６ １ ２ ３ ５ ６"。在这个调式中，la 音是低音旋律的支点，也是主音；mi 是高音旋律的支点，在 la 音上方五度的高度；作为徵音的 sol，或上行到高音 mi，或下行到低音 la；do 多数进行到下方主音 la，re 音很少被强调，只有在转调、离调时才与 la 结合。大歌基本都会形成以 la 和 mi 为稳定音的五度框架，这种调式中，各个音符之间形成一种特殊的稳定关系，这种稳定关系使得多声部侗歌在演唱时不容易偏离调性。

侗族大歌是侗人生命激情的呼吸，不经雕饰的侗族大歌展现的是声音之美，生活之美，更是侗族人民的内在精神和气质灵魂之美，侗族大歌无疑是侗民族的重要文化标志。

图 7-1　贵州黔东南黎坪肇兴仁团鼓楼下唱大歌

3. 古朴沧桑的琵琶歌

在侗族有这样一种说法："没有琵琶就没有歌，琵琶一响就想唱，越弹琵琶越能唱"。可见侗琵琶在侗族音乐生活中是必不可少的乐器。由于侗族各地区所用的琵琶各有特色，歌曲演唱风格也不尽相同：六侗地区的琵琶歌绝大部分是情歌，节奏欢快活跃，旋律优美动听；黎平洪州一带的琵琶歌多即兴创作，演唱自由，用小琵琶伴奏，假嗓演唱，声音纤细明亮，悦耳动听；流行在榕江的晚寨、黎平的顺寨等地方的琵琶歌用中琵琶伴奏，五声音阶宫调式，一音一弹，旋律清晰，长于叙述。

虽然侗族各地琵琶歌风格各异，但总的来说侗族琵琶歌分为两类，一类叫"嘎弹"，汉语意思是"弹唱的歌"，主要用于侗族青年走村串寨，谈情说爱时边弹边唱，一般篇幅不长，多即兴创作；一类叫"嘎锦"，这是一种侗族曲艺的典型形式，主要流行于侗族的南部地区，集弹、唱、说于一体，是歌与故事的结合，演唱者边弹边唱，夹杂说白，篇幅较长，有的甚至可以连唱几天几夜。

作为侗族曲艺形式的琵琶弹唱内容包罗万象：神话传说、族源来历、历史事件、男女爱情、世态人情以及一些移植的汉族故事都是演唱的题材，如《人的来历》《棉婆孵蛋》《洪水滔天》《姜郎姜妹》等侗族神话传说；《祖公上河》《祖源》等侗族来源及迁徙经过故事；《吴勉王》《金银王之歌》《咸丰五年天下乱》等侗族重大历史事件；还有《游村》《村约》等关于村规民约的内容。

曲艺形式的琵琶弹唱由专门的歌师在鼓楼当众弹唱，歌师集弹、唱、白于一身，而且一人多角，模仿不同的人用不同的腔调演唱。《珠郎娘梅》是琵琶弹唱的一个经典文本，其中有一个选段《娘要好好想一想》是这样的：

（前奏）
弹唱：哎哎
阿娘要我（啊）娘梅（啊）嫁表兄（啊），
嫁给麻风佬娘梅死不愿（啊）（嘞）。
（间奏）

弹唱：娘要好好想一想（啊），

女儿不讲娘也看得见（啊）（嘞）。

（间奏）

白：阿娘听到娘梅不愿嫁表兄，心里非常着急。娘耐心地劝道："娘梅啊！娘梅！你为什么不愿嫁到外婆家，外婆家说多好有多好，要什么有什么，有吃有穿。娘梅呀！你不要后悔哟！"这时娘梅又唱琵琶歌劝道：

（前奏）

弹唱：哎哎

娘梅不愿嫁到外婆家（呃），

娘也无法来劝她（啰）。

（间奏、白：娘梅呀！）

弹唱：过了这村没好店（呃），

过了春天花不鲜（呃）花不鲜（啰）。

演唱前先有一段前奏，用琵琶弹奏这样一段乐曲：

$$1\ 1\ |\ \underline{2 3}\ \underline{5 3}\ |\ \underline{2 3 2}\ \underline{1 6}\ |\ 1\ 1\ |\ \underline{6 5}\ \underline{6 1}\ |\ \underline{2 3 2}\ \underline{1 6}\ |\ 5\ \underline{6 1}\ |\ 2\ \underline{2 2}\ |$$

然后"哎哎"起音：

$$\begin{Vmatrix} 2 & - & | 2 & 3 & | 5 & - & | 5 & \underline{5\ 3} \\ (aix) & & & & (aix) & & & \\ (哎) & & & & (哎) & & & \\ \underline{2\ 2} & \underline{2\ 3} & | \underline{2\ 2} & \underline{2\ 3} & | \underline{5\ 5} & \underline{5\ 3} & | \underline{5\ 5} & \underline{5\ 3} \end{Vmatrix}$$

接下来边弹边唱两个乐句："阿娘要我（啊）娘梅（啊）嫁表兄（啊），嫁给麻风佬娘梅死不愿（啊）（嘞）。"接着一段琵琶间奏：

$$\underline{6 6}\ \underline{6 6}\ |\ \underline{6 6}\ \underline{6 6}\ |\ \underline{6 5}\ \underline{6 1}\ |\ \underline{2 3}\ \underline{1 2}\ |\ 3\ \underline{3 3}\ |\ \underline{3 2 3}\ \underline{1 2}\ |\ 3\ \underline{3 3}\ |\ \underline{3 2 3}\ \underline{1 2}\ |\ \underline{1 6}\ \underline{6 0}\ |$$

再弹唱上下两个乐句，再间奏，然后一段念白，琵琶弹唱中的念白有时候是一种表演模式，如表演者在表演中常说这样两句话："话说不尽，这里有首歌唱给大家听""歌唱之先呀，我有话对大家讲"。有的念白是对歌唱内容的解释和补充，如此处的念白即起这样的作用。念白之后又重复前奏曲，前奏曲弹完再弹唱两个乐句，接下来的间奏处模仿母亲的语气加了一句念白："娘梅呀！"紧接着的是以母亲口吻弹唱的两个乐句。整体上看乐曲曲调简单，除大、小过门（间奏）外，只有上下两个乐句，旋律以五声音阶为基础，羽调，音乐风格低沉、委婉、抒情。

作为侗族曲艺的琵琶弹唱具有一种程式化的演唱形式，充满沧桑感的诉说基调，这种独特的艺术风格形成其审美特色，深受侗族人喜爱，千百年来代代相传，久唱不衰。

二 侗族民间歌曲语言特征审美

对民间歌曲而言，歌词是抒发情感的最直接艺术形式，侗族民间歌曲不仅演唱形式多样，曲调优美动听，歌词也具有别样的语言艺术美，这主要表现在侗族民歌歌词多种修辞手法的综合运用以及严格的押韵规律。

（一）修辞美

侗族歌手以他们高超而精湛的艺术表现力和创造力创造出了反映他们审美情趣和审美理想的一首首侗歌，这些凝聚着侗族人民智慧的歌曲有着独特的韵味和风采，即使只是当文学作品读起来也是情趣盎然，妙趣横生，这是因为侗族歌手们善用各种修辞手法增强歌曲的表现力。侗族民歌修辞格的使用绝非单一，往往几种修辞格并用，很难分清彼此，这里列举几种，以期管中窥豹。

1. 比喻

侗族人民善于形象思维，善于借形象物来展示审美情趣，因此比喻在所有的修辞格中占有绝对的优势，是侗族民歌中使用最多的一种修辞手法。侗族民歌的比喻又分为明喻、暗喻、借喻三种比喻方式。

明喻指喻体和本体之间有明显的相似，通常有比喻词"好像""像""如"

第七章　丝竹管弦珠玉声　五音六律天籁曲

"恰似"等连接比与被比的内容,如《礼让耶》中谦虚地唱道:"我如狐狸走路刚学步,怎能比你老虎胆大好威风。我如生铁临炉总是怕火炭,不用锤来煅打我们只怕炭烧熔。"把自己歌艺尚且不精比作"狐狸走路刚学步",把在水平高的歌手面前的心虚和害怕比作"生铁临炉总是怕火炭"。

还有些比喻本体和喻体有一种相合或相等的关系,直接用"是""成为"来表现二者的相似性,如"妹是山中一树梅,哥是蜜蜂绕树飞,蜜蜂扑在梅花上,忘记飞来忘记回"。

还有些比喻本体根本不出现,如"看那山头好菟花,过往行人都看她,我想伸手摘一朵,又怕刺儿把手扎",这里"山头好菟花"指如花般美丽的女子,"怕刺儿把手扎"则暗指担心求爱被拒绝。

侗族民歌歌句有明喻、暗喻、借喻三种比喻修辞"格",从侗族民歌文本的歌段结构上来看,又有几种比喻的"式":前喻后本式、前本后喻式、通篇比喻式。

前喻后本式是这样的情况:几个句子排在一起,前面几个句子和最后一个句子的关系好比喻体和本体的关系,虽然没有比喻词,但是前后句所说事物内部有着某种共同的状态、意蕴或情趣,前面的句子明显是最后一句的比喻说法,例如:"鸟飞再远难离天和云,马跑再远难离青草坪,哥离情妹再远也会回程转……";"狐狸不肯舍命难得到鸭子,鹞鹰不肯舍命难得到斑鸠,男子不肯舍命难得到女子";"池中鸳鸯成双对,园中蝴蝶双双飞,鱼儿永远不离水,情哥永远不离妹";"干田蚌壳怕开口,水底螺蛳怕抬头,鲁班面前怕弄斧,歌师面前怕出丑"。

前本后喻式和前喻后本式结构则正好相反,这样的形式没有前者普遍,但是也不少,如"你莫拿我比作虎,纸糊老虎怕火烛,今宵见到大场面,心惊胆战汗直流。灯草不能当拐棍,桐油灯盏光不明,小船依靠大船走,星子傍着月亮行";再如"情哥面目犹如花朵在那九层崖,让我抛下千样活儿拼命去找难寻觅,鱼在江河水深浪高难捕捉,芦笙不同调式拼命去吹音难合,四月栽秧到了九月逢霜冻,我怕一年辛辛苦苦到了秋季无收成。"

还有一种通篇比喻式，比喻的本体不出现，但是通过想象可以知道本体是什么，如："笑也得笑哭得哭，眼泪泡饭我得吃，草秆架桥我得过，木叶做船我得坐"，用夸张的比喻表达了为爱情能忍受一切艰难险阻的决心；"你拿篮子挑得水，我也陆地行得船，篮子挑水上得岸，陆地行船不误你"体现的是对爱情的坚贞和勇气；"哄我上树你收梯，哄我下水你收船，芒冬架桥哄我过，树叶造船哄我上"，则表达的是对心上人欺骗自己情感的不满。

2. 夸张

夸张也是侗族歌手熟悉和喜爱的修辞手法，如《赞糯米》："一把吃一月，一担吃一年，吃一粒，饱一天，吃一穗，饱一月，春不尽，吃不完"夸说糯米之好；"你哥真是好口才，唱得死人眼睛开，唱得江水倒流转，唱得干鱼摆尾来"夸赞歌者的魔力；"要是我伴有心有意同我一样想，两下结成一对，同心同德，喊山山垮，喊河河枯，喊树树倒，喊月月到，喊日日来……"① 夸赞爱情力量之大，这样的例子不胜枚举。

3. 设问

侗族有很多问答歌，问答风趣幽默，充满机智，如《借把凭歌》女子先唱："哥要借件哥莫忙，妹要跟哥借几样，天上明月借一个，月内杪椤借一枝；虾子眉毛借四两，蚂蟥骨头借一根，你哥若肯借给我，还不起恩记得情。"男子唱："颠倒颠，妹倒跟郎来借件，妹你存心来盘问，郎我一二说分明：天上明月是照镜，月内杪椤是花银（指绣花用的纸样），虾子眉毛是丝线，蚂蟥骨头是花针，郎我一二说报你，要妹借件为把凭。"这样的盘问歌是侗族男女恋爱中互讨信物时唱的。另外，侗族"为也"时唱的拦路歌也是问答方式，客寨来访时，主人用农具、树枝等拦住寨门，对完歌才能进寨，拦路主人唱："你见何物口朝地？你见何物口朝天？你见何物只有半边脸？你见何物只有鼻半边？"客人则回唱："我见锄头口朝地，我见水桶面朝天，我见门闩只有半边脸，我见锁儿只有鼻半边。"歌手们在这样的盘问中斗智，

---

① 潘年英：《民俗·民族·民间》，贵州人民出版社1994年版，第288页。

妙趣横生。

4. 对偶

北部侗族的民歌非常讲究格律和对仗，如："抬头望天天无云，转眼看树树无花"；"斑鸠砌窝三根柴，蜂子砌窝在半岩，蜂糖好吃花难采，山歌好唱韵难排"；"你要牙齿磕一颗，你要心肝割一叶"。

5. 谐音双关

谐音也是常用的修辞手法，如"蛤蟆坐在凉水井，不知江水浅和深；一跳跳进龙潭内，一来求雨二求晴（情）"；再如"哥有心来妹有心，黄铜也要变成金，哥是灯盏妹是油，灯油本是一条芯（心）"。

侗族民间歌曲修辞格的使用绝非单一，往往几种修辞格并用，很难分清彼此，而修辞手法使用得最复杂的是情歌，一首情歌时常交织和兼用几种修辞格。多种修辞手法的运用使得侗族民歌语言形象、生动、活泼、风趣，使侗歌之美更具个性。

（二）韵律美

侗族有一句俗语："没有图案不成侗锦，没有韵律不成侗歌。"侗歌是特别讲究用韵的，在侗人看来，如果没有韵律，唱歌就会没有味，那好比炒菜没有盐。侗族民间歌曲常见的押韵有三种形式：正韵、勾韵和内韵。

正韵：亦称外韵、尾韵、脚韵等，是侗歌的主韵，一首合格的侗歌从头到尾必须押正韵，即每一首歌中偶数句的最末一字需押韵，除了一些篇幅较长的歌外，正韵一般是一韵到底。

内韵：指的是在同一个句子中出现的押韵，这是侗族最有特色的押韵方式。侗歌歌词往往一个句子可分成几个小节，内韵就押在前一小节的末一个音节和后一个小节的开头音节上。奇偶数句都可以押内韵，但用在奇数句者较多。内韵可以使歌句更富于节奏感，唱起来更为铿锵悦耳。

勾韵：又称连韵、锁韵和叠韵，是上下句的连接韵，一般押在奇数句末尾一个音节和偶数句的第一、二、四等音节或四个以后逢双的音节。勾韵不要求一韵到底，可自由变换，其作用是使整篇歌的奇偶数句紧密相扣，上下呼应。

现举例如下①：

   Ngaemc suis eip wap pap jenc jemh,
   Dens lagx nyenc gaeml liangp dos al;
   Saemh xonc saemh map al meenh dos,
   Soh emv jenc nyangt yungt angl hac。
   Hangv jenc naih qangk mangv jav dos,
   H mungx dos soh weenh mungx dac;
   Xegs aenh dangx lail guail meec daoh,
   Meix aenl singc maoh emv senl nyal。

这首歌的汉语意思是：

  野菊开花满山坡，

  侗家本来爱唱歌；

  侗歌一代传一代，

  唱遍山林唱遍河；

  这山唱来那山响，

  一人唱歌万人和。

  人人都赞共产党，

  党的恩情盖山河。

以上"○"表示正韵，"□"表示勾韵，"△"表示内韵，简化如下：

---

① 参见陆中午、吴炳升主编《侗歌大观》，民族出版社 2004 年版，第 26 页。

第七章　丝竹管弦珠玉声　五音六律天籁曲

```
— — —△△— □
— — —□—  ○
— — —△△—
□— —△△— ○
— — —□—  ○
— — —△△—
— — —□—  ○
```

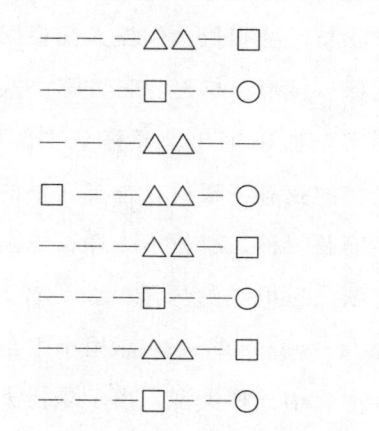

这是一首七言八句的侗歌，二、四、六、八句末押韵，是谓正韵；第一、三、四、五、七句均为第四、第五字各自押韵，是谓内韵；第一句最后一个字和第二句第四个字押韵，第五句最后一字和第六句第四个字押韵，第七句最后一个字和第八句最后一个字押韵，是谓勾韵。三韵的关系可以总结为：正韵偶句末尾，勾韵奇偶挂钩，内韵同句相连，这样的押韵方式使得侗歌更具音乐美。

民歌是人类伟大文明的结晶，在没有文字传统的侗族社会，歌唱存在于大大小小的民俗活动中，歌唱是侗族民间信仰仪式及诸种公共事件中的文化符号。

第二节　侗族民间器乐审美

侗族民间乐器就地取材，制作简单，表演原生古朴，简约率真，根据演奏形式，侗族民间器乐可分拨弹乐、弓弦乐、管乐三类。

侗族拨弹乐器主要是琵琶，这是侗族民间流行最广的乐器，侗族琵琶材质简单，多由侗族非常常见的杉木、梓木或松木制成。琴体由音箱、琴杆、琴头三部分组成，形状与三弦相似，侗族人民根据自己的喜好，把琵琶的主体部分音箱做成椭圆形、桃形、梯形、长方形、八角形等多种样式，并在上面刻字雕花，装饰图案，加以美化。琴杆呈半圆柱状，琴头长约10厘米，上面凿弦槽张弦。琵琶的弦有三根的，也有四根的，从材质上看，琵琶的弦有丝弦、钢丝弦和牛筋弦三种，材质不一样，弹出的音色也不同。琵琶用大二度和纯五度关系定弦，三根弦的琵琶一弦一音，为 fa—sol—re，四弦琵琶中间两根弦同音，为 fa—sol—sol—re，靠用小牛角或竹制的拨片弹奏发出声响。侗族琵琶有大、中、小三种类型，由于乐器大小不一，音色效果也不一样，总的听觉效果是大琵琶低沉浑厚，金属弦共鸣较大，适合伴奏男声独唱；中琵琶柔和圆润，恬静清爽，适合伴奏优美缓慢的曲调；小琵琶则显得清澈明亮，清脆悦耳而有共鸣，适合伴奏欢快跳跃的歌曲。侗族琵琶常用于伴奏，也可以独奏或与其他乐器合奏。

侗族牛腿琴是弓弦乐器，因演奏时发出"各""给"之声，侗语称这种乐器为"果吉"，"牛腿琴"是因乐器形状而命名。牛腿琴主体分为琴头、琴颈、琴腹三部分，一般用一根松木或杂木整体雕挖而成，琴头上有张弦的方形弦槽和装饰图案；琴颈连接琴头与琴腹，与琴头连接处窄，往下逐渐增大；琴腹是整个琴的共鸣箱和震动系统，琴腹面板上的琴码和音柱起声音的传导作用。琴体之外还需有琴弓，琴弓的弓杆多采用比较有韧性的细竹子制作，弓弦材料有棕丝、马尾或钢丝几种。侗族琵琶有三根或四根弦，牛腿琴则只有两根弦，分别为 sol 和 re，主要用第一把位演奏。根据构造不同，分为高音牛腿琴和中音牛腿琴，高音牛腿琴高音明亮，有嘶声，善于表现速度轻快、情绪活跃的歌曲；中音牛腿琴音色柔和优美，有共鸣稍带鼻音，善于表现深情缠绵的曲调，如侗戏中的"哭调"。

侗族管乐器主要是侗笛和芦笙。侗族芦笙历史悠久，宋陆游的《老学庵笔记》、明邝露的《赤雅》均有相关记载，《靖州直隶州志》更是描绘了侗人吹芦笙的盛况："……侗每于正月内，男女成群，吹芦笙各寨游戏。彼此往来，宰牲款待，曰跳歌堂，一曰皆歌。中秋节，男女相邀成集，赛芦笙、声

第七章　丝竹管弦珠玉声　五音六律天籁曲

图7-2　贵州黔东南三宝侗寨拉牛腿琴的男子

震山谷……"①《侗款》中就有这样的记载："古坪金固做侗笛，也洞陈现制笙人，第一造竹簧声音不大，第二造木簧声音不响，第三造角簧声音不明。丢在滩头，扔进溪沟，父无计策，母无法想，父出金钱，母出银两，走到塘洞滩头大寨，买得一斤白铜，二斤黄铜，请老匠炉火来烧，少匠炭火来熔，老匠锻铜铮铮，造得定音簧，少匠锻铜帮帮，造得芦笙簧，三个筒装上面，六个箍子捆下边，六管装上方，六簧装中间，无处取音，去到阳洞滩头细细听，山涧之水声哟哟，取架大号笙叫哥乐，山涧之水声耶耶，取架小号笙叫

---

① 吴凡编：《侗族音乐》，中国文联出版社2008年版，第52页。

切列，山涧之水声盈盈，取架倒盖筒大号，吹也很响，音也洪亮，哥吹响去三十里路，弟吹震去四十里程。如天空的响雷，像地下啸风，男听男高兴，女听女欢乐。"① 这首《侗款》讲到了人们对芦笙的制作、改造以及芦笙取法自然的声音特征。

芦笙是一种簧管乐器。芦笙以竹子为笙管，一般有6管（也有多达10管、12管的），只有5管或3管装笙簧，其余为无簧的装饰管。外侧按音孔，内装铜质簧片，插入木质笙斗内。管外有3个竹筒或薄竹壳制成的三角形共鸣器，其作用是扩大音量。芦笙从音色上分为高音芦笙、中音芦笙、低音芦笙。芦笙外形大小不一，越小的芦笙音色越高，高音芦笙只有二三尺，小的只有一尺左右，中音芦笙二尺至一丈，低音芦笙高达二丈多。芦笙中还有一种称为筒卜或芒筒的低音芦笙，用一根小竹管插在粗大的竹筒里，只发一个音，立在地上吹。

芦笙的表演总是和"聚众"的场合联系在一起，节日庆典、为也做客、祭祀活动都少不了芦笙。在一个芦笙队中，芦笙的数量没有严格规定，但是型号和型号比例却有严格要求，最小号的高音芦笙和最大号的低音芦笙数相同且较少，高音芦笙是芦笙队的领唱音，主旋律由中音芦笙承担，低音芦笙用来烘托高、中音。一场芦笙表演中的芦笙可多至几十甚至上百支，大大小小，没有统一的律制、统一的调性，只有相同的调式，这么多的芦笙一起吹响，气势令人叹为观止。

芦笙的发声有颤音、震音、花舌、抹音、打音等技巧，音色丰富。笔者曾在通道坪坦鼓楼大厅的横梁上看到一些芦笙的简笔画，画旁边有一些汉字组成的特别的句子："曾劳根：二能纳远二，克烈有乌吞，二能纳远二，克烈有乌吞；通后通仔，克烈有乌吞，通后通仔，克烈有乌吞；克烈、克烈、克烈、克烈有乌吞，克烈、克烈、克烈有乌吞；克烈，远吞克烈，有乌吞克烈，有乌吞克烈，有乌吞克烈；有乌乌，二克力，远吞克烈，有乌吞克烈，有乌吞克烈，

---

① 吴凡编：《侗族音乐》，中国文联出版社2008年版，第52页。

第七章　丝竹管弦珠玉声　五音六律天籁曲

有乌乌二克力。……"询问同行的通道民宗局林局长,方知是芦笙演奏曲的汉字记谱。

图 7-3　湖南通道芦笙赛赛前练习

侗族还有一种就地取材信手拈来的吹奏乐器——木叶。明弘治《贵州图经新志》载:"侗人暇则吹芦笙、木叶,弹琵琶、二弦琴……以为乐。"在富于创造的侗人面前,任何事物都可能变成艺术的依托。春暖花开,万木争荣,侗家青年男女双双对对,田间地头、隐隐林泉,多才多艺的侗家人随手采一片木叶，轻贴于唇上，吹奏出韵味悠扬、悦耳动听的歌曲。人们用这些随性制作、兴尽丢弃的乐器来愉悦情绪，寻觅知音，空旷峡谷之中，山巅幽壑之间，摄人心魄的木叶曲使走兽驻足，引百鸟唱和。木叶曲唱起来只求合心合意、合节拍，句数四句、八句、十二句不等，每句字数五字、六字、八字不限。在贵州天柱县，木叶吹奏主要流行于高酿、石洞、邦洞、蓝田等乡镇的侗家村寨。在广西三江，木叶吹奏则主要流行于独峒，笔者曾到侗族农民画家吴述更家采访，吴述更介绍说她的公公不仅木匠活干得好，还是有名的木叶吹奏者，可惜到她家时已是深夜，无幸得闻一曲。

第三节　侗戏音乐审美

音乐是鉴别一个剧种的民族属性和地方属性的重要标志之一。侗戏产生于清代道光年间，系黎平县腊洞寨侗族文人吴文彩所创，主要以侗语演唱，并夹以念白、乐器伴奏来表演故事。侗戏音乐主要包括侗戏曲牌、唱腔和伴奏。

一　简单的曲牌

侗戏曲牌较少，主要有开场曲牌和过场曲牌，开场曲牌又称闹台调，是在侗戏开始前用二胡和锣鼓演奏的，起闹台作用的音乐；过场曲牌，又称踩台调或转台调，是演员入场、出场、转场时的音乐。"闹台调"和"转台调"各地曲调大同小异，基本旋律差不多。侗族专家吴国夫、吴炳升整理出开场曲牌八个，过场曲牌十八个，分别列举一二。

开场曲牌

1=C 2/4 3/4 中速稍快

6 65 | 35 2 ‖: 321 66 | 165 2 |

12 332 | 161 23 | 2321 66 |

165 2. 3 | 12 62 | 6635 | 5321 2 |

5 3 2 :‖ 165 2 ‖

过场曲牌

1=G 2/4 中速

53 32 | 35 6 | 56 7 | 76 6 | 76 5 |

3 35 | 3 2 | 33 36 | 5 57 | 66 53 |

2 2 | 216 212 ‖: 3 5 | 35 32 | 1 2 |

12 16 | 6 62 | 12 61 | 2 23 | 1 16 :‖ 5 - ‖

二 多样的唱腔

侗戏常用的唱腔有"戏腔""哭腔""歌腔""客家腔""新腔"等。侗戏初创于19世纪30年代，当时的音乐唱腔只有戏腔一种，清光绪年间到新中国成立前，侗戏得到了很大的发展和创新，主要表现在唱腔上增加了悲腔、歌腔和客家腔，新中国成立以后，侗戏音乐有较大突破，一是歌腔被广泛应用，二是新腔应运而生。

戏腔又称平腔，是侗戏最早的也是最有代表性的、最基本的唱腔，其他的唱腔都产生在它之后，是戏剧演出的补充或插曲。据黔东南侗族自治州侗族民间文学工作组1979年在腊洞的调查材料，这一唱腔是吴文彩自己设计的，是决定侗戏特色的重要因素，虽然各地称法不一，但音乐形式比较统一，基本都是以上下句为单位的两句体，属中国民歌体裁中严格的两句式曲式结构，其结构为：起板＋上句＋上句过门＋下句＋下句过门＋尾声。如《刘媄》一剧中的一个唱段《阿哥讲话不好听》中部分：

$$(1\ \underline{2\ 3}\ \underline{1\ 2}\ \underline{1\ 6}\ |\ \underline{\dot{5}\ \dot{5}\ 6}\ 1)\ |\ \underline{1\ \widehat{2\ 3}}\ \widehat{\dot{6}\ \dot{5}}\ |\ \widehat{3}\ \widehat{2}\ |$$

刘媄唱：　　ac　　ja　ix　　angs　lix
　　　　　　阿　　哥　讲　　话

$$\underline{3\ \underline{2\ 1}}\ \underline{\dot{6}\ \dot{5}}\ |\ 1\ \underline{1\ 3}\ 2.\ (3\ \underline{2\ 3\ 2\ 1}\ \underline{\dot{6}\ \dot{5}}\ |\ 1\ \underline{1\ 3}\ 2)\ |$$

nanc　qin　gk　henh　(yac)　　　,
太　　失　　礼　　（呀）　　　,

$$1\ \underline{2\ 3}\ \underline{2\ 1}\ |\ \underline{\dot{5}\ \dot{5}\ 6}\ \dot{5}\ |\ 2\ \underline{2\ 3\ 2\ 1}\ |\ \underline{\dot{5}\ \dot{5}}\ 1.\ (\dot{6}\ |$$

gueec guaiv (yeec) sih al (yeec) guaiv di h　wenc　(lox)。
不　怪　（吔）　自己　（吔）　怪　坟　　地　　（喽）。

$$\underline{\dot{5}\ \dot{5}\ 6}\ \underline{1\ 6\ 2\ 3}\ |\ \underline{\dot{5}\ \dot{5}\ 6}\ \dot{5})\ |\ 1\ \underline{1\ \dot{6}}\ \dot{5}\ |\ 3\ \underline{2\ 3\ \dot{6}\ \dot{5}}\ |$$

　　　　　　nyac gue ec jenl hangl gueec yan gk
　　　　　　你　不　务　正　业　　不　顾

　　戏腔在侗戏的始创阶段是唯一的唱腔，无论剧中男女老少，也无论喜怒哀乐，均同腔同调。戏腔可塑性较强，可根据歌词的长短来决定曲调的长短和流动，通过速度和力度的变化来表现人物情绪或事件场景。戏腔调式常见的有宫调式和徵调式，一般上句落音为商，即 re 音，下句落音为宫，即 do 音，节奏、节拍多有变化，多以 2/4 拍为主，混合 3/4、3/8 等节拍，多为一字一拍的平稳节奏进行（如《阿哥讲话不好听》所示）。演唱"戏腔"到每段唱词结束时，都要加个"哟嗬依"的尾声。演唱戏腔时，唱腔不伴奏，唱到每一句唱词的末字才伴奏，但只演奏过门音乐。

　　哭腔专用来表现悲哀伤感、沉痛、怀念等思想感情，产生在戏腔之后，在侗戏中的应用仅次于戏腔，一般不用乐器伴奏，便于即兴发挥，个别的用二胡随腔伴奏。哭腔节奏较自由，多为散板。哭腔在不同的地区听感不一样，九侗、天府侗、三宝侗一带哭腔音域宽、音区高、旋律起伏较大，演唱起来有号啕之感；六侗一带音域窄、音区低、旋律平稳，听起来如泣如诉，有凄凉之感。

歌腔源于侗族民歌,充当戏剧里的插曲。歌腔的选取各地因地制宜,没有统一的规范。歌腔产生于新中国成立之前,根据剧情、环境或人物的需要,使用牛腿琴歌、琵琶歌、踩堂歌等,如叙事大歌应用于戏剧的开场、结尾或仙人出现、官人断案的场合。歌腔多由演员自己伴奏,如演唱牛腿琴歌,则由演员自己弹牛腿琴。

客家腔是侗戏中用汉语演唱的汉族民间小调。因为侗戏中有一部分为汉族题材剧,即便是侗族题材剧中往往也有汉族角色,所以侗戏演出中汉族唱腔的出现在所难免,如阳戏调、京剧调、快板调、彩调等,侗族地区称汉族为客家,故得此名,演唱时用二胡伴奏。

新腔是新中国成立后音乐工作者在传统戏腔和歌腔的基础上发展起来的唱腔,没有固定的曲式,仍在探索阶段。

侗戏的各种唱腔一般在一出戏中综合穿插运用。吴炳升、陆中午主编的《侗戏大观》中整理出侗戏唱腔130个,其中戏腔63个,悲腔6个,歌腔27个,客家腔4个,新腔30个。不同剧目根据不同的内容侧重选择唱腔,吴尚德编剧,吴炳升、吴国夫整理的十场传统侗戏《刘娭》[①]一共86个唱段,其中戏腔68个,新腔13个,悲腔5个。六场侗戏《雾梁情》[②]则以歌腔和新腔为主,一共46个唱段,其中歌腔23个,新腔17个,戏腔4个,悲腔2个。

三 热闹的伴奏

侗戏伴奏乐器主要有打击乐器和弦乐器两类,打击乐以锣、鼓为主,弦乐以二胡为主,也有大胡、板胡,或琵琶、牛腿琴等乐器,侗戏伴奏主要用于人物出台、入台之际,唱腔之前、中间及其后以及开台、闹台、收台等环节。

---

① 参见陆中午、吴炳升主编《侗歌大观》,民族出版社2004年版,第142—225页。
② 同上书,第226—284页。

锣鼓是侗戏主要的伴奏乐器，每台侗戏的演出都需要一个锣鼓队，小型锣鼓队只需要鼓、小锣、铙钹、大锣四种乐器即可，大型锣鼓队的乐器则更为多样，有不同大小的鼓，不同尺寸的锣，不同音色的钹，因之大型锣鼓队的音色变化更为丰富，音响效果更为强烈。

侗族乐师为了识别各种乐器的声音，发明了一套锣鼓字谱，常用的锣鼓字谱有：台、令、才、仓、顷、乙个、都、啦、大、八、大八、多、龙冬、冬、东、隆、卜、扎、答、龙、独、勺、各、对、七、采、扑、齐、起、叉、赤等，每个字代表一种敲击法，见表7-1[①]：

表7-1　　　　　　　　常用锣鼓字谱与乐器敲击法对照

念法	敲击法
台	小锣单击
令	小锣轻击
才	铙钹、小锣同击
仓	大锣、小锣、铙钹同击
顷	大锣、小锣、铙钹同轻击
乙个	休止
都	喜双槌滚奏
啦	鼓双槌滚奏
大	鼓右单槌击
八	鼓单槌击或双槌同击
大八	鼓双槌分击
多	鼓单槌轻击
龙冬	鼓单槌轻二击
冬、东	小堂鼓单击
隆	小堂鼓单槌轻击
卜	小堂鼓闷击
扎、答	小堂鼓击鼓边木腔
龙	大鼓单槌轻击

---

① 参见陆中午、吴炳升主编《侗歌大观》，民族出版社2004年版，第99页。

第七章　丝竹管弦珠玉声　五音六律天籁曲

续表

念法	敲击法
独	大鼓闷击
勺、各	大鼓击鼓边木腔
对	小锣正击
七、采	铙钹（小钹）正击
扑	铙钹（小钹）闷击
齐、起、叉	大钹（用钹）正击
赤	大钹（用钹）闷击

最初的侗戏锣鼓节奏单一，以简单的‖：才才叉才｜叉才　仓：‖，或是借用秧歌锣鼓：‖：仓七　仓｜仓仓　七｜仓仓　七七｜仓仓　七：‖来开台或闹台，侗族乐师不停地学习外来戏剧的锣鼓伴奏法，丰富了侗戏锣鼓的鼓点，有了多样的开场锣鼓、过场锣鼓、身段锣鼓以及各种场合下的锣鼓伴奏。

侗戏锣鼓伴奏除了开台、闹台和收台之外，更多的用于人物上下场、动作、场景以及音乐唱腔上的衔接和过渡，其表现力特别丰富，单就人物上下场来说就有多种区分，如"双吉头"用于较大气派人物登场，"大吉头"则用于四将出场、袍带人物出场等，"水波浪"用于鬼怪判官出场，神将出场用"神将"，而"三炮雷""一炮锣""二回头"用作急出场或望场的伴奏，"浪锣"又名（乱锣），用于急出场、下场、手下转圈等，"双收场"和"单收场"用于旦角上下场，节奏松缓，"水底鱼"也用于旦角的上下场，但节奏较紧凑急切，戏演完敲"大收场"。不同的动作也有不同的曲谱，如表现遛马的有"长行锣""快三挑"，洗马有"洗马锣"，骑马则有"兴槌锣"，"龙摆尾"伴奏舞龙动作，表现想计策、过场的有"慢三挑""诈槌"，表现打仗突围用"把子锣"。还有一些曲谱起音乐上的衔接过渡作用，如作干牌子的有"四进门""狗咬羊""光光乍"，而"上山虎"和"下山虎"都是起板后接二流用，"连升三级"转二流用，"雁儿落"则是唢呐"红绣鞋"头子、安庆调、弋板接下句用。起板、赶板、哭板用"单绞槌""双绞槌""双哭头""双点烛""课子头""正赶板""慢赶板""快赶板"，起板后接板用"二流转次槌""四钵傲""铁门槛""北工尺上""慢溜子"。唱腔方面,起二流唱腔用"两钵傲""大二流""凰点头""拖槌""十八槌"。唱腔行腔后用"鳌鱼尾",唱腔行腔尚差一字未唱完时用"铜壶滴漏",唱腔煞腔时用"双煞头""单煞头""突煞""一槌煞""三槌煞""小心火烛煞"。

开场锣鼓曲谱(例)

锣鼓字符	才 才 仓 才	仓 才 仓	才 0 仓 才	才 才 仓
鼓	x x xxx x x	x x x	x 0 xxx x x	x x x
钹	x 0 x 0 x x	x 0 x x	x x x x	x x x
小锣	x 0 x 0 x x	x 0 x x	x x x x	x x x
中锣	0 0 x 0	x 0 x	0 0 x 0	0 0 x

过场锣鼓曲谱(例)

锣鼓字符	仓 才	仓 才	仓 才 仓	才
鼓	x x	x x	x xx x	x 0
钹	0 x	0 x	0	x 0
小锣	x x	x x	0 x x	x 0
中锣	x -	x -	x -	x -

简单的曲牌、多样的唱腔、热闹的锣鼓伴奏,是侗戏民族性和地方性的鲜明体现。来到侗族,你会听见未经修饰、高亢淳厚的嗓音在木制的戏台里回荡,那是原生态豪放和狂野的表达。

修海林先生说,"行为、意识、形态三要素是音乐的存在方式"[①]。任何音

---

① 修海林:《音乐存在方式"三要素"是如何提出的》,《星海音乐学院学报》1998年第6期。

乐都有特定的精神指向，有一定的活动方式，侗族音乐也不例外。侗族音乐以独特的乐律、旋律和调式、结构及音响展现独特的艺术魅力和审美特征。侗族音乐不仅仅是一种艺术，更是侗族人民特定的把握世界、建构自我的一种方式，其中体现着本民族的意识观念、制度规范、文化内涵，它和侗民族的生产、生活、民俗、礼教深深融为一体，它就是侗族生活本身。

第八章 跳身转体抒情怀 弄脚缤纷舞翩跹

——侗族舞蹈审美

舞蹈是审美情感最有力的表现。舞蹈作为一门独立的艺术,与其他艺术门类相比有着迥然不同的艺术特征,苏珊·朗格也说:"舞蹈,这种石器时代的艺术,在原始生活中一般总是优美的艺术,控制了全部的艺术质料。"[①] 闻一多曾说舞蹈是"生命情调最直接、最实质、最强烈、最尖锐、最单纯而又最充足的表现",也是"一切艺术中最大综合的艺术"[②]。舞蹈中蕴含着历史、政治、经济、文化、宗教、风俗习惯以及人们的审美心理。

侗族有句俗话:"饭养身,歌养心,蹦蹦跳跳心宽容。"在侗族,舞蹈是一件重要的事情,不仅是一项消遣,更是生活的一部分,生育、婚丧、播种、收割、庆贺、宴会、病患都需要舞蹈,对侗族人民来说,舞蹈是拔高了的简朴生活。

第一节 侗族舞蹈形式审美

一 "点、屈、颤、摆"的动律

舞蹈有着纯生理的现实,所有舞蹈动作都是姿势,姿势是生命的运动,对

[①] [美]苏珊·朗格:《情感与形式》,刘大基等译,中国社会科学出版社1986年版,第217页。
[②] 闻一多:《闻一多全集2·文艺评论 散文杂文》,湖北人民出版社2004年版,第210页。

舞蹈表演者来说，非常明显，它就是一种动的感受，即一种动作。各民族的舞蹈都有属于自己的动作特征，都有自己的标志性的姿势，西方古典芭蕾舞动作的基础是建立在"开绷直立"的美学基础之上的，而"拧倾圆曲"则是中国古典舞在长期历史发展过程中形成的美学原则。侗族舞蹈动作也有自己的特征，笔者姑且把它概括为"点、屈、颤、摆"。

在侗族，流行最广、给人印象最深的舞蹈应该是"耶舞"和"芦笙舞"。耶舞的主要动作是"蹲、跺"，主要动律特征是"屈、颤、摆"。耶舞基本步伐有：靠点步、跪蹲步、行进步、后退步。舞者的基本动作是左脚上一步，屈膝，右脚随之跟上成靠点步，顺势屈膝上下颤动一次，上身随之稍向左摆。手部动作很简单，一般为一手叉腰，一手搭在前一人右肩上，身体顺势摇摆。

"芦笙舞"是侗族具有代表性的舞蹈。在湖南怀化通道侗族自治县、靖州苗族侗族自治县一带的侗乡，几乎每个村寨都有自己的芦笙队，这一传统乐舞自唐宋始即已流行，古人对于芦笙舞盛况都有描述，明末诗人邝露在《赤雅》中记载：侗族"喜音乐，弹胡琴，吹六管，长歌闭目，顿首摇足为混沌舞"；明代以后，史书关于侗族习俗及其歌舞的记载逐步增多。《柳州府志·瑶獞》云："侗人，所居黔崮，又谓之崮人，锥髻，首插雉尾，卉衣。善音乐，弹胡琴，吹六管，长歌闭目，顿首摇足为混沌舞，众歌以倚之。"[①] 芦笙舞既是侗族人的生活，也是侗族的典型标志。2008年国家将侗族芦笙舞列入了国家非物质文化遗产名录。

芦笙舞也有自己的动律特征，因为表演时手执芦笙，所以动作基本在脚上，上身的主要动作是"甩"。侗家人常说，"吹笙不会摆，再把师来拜"，这说明"摆"是芦笙舞的主要动律。芦笙舞最常用的身体部位是脚尖、膝、胯三个关节，基本动作有："'拐伦'（摆身），'米吉'（拐膝盖），'猫定'（扭胯），'尖定'（插脚尖），'波定'（拐腿），'又'（蹲）。"基本步伐有："'踩步'、'拐

---

① 杨保愿：《侗族芦笙舞蹈概述》，《民族艺术》1990年第1期。

步'、'追步'、'绕步'、'拔草寻珠'等。"① 芦笙舞的整个风格特征是"沉、韧、稳、颤"。关于芦笙舞的动作特点,老芦笙手概括了四句艺诀:"吹笙前俯身蹲摆,左旋右转膝盖拐,芦笙嘹亮运气足,沉韧稳颤美自来。"

图 8-1 湖南通道大雾梁歌会芦笙舞场景局部

美国学者库尔特·萨克斯在《世界舞蹈史》中把舞蹈分为"伸展型"和"收缩型"两种,"伸展型"和"收缩型"舞蹈的差别首先是男女两性的差别（男性倾向于伸展型,女性倾向于收缩型）,其次是民族的差别,"一个民族的耕耘文化特色愈浓,其舞蹈愈属收缩型；崇奉图腾和酋长制愈彻底,愈为伸展型舞蹈"②。"农耕民族在舞蹈时,他们的双足牢靠地结合着地面,甚至,身体在进行移动时,也是重心下坠跳跃更是为了使双足用力踏在地上。"③ 侗族文化属于典型的"耕耘文化",侗人生活在山区,劈山造田、挖土造林、担柴挑水、插秧割稻成为他们主要的劳动方式,登高爬坡、翻山越岭是他们的日常生活,

---

① 湖南省文化厅编:《湖南民族民间舞蹈集成》（四）,湖南文艺出版社 2009 年版,第 1922 页。
② [美] 库尔特·萨克斯:《世界舞蹈史》,郭明达译,上海音乐出版社 1992 年版,第 25 页。
③ 王墨林:《中国人的身体生态学》,《舞蹈》1990 年第 4 期。

这种劳动方式和生活习惯造成了侗人的舞蹈姿态比较倾向于地面，多耶舞和芦笙舞以腰部成为固定中心点，整个身体动作以腰部作为动作的起点，或摇摆或挥动或做暂时性的停滞，无论何种姿势，都给人以双脚牢牢地踏在地面的一种沉甸感、扎实感。

萨克斯还把"收缩型舞蹈"分为坐式与立式，前者只使用上半身做动作，手臂姿势在其中占有重要位置，"立式"的"收缩型舞蹈"还有"旋转式"和"拧扭式"之分，很明显，侗族舞蹈主要应归为萨克斯所说的立式中的拧扭式，因而其舞蹈动作基本集中在下肢，而且以扭摆为主，形成了"点、屈、颤、摆"的特征。

二 "绕圈作舞"的造型

舞蹈是人类情感的符号形式的创造，它既是一种视觉艺术，动态艺术，又是一种造型艺术，"圆"成为侗族舞蹈的代表形态和特有的符号形式，尤其是集体的"绕圈作舞"成为侗族舞蹈的特有叙事形式。

上文分析了多耶舞动律特征，其实多耶舞最让人印象深刻的是舞蹈队形。多耶舞最早是一种祭祀形式，是侗族祭"萨"仪式的主要内容，每年农历七月十四、八月十五晚，侗寨儿女都要会集于萨坛或萨堂前，跳多耶舞，歌颂祖先，祈求神灵。

库尔特·萨克斯认为最古老的舞蹈形式是环舞或圈舞，圆形是最早的舞蹈空间形式。多耶舞作为一种古老的舞蹈，相传它的产生可能在侗族原始氏族公社前期，早在宋代就有记载，宋代陆游《老学庵笔记》中的"辰、沅、靖等蛮，仡伶……农隙时，至一二百人为曹，手相握而歌"就是当时多耶舞场景的真实写照。"多耶"的舞蹈基本队形以圆圈为主，表演人数可多可少，人数少则二三十人，多则上千人。人们在同一节奏下拉手围圈，踏地为节，载歌载舞，动作一致，周而复始，男舞者用手互攀肩膀，围成圆圈，后面的人右手搭在前一个人的左肩上，眼睛统一看向内前方；或者左手搭在前一个人的右肩上,眼睛看向外前方;女舞者手拉着手围成一圈,面朝圈内。一个多耶舞的场景根据人数的多少,圈数不等,内圈外圈,层层叠叠,或者同向移动,或者反向而行,观众可以随时插入舞阵,这样人数越来越多,场面十分壮观。舞蹈的参与者在搭肩、摆手、跺脚的简单动律中混成一体,在这种统一全体的感染力中,群体似乎成为被一种情感所感染而动作的单一体,"他们在一种动机,一种感情之下,为一种目的而活动"[1]。人们从整齐统一的节奏中获得归属感和安全感,感受到强烈的生命力和族群的凝聚力,享受着舞蹈所能带来的极大欢欣和愉悦,娱神的初衷变为神人共娱的狂欢,在这样的狂欢中,萨妈神释放出灵性的光辉,赐予人们丰收、兴旺、健康、平安。

芦笙舞的表演形式多种多样,从表演人数上来分有单人舞、双人舞、三人舞、多人舞、集体舞,从内容和功能上来分有迎宾舞、丰收舞、祭祀舞、团圆舞、比赛舞等,从吹奏表演的队列形式来分有圆圈舞、排列舞、圆圈队列交叉舞。广西三江文联主席、侗族文化专家杨尚荣先生说,其实传统的集体芦笙舞都是圆圈形式的,20世纪七八十年代,年轻的舞者受到外来文化的影响,在芦笙舞中增加了横排、竖排等现代舞的因素。表演时,男的在里圈边吹边舞,女的在外圈;比赛时,在圆圈中心高高竖起一根芦笙柱,柱顶悬挂芦笙队队旗,围绕芦笙柱,四到五人拿地筒,两人拿大芦笙,三人拿中芦笙,形成一个小圆圈,小圆圈之外,舞蹈者围成圆圈逆时针舞蹈,人少圈小,人多圈大,有的多达九圈,形成上千人共跳的场景。

广西三江有一种古老的祭祀性舞蹈叫"款舞",一般每年农历正月初一在鼓楼坪进行,舞前先吹芦笙,然后围成圆圈。圆圈中间放一张高桌,由款师轮流上桌朗诵"款词",其他人则围着桌子与款师边附和边起舞。舞时,"分坐舞和站舞两种,坐舞的围成圆圈,统一左右摆动头部;站舞时,大家随着圆圈移动步伐,类似多耶舞"[2]。

---

[1] [德]恩斯特·格罗塞:《艺术的起源》,蔡慕晖译,商务印书馆1984年版,第171页。
[2] 吴桂贞主编:《三江民族文化小词典》,广西民族出版社2007年版,第70页。

圈舞是一种原始舞蹈的古老形式，如今在其他民族中以其他形式变相出现，比如汉族的鼓子秧歌以多种形式跑场就是圈舞的遗风，而侗族仍保持着原始古朴的圈舞风貌，人们在"绕圈作舞"中祭祀、祈祷、庆贺、娱乐，在"绕圈作舞"中感受到强烈的生命力和团体的感召力。

图 8-2　多耶圈舞（林良斌先生提供）

第二节　侗族舞蹈内涵审美

一　节奏的享乐

"生命的机能是动，而舞便是节奏的动；或更准确点，是有节奏的移易地点的动。"[①] 人类的舞蹈从一开始就是一种令人愉快的动作的反应，是一种迫使旺盛的精力投入有节奏的活动中去的行动。舞蹈的特质是动作节奏的调整，

---

① 闻一多：《闻一多全集 2·文艺评论　散文杂文》，湖北人民出版社 2004 年版，第 210 页。

没有一种舞蹈是没有节奏的。节奏表现了舞蹈韵律力量的强弱、顿足跳跃的轻重、动作幅度的大小以及速度的快慢和能量的增减。侗族人民钟爱打击乐器伴奏的舞蹈，最有代表性的是竹筒舞、扦担舞和板凳舞。演员既是舞蹈的表演者又是节奏乐器的演奏者，舞蹈者踩着竹筒乐器的打击点有节奏地跳舞，使舞蹈有着明显的节奏感。

侗乡多竹，长期以来，侗人保持着爱竹的习惯：屋前栽金竹，屋后置锦竹，塘边种水竹，山上育楠竹。侗乡生产的竹以楠竹产量最多，楠竹可以称为竹王，其他还有烟竹、金竹、水竹、猫竹、桃竹、笙竹、凤尾竹（观音竹）等十多种。竹在侗族人民的生活中占重要地位，形成了各种关于竹的民俗事象：还愿求子中用竹子做的法器，孩子体弱要"陪竹""寄竹"，娃娃盼长要"摇竹"，姑娘出嫁要哭竹，红白喜事要用彩竹，走亲访友要讨喜竹，人死还要"葬竹"。侗族将竹视为民族图腾，竹被赋予了诸多的文化内涵，也是一种实用的产物，人们不但用竹制造出优美动听的芦笙当乐器，还用竹造出各种用具：苦酒（侗族糯米酒）筒、小饭筒、水壶筒、刀鞘等，在富有音乐和艺术天分的侗族人手中，这些大小不一，用途各异的生产生活用具，在需要的时候又变成舞蹈道具，竹筒舞就是用这些东西来表演的。

"竹筒舞"是流行在湖南通道的传统舞蹈，竹筒舞的道具主要有竹筒和竹板。小竹板套在左右中指上，苦酒筒挂在胸前，小饭筒和小水筒分别绑在左右腰上，刀鞘（形状如同戏曲打击乐括子）挎在腰后，表演时，用手指上的小竹板分别击打苦酒筒、小饭筒、水壶筒、刀鞘，苦酒筒的尺寸最大，所以敲击时发出的音量最低，小饭筒和小水筒尺寸相仿，大约为苦酒筒尺寸的一半，扮演着中音的角色，腰后的刀鞘最小，负责高音。手指上的小竹板也是乐器，当双手合击或以掌击地时可以发出另一种高音音色。

杨果朋在《侗族"竹筒舞蹈"的探源及艺术特征》描述了其表演形式和各个竹筒的功能："表演时，随着一声吆喝，一名主舞者先敲击几小节的低音'苦酒筒'，定下统一节奏和速度的基调，随后众人在统一的节奏情绪和速度下进行表演。整个节奏中用得最多的是'苦酒筒'，每一个乐句的开始和结束总是落在苦酒筒音上，苦酒筒起着稳定音的作用，因而苦酒筒低音总是处在强拍位置，其他的各音都是围绕着苦酒筒来进行变化，其次是中音'小饭筒'和'小水筒'，用得最少的是高音'刀鞘'和小竹板。"

竹筒舞的节奏往往整齐划一，人们用这些节奏表演挖山、踏水车、收割等劳动场景，表演地点在侗寨的鼓楼、风雨桥和晒谷场上进行，参加人数一般在20人以上，主要是群体舞蹈的表演，同时也有单打独跳、双人对打、四人合打的表演。竹筒舞表演热烈欢快、声势震天，节奏或快或慢，或轻或重，或强或弱，舞者根据节奏跳出不同情绪、不同风格的舞蹈：或刚劲粗犷，或欢快明朗，或表现战争、劳动、竞技的激烈奔放，或表现嫁娶、迎宾、庆丰收的轻松喜悦，感情的压抑通过竹筒击打的节奏尖锐而强烈地迸发出来。

在独具浓郁侗族风情的芷江碧涌、板山、罗岩、梨溪口一带，流传着一种起源于生产劳动的舞蹈，称"扦担舞"。农闲时节，青少年成群结队，手拿扦担和柴刀，在上山砍柴的途中边走边敲，变化各种动作，击打不同的节奏，有着浓厚的乡土气息。扦担舞表演工具为扦担和柴刀，扦担用竹子或木棍砍削而成，长五至六尺，两头削尖，直径小口杯大小，上套铁块，农人平时用它挑柴担物，狩猎自卫，一时兴之所至，就成为表演的道具。扦担舞不受时间、地点、人数限制，是一种自由、奔放、热烈的舞蹈形式。舞时，舞者左手握扦担、右手拿柴刀，敲出强弱、快慢、轻重不同的节拍，表演者根据扦担和柴刀击打出来的节奏做出系列动作，主要有："鸡啄米""鸡展翅""牛摇尾""兵役子（对旧时士兵的俗称）扛枪""喜鹊点头""过桥""捶背"等[1]，扦担在左手中灵活挥动，时而身前时而身后，时而扛在肩上、时而聚在胸前，柴刀在右手中准确敲打，动作形象生动，有的动作粗犷诙谐，如"二朗担山""水牯拗角""骑马一字跳""矮子担水"，有的细腻妩媚，如"细妹挑花""鸡瞅蛇"。扦担舞强劲活跃，灵活多变，复杂多样，体现着蓬勃的生命意识。在欢快的

---

[1] 参见湖南省文化厅编《湖南民族民间舞蹈集成》（三），湖南文艺出版社2009年版，第1173—1174页。

"得得打打"的声音中,舞者不忘柴刀舞动的规则:刀口向内表示友好,刀口向外表示驱除邪恶,刀向两边表示欢乐。扦担舞运用快慢强弱的节拍表现出各种不同的人物情绪和环境事件,同时也表现出了侗族男子勤劳勇敢、热情奔放的性格特征。

在侗族,另一种节奏性舞蹈是"板凳舞",板凳舞本是苗族舞蹈,但是很多地方侗族与苗族混居,所以侗族也有板凳舞。板凳舞的表演者主要是妇女,表演工具就是自己的小板凳。表演人数不限,以八个人居多,表演时,每人双手各执一个小板凳,围着圈转跳,时而各自双凳相击,时而与同伴手中板凳左右互击,时而躬身用臀部互撞,裙褶翻飞,嬉戏取笑,气氛热烈,在"哚扑哚扑"的节奏中,反复狂舞,兴尽方休。

节奏型舞蹈是侗民族最原始的表演形态,起源于侗家人劳动生活之中。舞蹈是生命情调最充足的表现,节奏是生命形式、生命活动的基本特征之一。侗人通过跺脚、拍手、捶胸、扭腰、击打器物以造成强烈的节奏,传达原始生命力的跃动,满足身体和心灵的渴求,在节奏的享乐中强调生命、表现生命、礼赞生命。

二 模仿的冲动

动作的模拟是舞蹈审美性质的一个重要方面。侗族舞蹈与社会生活紧密相连,它以现实生活为表现对象,有很多"形象型舞蹈"。这类舞蹈意在再现侗族的日常生活,模仿与他们生活密切相关的动物的情态,表演者极力模仿各种形态和动态,希图把自己献给一个外在物体并同化于该物体,在这样的努力中获得快感和美感,娱人娱己。

"春牛"文化是伴随着农耕文明出现的一种文化现象,是我国大多数地区、数十个民族共有的民俗事象,在立春之日举行舞春牛活动是侗族地区的传统,舞春牛活动既庆祝头年的丰收,又通过拜节的形式祈求来年的风调雨顺,成为侗家新春文化活动的主要形式。"春牛"一般由两个演员扮舞,一人舞牛头,一人舞牛尾。牛头用木头或竹篾扎制，外形比真的牛头大一倍，弯弯的牛角，大大的眼睛，黑的皮毛，牛鼻被穿着，和真的一样。牛身用布做，遮住里边的演员。

笔者在通道观看过一场春牛舞的表演。铜锣开场，两支队伍，两头牛，每头牛后跟头戴斗笠、身披蓑衣、肩扛爬犁的男子，和手执皮鞭的小伙子，另有提鸭笼、鸟笼、背鱼篓、挑小水桶的妇女若干名。一妇女领唱耶歌，众人和。唱完后，执皮鞭和扛爬犁的小伙子跟在春牛后开始表演。执鞭者在牛前左右跳动，逗引春牛摇摆跳跃，刨蹄、晃角、摆尾、滚地，模仿耕牛各种逗人开心的笨拙动作。最终与另一头牛牛角相抵，斗牛开始。队形后的妇女一跃而上，捞鱼摸虾，泼水助兴。最终一头牛败走，台上的牛被执鞭者抓住鼻子，被披蓑戴笠者套上爬犁，犁地，众妇女紧随其后模拟捞鱼虾放到腰间鱼篓的动作。然后，牛卧倒，鞭打牛（唐代诗人元稹的《生春》中也有"鞭牛县门外，争土盖春蚕"的诗句）。牛做出不情愿的样子起来继续犁地。表演结束，一行人走村串寨，闹春牛的锣鼓声走向各家各户，每到一家堂屋，主人必摆香茶，放鞭炮迎接，以祈求六畜兴旺，也是对"神牛"的敬奉。表演队伍边走边模仿劳动的场景：捕捞鱼虾、架犁春耕，再现农耕生活画面。春牛舞诙谐有趣的表演，喜庆的锣鼓敲声，歌唱《春牛歌》的歌声，人们的欢笑声夹杂在一起，好不热闹。

侗族芦笙舞的单人舞和双人舞舞蹈语汇丰富，芦笙也可以作为道具，表现锄地或砍伐，舞者一手拿芦笙，另一手表现撒种、收割或喂鸡以及洗麻纱、纺麻纱等劳动生活，更多的是舞者凭借手中芦笙的摇摆和双腿的跳跃模仿鱼跃、采花、斗鸟、鹰翔、拌草、滚车、盘龙等动物动作。

模仿性芦笙舞中最有名的是"斗鸡舞"和"岩鹰舞"。侗家有句俗语："斗鸡芦笙响，人人脚发痒。"可见侗人对"斗鸡舞"的钟爱程度。表演"斗鸡舞"时，先是两人吹着芦笙，像两只气宇轩昂的公鸡从不同方向兴致勃勃地走向对方，一起觅食，活泼欢快，突然两只公鸡为共同的猎物争执起来，互相逗强，各不相让，然后是一系列打斗："先角"（对架）、"同互"（钻翅）、"拍腕"（抖翅)、"光波"(踩鸡头)。① 觅食、争食、飞扑、争斗的过程,惟妙惟肖的表演诙谐逗趣,极富感染力。

"岩鹰舞"是一个芦笙独舞,模拟岩鹰的理羽、振翅、腾飞、翱翔、瞰俯、扑食、栖息等动作。表演时,场中放一张八仙桌(即四方桌),舞者先在桌上炫技,做出岩鹰抖翅、岩鹰亮翅等动作;接着跳下桌子,模仿岩鹰扑蛇、岩鹰摔蛇;最后又跃上桌面,表演岩鹰腾飞、啄食、理翅、栖息等场景,整个舞蹈造型性强,节奏急缓相间,结构疏密结合,动作连贯流畅,需要很高的技巧性。

匏颈龙舞(广西三江侗族博物馆写作疱颈龙舞)是祭祀舞蹈演变为娱乐兼体育舞蹈形式的一种舞蹈。侗族有各种各样关于龙的传说和故事,不少地方风物被涂上龙的神秘色彩,不少东西的名称也冠以"龙"字,如原始森林称"龙林"、古树称"龙树"、祖坟山称"龙山"、化石称"龙骨"、祭师仪杖称"龙杖"等。很多建筑上,如井亭、凉亭、寨门、鼓楼、风雨桥等都饰有龙雕塑,衣服上有很多龙纹装饰图案。"匏颈龙"侗语称"龙国色",之所以称"匏颈龙",是因为这种龙颈脖处有个凸出的大圆泡囊,为侗族所特有,是侗族古代"龙狗"图腾崇拜的主神龙,亦称"正宗龙"。"匏颈龙舞"则是侗族民间特有的龙舞形式。

"匏颈龙舞"也是一个模拟性舞蹈,表演中的龙没有龙身和龙尾,故只需二人表演,一般是两个训练有素的青壮年男子一人持龙头,一人持金球配合表演。表演场地上1—3张八仙桌,动作分地上和桌上,地上动作有:左开门、右开门、开四门、鲤鱼上滩、鲤鱼下滩、大荷包、小荷包、雪花盖顶、麻雀栽花等;桌上动作有:台角跳转、前毛、后毛、高毛、台角倒立等模仿龙行动作。"匏颈龙舞"表演需要有较高而熟练的跳跃、腾翻、滚蹲等技巧和腿、腰平衡功夫。该舞动作据传有64绝招,72变态,均具有很高的难度。

---

① 参见湖南省文化厅编《湖南民族民间舞蹈集成》(四),湖南文艺出版社2009年版,第1922页。

在侗族模拟性舞蹈中，舞者对模拟对象的动态复现十分生动形象，如实地表现了生活场景或各类动物的动作特征，精确地逼近模拟对象的真实，同时又有对真实的偏离，达到夸张的效果，无论是真实还是夸张，都让人在模仿的冲动中享受到极大的快感。

三　神灵的礼赞

恩格斯指出："舞蹈尤其是一切宗教祭典的主要组成部分。"[①] 侗人相信万物有灵，信仰内容极多，佛道、图腾、神灵、祖先都是侗族崇拜供奉的对象，人们用各种方式祭祀心中的神灵，侗人的祭祀活动往往伴随着歌舞而行，人们用舞蹈祈求神灵、宣布誓言、发出挑战与表示和解，在舞蹈中追求获得生存、权力、财富和健康的可能。侗族有专门的请神舞、送神舞、赐佑消灾舞、祈神安邦舞、酬神还愿舞、百兽乐舞、丰收乐舞、牛酒歌舞等单个舞蹈。

上文已论述侗族多耶舞祭祀性特征，其实侗族芦笙舞也源于祭祀，千百年来，凡郊野敬神、宴飨款会、迎送宾客，侗人都要跳芦笙舞，通过芦笙舞酬谢天地神明，祈求风调雨顺。在靖州县的藕团乡九卢冲芦笙场上有一块民国四年（1915）立下的石碑，碑文记载："盖闻上古立极制笙，众物贯地而生也。春祈以应气候而万物发生，秋报以享上帝而五谷丰收，垂流于后矣。余等效上古之德，以酬天地之恩。想我四寨共辟芦笙以来，众等虔备香蜡、斋供，豚牛敬献……各寨不论贫富男女，务要赴芦笙场吹笙歌舞庶几不失上古之礼。"[②] 这一段话说明芦笙舞不仅有春祈秋报的功能，也是上古之礼，人人有义务赴芦笙场吹笙歌舞。

芦笙舞中的"伦劳滴"，是一种踩堂式祭祀性舞蹈，于每年农历正月初一时跳，旨在祈求新的一年风调雨顺，流行于三江县独峒乡一带。"伦劳滴"表

---

① 《马克思恩格斯选集》第4卷，人民出版社1976年版，第88页。
② 郑海燕：《侗族芦笙舞现象剖析》，《艺海》2002年第5期。

演前先到萨坛拜圣母灵位，然后列队入舞场（寨边的田坝）。头、尾二人左手持收拢的纸伞、身披红毯，其他参演数十人在领头人的带领下围着萨坛逆时针方向绕场三圈，然后定位：当头到达"子"位（东）、尾至"午"位（西）时，二人将伞打开，举在头顶，众人则面对圆心站好。这时鞭炮齐鸣，头、尾二人举伞跟随芦笙手的舞动行进，脚步动作同芦笙手，众人面向圆心起舞。舞蹈的主要内容有祭天地神、祭日神、祭月神、祭风神、祭雷神、祭火神、祭河神、祭山神，是典型的祈神乐神舞蹈。

　　侗族文化与巫文化有很深的渊源关系，各种祭祀舞蹈种类繁多，傩舞类代表性的就有天魂舞、天公地母舞、开天辟地舞、萨狲孵蛋舞等。侗人往往把各类神灵简化为"天"，锦屏地区祭师的《请天吃酒》唱道："请天吃酒，乞求保佑。保佑什么？多雨在春耕，庄稼好栽种；多阳在秋收，收成不用愁。请天吃酒，乞求保佑。保佑什么？家业旺千秋，公奶活得久；发家积财富，富贵共双全；三代同堂在，都是长命郎。请天吃酒，乞求保佑。保佑什么？全村无灾难，幸福享安康；男的娶得美妻，女的嫁得好郎；男的挖金在山岗，女的织布在楼房。"[①] 因此侗人对"天"礼遇有加，"天魂舞"是祭天傩舞，由五位掌坛祭师表演，主要道具为蜘蛛彩绘纹面具、金丝方格纹法毯、珠帘垂羽彩花伞，表演时，掌坛主祭师站在中间，舞动手中的珠帘垂羽彩花伞，伞上的珠帘羽花飞旋，似太阳辐射出的万道光芒，以此象征着天之魂。其余四人双手十指根部各绑一小根长约二尺的彩布条，"占三方位，以蜘蛛网状为路线图，行类似丁罡踏斗之步，围绕掌坛主祭师舞蹈，高举双手，十指张开、左右绕腕、弯膝斗步、摇臀旋腰，或而悬腿独立、拱身探躯、跳跳转转、曲肘甩腕、晃腿撩脚、作模拟蜘蛛理丝、抛丝织网等动作……"[②] 表演风格怪诞幽默，古朴含趣。

　　祭天傩舞因为戴蜘蛛面具，模拟蜘蛛动作，所以又称蜘蛛舞。苏珊·朗格

---

① 参见傅迎春、梁茂林、刘龙材编著《风情之旅》，贵州教育出版社2003年版，第197页。
② 杨保愿：《侗族祭祀舞蹈概述》，《民族艺术》1988年第12期。

指出:"当宗教思想孕育了'神'的概念时,舞路则用符号表示了它。"① 至于祭天为什么要跳蜘蛛舞,侗人解释说蜘蛛结网于空中,犹如太阳发光于天上,天魂在天上为日晕,在地上时化为金色斑纹的蜘蛛,因此蜘蛛对于侗族来说,有着特殊的象征意义。侗族人民崇拜金斑大蜘蛛,奉其为"千母之母"。蜘蛛曾是远古时代侗族先民的图腾之一,后来成为创造万物的图腾神,广西三江等地部分侗族至今仍把蜘蛛奉为保护神。

侗族祭祀性舞蹈中一个重要的道具是"伞",这在以上列举的两种祭祀舞蹈中均有体现。伞是侗族重要的民俗意象,在很多场合都会用到伞,女子出嫁、回娘家,小孩出门,人死报丧,抬棺引路,甚至在众人外出做客唱歌时,主方问客方第一句就是:"今天客来何引路?"客方则答:"今天我来伞引路。"很多祭祀仪式也会用到伞。侗族古歌里传唱,侗族最高的祖母神万能的萨一般都在"日晕"的时候显现在人间。日晕就是她撑着一个大大的神伞。侗族的萨坛里,没有萨的形象,只有一把神伞。老人死了,抬出灵堂入棺时用伞严盖头部,意思是人从生到死处处都在"萨"的护佑之下。侗族舞蹈喜用伞,无论是祭祀还是节庆娱乐舞蹈,无论是侗族最富代表性的芦笙舞还是最古老的"多耶",伞都出现在其中。所以在芦笙踩堂舞中,伞是经常用到的道具,踩堂师傅用伞定方位,姑娘们举伞伴舞。在男人吹响芦笙的时候,姑娘们举伞进堂,伞上系着侗族锦袋,锦袋连着羽毛,舞蹈时伞在空中不停地旋转,锦袋和连着的羽毛飘在空中,形成漂亮的日晕图案。

四 力量的呈现

舞蹈创造了一种难以形容的力的形象,这种力量感在侗族舞蹈中有充分的表现。在侗族诸多舞蹈类型中,芦笙竞技舞和款会舞不得不提。

表演性芦笙竞技舞一般是在走寨做客的时候,客寨到主寨做的炫技性表

---

① [美]苏珊·朗格:《情感与形式》,中国社会科学出版社1986年版,第217页。

演，以体现本寨的舞蹈技艺高超，并不是每个村寨都有人擅长。竞技性芦笙舞以师徒传承的方式学习，表演者多为男性。竞技芦笙舞舞蹈技艺高超，动作中需要有很多跳跃、翻腾、滚蹲等技巧和腿腰平衡功夫。由于双手抱笙吹奏，手部动作受到限制，舞蹈技艺通过头部、肩部、腿部体现，肩部倒立、背部翻滚、双腿矮子步行走、吸腿跳、原地旋转，甚至头脚着地拱身在地上旋转。竞技性芦笙舞豪放强健、刚劲粗犷，节奏明快，热烈奔放，表现出侗民刚强勇武、勤劳热情、奋发向上的性格。

另一类力量型侗族舞蹈是款会舞。"款会"是侗族社会生活中的一件大事，是表现民族向心力和凝聚力的一种重要形式，每年举行两次，称为"三月约青""九月约黄"。大凡集款聚众召开款会，乃是侗乡的头等大事，所属款众、款军必须招之即来，人人参加。款会上需举行各种仪式，诸如开款祭祀讲款规、阅兵盟誓、武术操练、舞蹈表演等。特别是"军令款会"上表演的舞蹈，多系兵器演练和军事阵式之舞，故谓之"款会武舞"。款会舞自成体系，多为竞技性很高、力度很强、气氛激烈的"武舞"，其演出者均为男子，主要内容有"出征舞""凯旋舞""盾舞""长短刀舞"等。由于款会教育及其传播制度和旧的宗教信仰的破灭以及演武习舞的老艺人相继辞世，这种靠"口传心授"和通过人体动作来展示，通过人体模仿来学习继承的款会武舞，尤其是那些军事性强，娱乐性少，布局繁复，演练难度大，参加人数众多的武舞，更难免随之佚亡。

侗族舞蹈专家杨保愿先生在他的《被埋没几千年的兵主战神蚩尤的战阵——侗族款会武舞〈九九方阵舞〉揭秘》中专门对款会舞做过挖掘、整理、研究。杨保愿先生自幼喜爱侗族民间文学及其歌舞艺术，从20世纪40年代中期到50年代之初，他已是程阳、林溪河流域一带比较知名的民间"小艺人"。并于1952年年底至1953年年初先后参加了宜山专区、广西壮族自治区、中南行政区的首次民间文艺会演。大约六七岁时他开始学习本家族（杨姓甫系）法坛教经书《家神部》（即史诗《嘎茫莽道时嘉》）及其"跳家神"等祭典仪式舞蹈，同时又学了许多广场娱乐性和表演性民间舞蹈以及侗歌、多耶、款词等。可以说，杨先生是侗族舞蹈当之无愧的专家。他在程阳大寨南岳庙内见到表演款舞的一些用具，产生了极大的好奇心，十岁左右开始跟着款首石明德学习款舞中的《九九方阵舞》，如今这个舞蹈已经失传。杨先生1988年撰写《侗族民间舞蹈概论》时重点对它进行了实质性的全面研究，经过将近四年的挖掘、印证、解读、破译，基本弄清了它的本质意义。

《九九方阵舞》的舞具有令旗、白巾、牛头盾和长刀。表演者身着侗族武士服：头顶鹰翅包头、白雉长尾、方甲战衣、珠帘羽花裙、护肩符牌、护颈项、护肘排镯，领舞者加披红色征战斗篷。

《九九方阵舞》中隐含着我国古代神秘的宗教概念、丰富的显学秘道思想和上古术数逻辑思维。舞蹈队伍由九九八十一人组成，纵横排列成"三三制"的九个小方阵构成一个大方阵，每个小方阵又以"三三制"纵横排列定位容纳九个人。全阵以"九天"为象征，模拟日、月、水、金、火、木、土、恒星、太岁之穹宇位置展开舞蹈、调度与定位，舞时以令鼓为节，舞蹈共分九段进行演练，每段九轮，每轮九个定位舞蹈画面和一次大调度。舞时各人手握长刀或牛头盾，脚下动作主要是"跃跪步""旋腰步""顿步""踏步""蹲摆""蹲转""碎跑"等。手上动作主要是"击盾""缠头""绕刀花""后突刺""下突刺""划破天""顺逆穿刀"等。九个小方阵既各自为战，又相互配合，在跃、伏、旋、顿、冲、穿、插的迂回中，攻击有序，退避有条，紊而不乱。[①] 款会舞舞蹈节奏强烈，动作迅猛，情绪奔放，整个舞场犹如雷轰电击，旋风掠地，令人激情澎湃，热血沸腾。

侗族舞蹈有着明显的本民族审美特征：从舞蹈形式上看表现为"点、屈、颤、摆"的动律，"绕圈作舞"的队形；从舞蹈内涵来看，表现为节奏的享乐，模仿的冲动，神灵的礼赞，力量的呈现。侗族人民在点、屈、颤、摆的动律中绕圈作舞，在节奏中享乐，在模仿中释放，在对神灵的礼赞中祈报，在对力量

[①] 参见杨保愿《被埋没几千年的兵主战神蚩尤的战阵——侗族款会武舞〈九九方阵舞〉揭秘》，《民族艺术》1993年第4期。

的呈现中夸耀自己的勇武与力量。

图 8-3　广西三江侗族舞蹈专家杨通杰老师

第九章 生旦净丑说众生 唱念做打述古今

——侗族戏剧审美

戏剧是侗族一个重要的民族艺术门类，是有着侗族独特文化背景和地域特色的艺术形式，侗族戏剧有着自己的审美选择和审美个性。侗族戏剧分为两类：一类是在戏台上表演的观赏性戏剧即侗戏，是在侗族说唱文学的基础上吸收侗族大歌以及汉族的桂戏、桂北彩调、贵州花灯、阳戏的某些演唱方式逐渐演变而形成的民族艺术；一类是在民间底层祭祀民俗活动中演出的原生态戏剧（又称为仪式剧）傩戏。侗族傩戏流传范围不广，只在湖南省新晃侗族自治县贡溪乡四路村天井寨一带流行，而且有一个特别的名字：咚咚推。传统侗戏是侗族人民艺术生活、休闲娱乐必不可少的部分，是侗族戏剧的一种类型、一种表演体系；傩戏咚咚推则是专为神灵表演的仪式戏，属于另一种类型、另一种表演体系。

第一节 传统侗戏演出形式审美

侗戏既是侗族人民喜闻乐见的表演艺术，也是侗族人民重要的娱乐形式。侗戏诞生时间较晚，大概在清朝道光年间，但诞生不久即活跃在黎平、榕江、从江一带侗寨，后来传到三江的富禄、默林等地，并逐步扩大到全县，新中国成立后又传到通道、龙胜、融水等地,如今侗戏的演出活动已遍及南部地区侗寨。侗戏至今仍处于群众艺术阶段,没有专业剧团,由群众业余组织的戏班演出。侗戏是真正让侗族大众陶醉的艺术,侗戏演出是侗族人民盛大的节日,人们从四面八方蜂拥而至,观众和演员共同体验悲欢离合、共同辨别忠奸善恶,演出时,台上台下,场内场外,时而笑声四起,时而泣声成片,人们在剧情中群情激动,陶醉沉迷。

侗戏一般都是连台本戏,一个剧目可演三四天,长者可演八九天。由于历史上侗族没有文字,编写剧本都是用汉字记侗音,加上当时教戏多用戏师对演员进行对口传唱,因此许多传统侗戏剧目没有原本流传,相同的故事在各地的传唱版本也各不一样,但这并不影响侗戏的流播和传承,并形成自己独特的审美特征。

一 戏师中心与独特的侗戏舞台调度

1. 以戏师为中心的侗戏戏班组织

侗戏没有专业的剧团,侗戏的组织是戏班,侗戏戏班常以自然村寨为单位组建,小的村寨通常是一个村寨一个戏班,大的村寨则以族姓或鼓楼为单位建立戏班。侗戏班由戏师、演员和乐队组成,戏师是戏班的灵魂和核心人物,也是受人尊敬的文化人,大多来自当地的名歌手,熟悉琵琶歌曲目及其他民间艺术形式,能用汉字记录侗语,抄写、改编或者自己创作侗戏剧本。

戏师要有文化,有组织能力,是戏班的主持领导者,又是戏班里的导演,在侗戏表演中集编、导、监、音、美于一身,他们不仅在戏班有威信,在全寨也是受人尊敬的。这种戏师中心制侗戏形成了一种较为特殊的现象,即流传一百余年来只出有名的戏师而无有名的演员。历史上侗族曾涌现出许多著名的戏师,1987年,侗族学者吴浩在贵州从江县贯洞寨搜集到成篇的《戏师传》,《戏师传》是一部珍贵的具有侗戏发展史料价值的著作,全歌94句,叙唱13位戏师的13部侗戏。人们演侗戏的时候都不会忘记这些对侗戏做出贡献的戏师，侗族有一《何人编何戏》的念词，常作为演正戏的开场白：

> 今晚寨上演戏，他们化妆未曾化起。大家不要喧嚷，让我先说几句。传说古代禽兽会唱歌，山上百样树木会论理，所有岩石会讲话，百般动物能言语。这些都是老人说，口头相传无根据。侗族侗戏何人编，大家听我说仔细。五妹巧编歌，文彩巧编戏，百多年前腊洞有个吴文彩，是他首先编侗戏。他用汉族书本《二度梅》改编成侗戏叫《梅良玉》。就从那时起，侗家开始有了戏。何人编何戏，听我一一来说起。吴文彩编的是《梅良玉》，石玉秀编的《门龙绍女》，吴童简编的戏叫《刘告》，小黄吴德编的是《甫贯》，銮里吴公道编《郎夜》，吴宏干编《妹到金汉》，贯洞人编的《具敬》，吴文彬编出《凤姣李旦》，梁绍华编出《珠郎娘梅》，高增寨编出《娥美善郎》，从此我们侗家如虎添了翼，不但会唱歌，而且会唱戏。演出遍山村，唱歌传各地。①

人们用这种方式叙述侗戏的来历，表达对戏师的敬意。

2. 戏师中心制决定的侗戏舞台表演形式

戏剧是舞台艺术，给人印象最深的是视觉形象，造成视觉印象的因素是服装、面具、道具、动作等。侗戏在装扮上并不复杂，侗戏受汉族戏剧影响较大，传统侗戏穿的多为汉族戏服，现代侗戏演出服装就是一般的侗族生活装，只是比平时更为整齐、鲜艳、讲究。传统侗戏角色的化妆分为生旦类和净丑类，生旦类的面部只化淡妆，主要是在写意的基础上适度夸张，净丑类则是具有图案意味的形貌夸张，用油彩的颜色和构图凸显人物的忠奸贤愚：有表示不同年纪及性格武净的"老脸""紫云块瓦脸""花脸""十字门脸"，表现阴险狡诈的"粉白脸"，表现忠义刚直的"揉脸"，基本与汉族戏剧脸谱文化一致。现代侗戏的化妆也比较简单，除丑角外，其他角色皆轻描淡粉，不勾脸谱，不戴

---

① 欧俊娇：《侗戏风俗研究》，《贵州民族学院学报》（哲学社会科学版）2004 年第 5 期。

面具；小丑的化妆除在鼻子上画一个青蛙以外，两颊上还要各写一个"丰"字，以示吉祥。侗戏的道具，都是本民族的日常用具，有的只是在日常用品的基础上加以美化而成。

除了服饰、面具、道具，戏剧的另外两个要素就是"四功""五法"，即唱、念、做、打之功和手、眼、身、法、步之法。传统侗戏的演出，轻表演、重歌唱，舞台表演一直保存着产生伊始便具有的朴实无华、毫无雕琢的特点，演员念白很少，以唱为主，只有小丑有些独特的表演，动作滑稽可笑，以说白为主，蹦蹦跳跳，称为"跳丑角"。传统侗戏以唱为主，剧本都是由上百首侗歌所组成，如《珠郎娘梅》有侗歌 250 多首，《梅良玉》有侗歌 500 多首，因此侗戏不像其他剧种那样讲究"五法"和"四功"，侗戏的表演在身段、台步、手势等方面均不与其他剧种相同，具有浓厚的侗族特点。

侗戏独特的舞台表演形式与戏师中心制密切相关，在侗戏中，戏师的作用不仅表现在侗戏的编、导、教、传上，在现场表演时，他也是中心人物，要负责现场的音、美等的调度和安排，更为重要的是他还起着现场负责"提词"的作用。因为侗戏演员多为普通群众，平时耕田打禾，上山拉木，下河捞鱼，没有太多时间排练、记台词，加上侗戏剧本一般都很长，有的甚至需几天几夜方能演完，因此记台词是一个很现实的难题，富有智慧的侗族戏师找到了解决的方法：特意在舞台靠底幕处放一条桌，桌上支起小戏帘，戏师坐在小戏帘后给演员提词，为了让演员容易听清戏词又不露馅，戏师特意安排了走横"∞"字，传统侗戏最基本、最有特征的舞台调度就是走横"∞"字。

侗戏的表演程序主要是上下句唱腔，关于侗戏的唱腔，在前文侗戏音乐部分已做介绍，不再赘言。侗戏上下句唱腔的单一性决定了侗戏动作表演的单调性，一般的情况是，演员在台上每唱完一句台词，就按照过门音乐走一个横"∞"字，如为两人，则各走一个半圆形，交换一次位置，构成一个横"∞"字。横"∞"字这一固定和程序化的动作，有着非常突出的特征和极为实际的意义，形成了侗戏特有的程序和风格。侗戏除用横"∞"字为主要基本舞台调度外，也有一些根据词义设计的动作手势以及一些向汉族戏曲学习而来的手、眼、身、法、步等表演技巧，但不成系统，没有严格规范。

二　戏神崇拜与繁复的侗戏演出仪式

1. 侗族戏神吴文彩

在中国，基于各行业类别的自尊和祈求神灵保护的心理，各行各业都有自己供奉的神灵，可谓百工技艺，各祠一神为祖，三百六十行，无祖不立，这些行业神有的是人类始祖，如火神祝融；有的是民间英雄，如财神关羽；有的是历史人物，如茶神陆羽、木匠行业供奉的鲁班。戏神是行业神的一种，中国的戏曲戏剧种类繁多，因此在中国的行业神中，情形最为复杂，比较著名的有唐明皇、二郎神、雷海青等。唐明皇之所以成为戏神，是因为他首先开创了梨园并亲自登台演戏，他既是帝王神又是祖师神，大概是出于礼统，为避尊者讳的缘故，唐明皇作为戏神的时候称为"老郎"，因此老郎庙（宫）遍布各地，成为梨园公会的所在地，戏曲艺人的精神家园。李渔在《比目鱼》"入班"一折的道白说："凡有一教，就有一教的宗主。二郎神是我做戏的祖宗。"汤显祖所写的《宜黄县戏神清源师庙记》一文说宜黄子弟所供戏神为清源师，又说，"予闻清源，西川灌口神也"，因此二郎神也是著名的戏神。另一被福建省奉祀的主神田公元帅（"田"为"雷"的误传），八闽各地民间及戏剧界共同崇奉的戏神是雷海青，雷海青本是唐玄宗时期的宫廷乐师，在安史之乱中反抗安禄山被割舌凌迟处死，雷海青以其英雄气节被戏剧界尊崇为戏神。

侗戏产生于清朝道光年间，在这之前，侗族人民只能听他们无法听懂的汉戏。有个叫吴文彩的年轻人自幼聪明好学，是位既有较高汉文水平，又熟悉本民族艺术的侗家才子，他凭着自己的文化修养和坚忍精神，闭门谢客三年，在侗歌大戏的基础上，吸收附近汉族的戏调，创造了本民族风格的侗戏。《戏师传》里这样写道："汉家有戏好欢乐，身穿龙袍演皇帝；头戴纱帽扮书生，敲打锣鼓吹玉笛；黎平腊洞吴文彩，读过好多汉文书籍看过汉家戏，他心中苦闷，硬是不服这口气：为何我们侗家没有戏？我们的琵琶歌那么动听，我们的牛腿琴歌那么悦耳，我们的笛子歌那么悠扬，我就不信编不出戏。他装聋装哑，他学癫学痴，关门闭户三年整，编着侗戏《梅娘玉》。是他开的荒坡，是他垫的基石，要寻侗戏祖师，当数文彩第一。"①

吴文彩最先创作的两部侗戏是《李旦凤姣》和《梅良玉》，这两部侗戏分别是根据汉族传书《朱砂记》和《二度梅》为蓝本，利用侗族民间说唱艺术形式改编的。《李旦凤姣》和《梅良玉》的出现具有划时代的意义，标志着侗戏的诞生，吴文彩也因此成为侗戏鼻祖，在侗人中赢得极高地位，被奉为侗族戏神，每次侗戏开演之前，都要举行"立坛请师"仪式，奉香立坛、摆放祭品、神圣庄严，以纪念他、祈求他保佑演出成功。

2. 繁复的侗戏演出仪式

侗戏演出有着娱神与娱人的双重功能，侗戏对侗族百姓有着重要的娱乐意义，但是在戏班看来，侗戏的观众不仅有台下热闹兴奋的群众，还有看不见、摸不着却无所不在的各类神灵，因此侗戏演出民俗众多，仪式繁复。这首先表现在正戏演出之外一系列的祭祀、请神、驱邪的仪式之中。

萨坛祭祀。侗戏的演出时间一般在年节和农闲时，农历的正月、二月是侗戏活动的黄金时节，在本寨演出以外，戏班有时还受邀到外寨演出，或者随同本寨的"为也"队伍到"为也"村寨演出。在外出表演之前，戏班都要去萨坛祭祀，全班人员在戏师的主持下，在萨坛前摆香案，供酒肉，焚香烧纸，化符念咒，领念祭词，祭词讲述侗族人类起源、祖公落寨，戏师传承，最后向萨神报上本班传授师姓名、本班为何方弟子，将要演何剧目，然后参与祭祀的演出人员每人拿一节在神坛前供奉过的茅草，希望得到萨神的保佑。侗族各地风俗不一，有的地方仪式简化，以伞作为萨的象征，出发时戏师先走出寨外撑起伞，让戏班人员逐个从伞下经过，得到萨的庇护，从而能在演出中顺利平安。

立坛请师。在侗戏开演之前，要在戏台举行"立坛请师"，请的对象是侗戏鼻祖、侗族戏神吴文彩。立坛请师由掌簿戏师主持，在台后举行，只许全体

---

① 过伟、力平主编：《秦娘梅传奇》，天马图书有限公司1998年版，第205—206页。

演员参加，不准闲杂人员参与。坛位是一张四方桌，桌上摆一升米，米上插有戏班名牌位，牌位前摆放祭品。戏师面向东方，口吐符水，焚香叩首，全体肃静。口中念诵"阴师傅，阳师傅，吴文彩师傅。不请不到，有请有到，日请日到，夜请夜临……年无忌，月无忌，日无忌，时无忌，大吉大利……"① 念毕，每样乐器在香上旋晃三次，叩响一声，仪式前不允许任何人横穿戏台。

闹台和神。侗戏的演出不仅需要祖母神萨玛天子的保佑，戏神吴文彩的到场，还要邀请地脉龙神、玉皇大帝、门楼土地公公、门首通灵土地婆婆等各路神灵共同观看，请他们莫禁莫动，莫走莫移，以保证演出顺利平安。因此，侗戏演出之前都要闹台和神。闹台时用锣鼓音乐闹台，"闹台锣"经过历代艺人长期的演出实践而逐渐形成比较固定的结构形式：依次奏出"普天同庆""起板""长程""狗赶羊""江流水"，最后以普天同庆结束。雄浑的锣鼓，以打击乐鲜明强烈的节奏来强化表演程序，既取悦神灵的耳朵，百无禁忌，又吸引观众的注意，宣告演剧的开始。

开台驱邪。闹台之后并不能上台就开演，在表演之前，还要举行"开台"仪式。正月里演出和在新戏台唱戏时用"魁星踢斗"开台：一头戴面具、身穿文官服的人扮作魁星，手握笏板，向东、南、西、北四方和中间蹽起横"∞"字步；魁星驱邪以后，一个武生打扮模样的人又到台上四个方位舞弄一番；最后一班打着玉扇的宫女簇拥着玉皇大帝来到台上做"圣谕"。也有的以二彩女跳台，以梳妆、打扮、扫地、开门、贴桃符等舞蹈动作驱除恶神，以求百无禁忌。侗戏演出之前，人们以这种方式驱妖除魔，保佑戏班子成员演出顺利。

扫台净台。戏剧表演人生悲欢离合，生老病死，砍头杀人，民间向来有"十个戏台九个邪"的说法，因此侗戏演完，还有"扫台"仪式，由一名男性扮演灵官大帝，戴面具，执拂尘，并念唱："天有阴来地有阳，阴阳八卦腹内藏，横扫地下鬼和妖，神人各散永安康。吾神灵关大帝是也，领奉上帝旨意，

---

① 吴炳升、陆中午主编：《侗戏大观》，民族出版社 2006 年版，第 310 页。

下凡前来横扫妖魔，一扫乾坤开泰，二扫日月光明，三扫四扫吾神去也。"①最后两彩女手执彩扇将妖魔扫去。

正戏中的插曲：跳加官和打彩。侗戏演到中途，会有"跳加官"环节，跳加官时两个戏装打扮的女子上台，分别持"上官赐福"和"一品当朝"的红布字幅，踩着鼓点在舞台上舞蹈，当她们转向前台的时候，戏师就根据事先商量好的次序依次为寨上的重要人物"加官"，加官的用语为"福如东海""寿比南山""步步高升""一品当朝""生意兴隆""禄位高升"等吉祥语，享受"加官"者在被叫到名字的时候需送上红包礼金。这种祝福性的"跳加官"仪式，在侗人的潜意识中具有一种神圣的力量，因为"语言所代表的东西与所要达到的目的，根据原始信仰，都相信与语言本身是一件东西，或与语言保有交感的作用"②。跳加官仪式体现了人们对语言本身的崇拜，而这种对语言的崇拜本身又加剧了侗人对演出程序的信仰。侗戏跳加官过后还有一个娱乐性的"打彩"环节，打彩的时候由两位武功演艺高强的男演员上台，观众向他们投掷钱币、糖果、侗布、侗锦等物品，演员则以扇或戏服长袖护身，这是一个演员与观众的互动环节，在投掷与躲避中，营造出热闹友好的氛围，而这也是观众为演员的演出付出报酬的唯一途径。

三 戏台神话与戏台教化

侗戏在侗乡有很大的普及面，侗族村寨无论大小，都会有戏台存在，有的一个村寨甚至有好几个戏台，如黎平肇兴大寨建有七个戏台。侗族地区的戏台大多是一楼一底吊脚楼建筑，一间二偏五柱八瓜抬梁木质结构，五柱通底，底高两米左右，二楼分前后两部分，前台的中间为表演舞台，后台两边连着楼梯，为化妆室和演员进出场通道，表演台两侧为更衣室和道具室。

---

① 吴炳升、陆中午主编：《侗戏大观》，民族出版社2006年版，第311页。
② 李安宅：《巫术与语言》，上海文艺出版社1988年版，第13页。

第九章 生旦净丑说众生 唱念做打述古今

戏台作为戏剧的载体，有着深刻的人文内涵。中国的戏剧最初是演给神看的，希腊戏剧原来也是演给神看的，戏曲演出往往是祭祀活动的一个重要组成部分。在侗乡，当戏曲成为人们最主要的娱乐方式后，它便也成为人们献给神灵或祖先的一项特殊祭品，因此，侗戏戏台的设置也大多建立在这些宗教信仰活动的基础之上，如通道坪坦的戏台、萨坛、南岳宫、孔庙、鼓楼构成一个神圣空间，戏台正对萨坛、左为孔庙、右为南岳宫及鼓楼，中间一片空地是观众席。侗族地区还有些戏台本身即成为神庙建筑的不可分割的一部分，在设计时戏台就被直接纳入神庙的整体结构中，通道甘溪张里村的张正戏台就和三圣庙连为一体。张正戏台位于寨子的中心，是一组小四合院组合建筑，包括戏台、左右厢房、祀庙、中间平地五个部分。戏台对面就是三圣庙，青砖青瓦，与古戏台形成鲜明对比，两座建筑相通，连成一个整体。每年六月初都有祭祀仪式，祭三圣人和土地神，企盼庇护寨子风调雨顺、五谷丰登。广西三江和里三王宫是侗族人民为祭奠夜郎国王竹多筒的三位太子而修建的庙宇，建于明嘉靖年间，每年农历二月初五这里都举办盛大的祭祀活动。三王宫直接用戏台来建构庙中的一重院落，戏台、厢楼、院墙和正殿起到了分割庙内空间的作用，构成完整的观演场所。戏台建于三王宫山门内中轴线上，面向大殿，台下为人行通道，戏台与神庙之间空开一块开阔地坪为观演场所。从张正戏台和三王宫戏台的建筑特色和文化功能来看，它是一个神圣与世俗并存的酬神娱人空间，是一个宗教和民俗紧密相连的处所，宗教信仰和世俗生活在这里融为一体，是一道独特的文化景观。张正戏台与祀庙两座建筑相通，连成一个整体。庙会既是民间信仰的活动场所，又是民众交流物资与文化娱乐的场所，庙会活动的一项重要内容就是演侗戏。神庙演剧源于上古的巫觋以歌舞乐神，庙宇是人与神灵沟通的媒介，戏台是人与神灵交流的桥梁，庙宇戏台就这样成了娱神祭神、神圣而又世俗的空间。

因为戏台的"神性"，每个新的戏台建成以后都要举行神秘的"踩台"仪式，"踩台"都要在天亮以前完成，不能让人看见，据说看见"踩台"仪式是不吉利的。2011年10月，笔者去广西三江和里村参加庙会，宣传单上说其中

图 9-1 广西三江和里三王宫戏台

一项活动就是为新修建的戏台踩台,笔者很想看看这个仪式,找到村支书杨会光,他叫笔者先去参加别的活动,等会儿踩台仪式才开始,过了一会儿三王宫祭祀活动开始了,大家都去参观,因为担心错过踩台仪式,祭祀活动一完笔者就跑到新戏台,却并没有看见踩台仪式,再找到杨会光支书打听,说是已经在三王宫祭祀仪式进行时搞过了,并解释说,踩台仪式是不能看的,并举了好几个看过踩台仪式的村人暴病或暴亡的例子。

戏台在侗人心目中有着神圣的意义,有着很大的灵性。据传,同治年间,通道播阳的陈团麻风病流行,人们面对灾患无能为力。在寨佬的组织下,风水先生、巫师、祭师,经过三个月的详细勘察选址,反复推测吉日,于同治八年四月修建了这座陈团戏台,戏台修好后请来大戏班子唱戏踩台,从此麻风瘟疫远去,人民安居乐业。所以人们十分重视戏台,通道播阳上寨戏台始建于清朝嘉庆年间,距今已有两百年的历史,这是一座寨门式戏台,民国十二年(1923),土匪纵火烧寨,村民奋力保护戏台,结果民房在大火中化为灰烬,而戏台只有右脚柱子被烧焦,其他保存完好至今,可见戏台在侗人心目中的地位和意义。

在侗乡,每年初一都会有人自觉地去戏台贴戏联,大红的戏联很是惹眼,因为戏台数量多,由戏台衍生出来的戏联更是侗乡文化的一大特色。在侗族,侗戏的娱乐和教化功能兼具,演侗戏不仅是人们休闲娱乐、人际互动、物品交流的机会,更是观众了解历史,明辨是非忠奸,获取神话传说、民间故事等知识的重要途径。侗戏的教化作用不仅通过剧情故事来实现,戏台对联也肩负着教化的责任。因为侗戏观众大多是读书不多的民众,侗乡戏联有不少写得明白如话,有的肯定戏曲的社会功能,如"借虚事指点实事,托古人提醒今人";有的戏联则用双关的方法教育民众,如"看不真莫吵,请问前头高见者;站得起便罢,须留余地后来人";有的强调戏剧的认识作用,如三王宫戏台柱两侧刻有同治七年对联"为将相为公侯举止行藏劝后人立功立德,作忠良作奸佞声音笑貌醒当时谁是谁非"。这也可以说是一种"高台教化"吧。

第二节 传统侗戏演出剧目审美

侗戏剧目繁多,仅在湖南省通道境内流传的剧目就有 500 多个,吴炳升、陆中午整理出附有剧本内容的剧目 85 个,没附内容的剧目 169 个[1],李瑞歧主编的《贵州侗戏》中统计贵州省境内的侗戏剧目为 193 个,并整理了 193 个剧目还注明了整理者、表演者姓名单位和所属类型。[2] 两省剧目多有交叉相同之处,但因为是口头流传的艺术,又因各位汉文音译者所选用汉字不同,很多剧目名称不太一样,但内容情节基本相同。总体看来,侗戏剧目从取材上大致可分为根据汉族故事改编、根据侗族民间故事改编以及根据现实生活取材创作几类,各种源自本民族的民间传说、叙事大歌以及汉族地区著名的典籍故事,都是侗戏的基本素材。从具体内容来看,侗戏题材选取的角度多种多样,爱情、

---

[1] 参见吴炳升、陆中午主编《侗戏大观》,民族出版社 2006 年版,第 31—59 页。
[2] 参见黔东南苗族侗族自治州文化局主编《贵州侗戏》,贵州民族出版社 1989 年版,第 34—43 页。

斗争、神话、道德教化、侗族英雄、机智人物均为戏台上常见的内容。

图9-2 广西三江侗族博物馆展示的侗戏剧本

一 爱情婚姻剧的坚贞美

爱情是侗戏的主要题材,侗乡戏台上演绎着各类爱情故事,有的是有情人终成眷属的喜剧,有的则是在压迫与反抗中走向毁灭的悲剧;有的讲述现实中平凡男女的悲欢离合,有的呈现神幻境界人神相恋的离奇故事。

侗戏中的爱情故事有些是根据汉族故事改编的,《李旦凤姣》是侗戏历史上第一个剧本,是侗戏传统剧目,19世纪初由侗戏创始人、著名侗族民间艺术家吴文彩根据汉族故事《朱砂记》改编,故事讲述了李旦和胡凤姣充满坎坷的爱情。李旦本为军队将领,在武三思率兵攻破李旦的山寨后,李旦逃脱沦落为乞丐,被胡凤姣的父亲收做店铺学徒,二人相恋并订下终身。李旦回归军队以后,崔家逼凤姣与表兄成婚,凤姣不从投江,被陶知府救起,做了陶家的丫鬟。李旦为破李成业的万箭火轮牌,前往陶家盗女娲玄明镜,巧遇凤姣。李旦盗得玄明镜,但身份暴露被捉入狱。玄明镜破了火轮牌,申婉兰带兵救出李旦与凤姣。李旦与凤姣、申婉兰双拜花堂,结为夫妻。[①] 该剧唱词多达5460余行,是深受侗族人民喜爱的传统侗戏。故事结局胡凤姣和申婉兰同嫁李旦,这样的爱情观显得落后,但那毕竟是封建时代的产物,李旦和凤姣曲折艰辛的爱情故事依然打动人心。

侗族人民相信婚姻天定,无论有多少曲折,最后都会有情人终成眷属。《华团阮坠》是一个传统侗戏剧目。1958年由榕江县车民乡奶双华口述,贵州省文化局侗戏调查工作组整理,此剧亦根据侗族民间故事和叙事歌编写。故事讲的是李老汉夫妇几十年无子,为了修功积德,便开了一家免费客栈,此举感动太白金星,太白金星派儿子童包投生李老汉家,取名阮坠。太白金星在让童包投生时还让自己的外甥女进宜投生弄歹寨一户人家,以配婚姻,进宜投生后取名华团。华团和阮坠成人后,相亲相爱,可是双方父母都另给他们说了亲事,华团和阮坠为此甚为苦闷。一天夜里,阮坠梦见太白金星赠他一粒仙丹,嘱咐:"将此丹让华团服下,可死而复生。"阮坠依太白金星之言,让华团服下仙丹。华团服下仙丹后死去,被埋葬在野外,阮坠待送葬人群走后,立即挖开坟墓,撬开棺木,华团复活,二人逃走。不料路遇强人强抢华团,阮坠护住华团拼死搏斗,华团逃走,阮坠被俘。华团只身逃进一个石洞,洞中妖怪欲与华团成亲,华团不从,被囚于洞中。阮坠被强盗卖到一无儿无女的老汉家,一天夜里,太白金星托梦阮坠,告知华团的下落。阮坠前往妖洞,与老妖大战,危急间,太白金星出手相救,自空中落下一柄宝剑,老妖被刺身亡,阮坠拾剑细看,剑上刻字两行:"自古姻缘命中定,愿你夫妻到白头。"始知是太白所助,夫妻二人朝天三叩,回家团圆,恩爱相处。[②] 这个故事情节曲折,父母、强人、妖怪都拆不散阮坠与华团,因为他们的姻缘是上天注定的。

阮坠与华团的爱情如此,俗世里的男女的缘分又焉知不是如此?门龙和绍女两个贫家儿女,经过重重阻碍,战胜各种阴谋,饱受各种磨难,最终走到一

[①] 参见黔东南苗族侗族自治州文化局主编《贵州侗戏》,贵州民族出版社1989年版,第43—44页。
[②] 同上书,第62—63页。

起,是一出动人心弦的传统侗戏。《门龙绍女》是由梁松年记译,李瑞岐整理的十场传统侗戏。第一场《愁婚》,财主寸金的儿子万阁长相丑陋,万阁母亲天天烧香磕头也无济于事,年过三十还没找到媳妇,万阁的伴读书童,贫家子弟门龙准备去追心仪的绍女,万阁便也结伴而去。第二场《坐月》,绍女在星光点点的榕树下织侗锦,嫂子劝她嫁给觊觎她已久的富家子弟万阁,可是绍女说自己的意中人是门龙。万阁和门龙与绍女对歌,万阁洋洋自得,刻意炫富,贬低门龙,绍女得知门龙慕自己之名而来,分外惊喜,两人在对歌中定下终身,破铜钱各执一半,破钱定亲,万阁自以为是地认为绍女看上的是他。第三场《戏主》,万阁请媒人下重礼到绍女家提亲,绍女说服了爱财的嫂嫂婢满,婢满退掉聘礼,同意了绍女和门龙。第四场《借官》,门龙举行婚礼的时候,通达官送来圣旨,原来,门龙以石文考的名义考上了状元,可谓双喜临门。万阁以霸占绍女相要挟,要冒名做官,在状元和绍女之间,门龙选择了绍女。万阁又要求门龙陪自己做三年官,门龙知道万阁的诡计:万阁当不成官,门龙就要去当官;门龙当了官,这辈子就别想见到绍女的面了,所以就答应了。第五场《盼嫁》,公主平玉女相貌奇丑,脾气暴躁,还没有自知之明,年届三十也没有嫁出去,听说来了新科状元石文考,公主一心盼嫁。第六场《贿赂》,当朝丞相是万阁的舅舅,万阁告知自己冒充状元的真相,送银子给丞相打点关节,有了丞相的左右周旋,门龙的暗中相助,万阁才不致露马脚并博得王爷的欢心,很快被招为东床驸马。第七场《现丑》,万阁和公主在喜悦中成婚,洞房花烛之后的第二天早上一起床,两个人都被对方奇丑的相貌吓晕,大闹离婚,门龙以自己的聪明才智巧妙说合。第八场《事发》,公主向王爷告发万阁的文章都是门龙操刀的事实,王爷让万阁当场作文一篇以辨真假,万阁露了马脚,正在这时,执事报告在丞相公文夹里得到一张便函,原来是三年期满,门龙回家前留下揭露万阁的字据。事情完全败露,公主气死,万阁被斩。第九场《驱媳》,万阁的父亲寸金散布谣言说门龙被强盗打死了,自己要娶绍女为妾,门龙的后母和媒人暗中交易,准备把绍女卖给寸金做妾,绍女不从,准备沿路乞讨去找门龙,寸金和打手百般阻挠,绍女寻机逃走。第十场《事变》,门龙和绍女为躲避寸金打手的追击,都逃到了叔叔左门龙家,寸金追上来,二人各执半边铜钱为证,推翻了寸金诬陷门龙为他人冒充的谎言。寸金又以曾给绍女银子若干为由,说绍女已是自己的女人,绍女用字据推翻了谎言,寸金恼羞成怒,直接举刀欲砍门龙,正在这时通达官来到,宣圣旨,门龙绍女回朝,寸金被绳之以法。[①] 门龙和绍女甘心贫贱、不畏强权、坚贞不渝、生死相依的恋情感天动地,深受侗族人民喜爱。

门龙和绍女的爱情战胜了人世的各种磨难,最终如愿走到一起,《三郎五妹》中三郎和五妹的爱情却能超越生死,爱情的力量能使人死而复生,不可谓不让人叹服。《三郎五妹》是由杨昌全、吴枝林创作,杨秀斌、张勇记译整理的八场侗戏。第一场《闹学》,主人公三郎家住三宝,年十八岁,和远方兄弟皆矮一起在家读私塾,二人调皮异常,把私塾先生气跑了,父母看三郎不爱读书,就让他娶表妹早点成家,三郎想自由恋爱,便和皆矮偷偷离家出走。第二场《离家》,二人逃到美丽的都柳江畔,遇到热心的纳汉头保金,带他们回到自己家,给他们介绍木材生意,还有本寨美丽的姑娘。第三场《交友》,三郎和保金去五妹家行歌坐夜,二人一见钟情,五妹见三郎仪表非凡,借故进内房要烟,立马换上新衣走出内房。三郎五妹一番对歌,美丽活泼的五妹大胆泼辣,直接唱:"今晚郎、娘同坐宣言向你讲,若莫嫌弃就来把这朵花儿采。晓得怎样才能同哥共屋坐,共碗吃饭共双筷。"三郎拿话试探她的决心,五妹唱:"有心连哥我不怕,任他打来任他杀。只要哥哥你有意,阳间打死我阴间嫁。"第四场《定情》,三郎和五妹行歌坐夜时,情急之中五妹主动邀三郎换表记,三郎出于慎重没有接受,一是不知地方礼性,二来又怕她早已有着落,第三怕她根茎不太好,他的这些顾虑都被保金的介绍打消了,第二天再行歌坐夜,五妹走至三郎面前,双手捏住三郎颈上的项圈说:"没有这个做把凭我是不放心的。"三郎脱下伴随自己十年的项圈,郑重地送给五妹,五妹则以自己亲手织的侗布相赠,两人对天盟誓:"莫做灯笼千只眼,要做蜡烛一条心。"第五场

---

① 参见李瑞岐主编《民间侗戏剧本选》,贵州人民出版社1986年版,第129—187页。

《送别》，三郎和皆矮准备去柳州做木材生意，赚点钱接五妹回家，五妹江边送别，恋恋不舍，二人约定八月十五团圆。第六场《盼归》，八月十五，五妹因思念三郎而形容消瘦。五妹一边绣花，母亲数落女儿把终身寄托在外乡人身上不可靠，五妹表示非嫁三郎不可。期盼中皆矮慌慌张张跑进来，说遇到了强盗，三郎失踪了。五妹一听急火攻心，倒地身亡。老人说年轻姑娘不病不疼，青天白日底下暴死世上少见，留家久了凶多吉少，最好在太阳落坡前送上山，于是大家张罗后事。第七场《噩耗》，三郎在保金的期盼中出现，原来他遇到土匪落到河滩晕过去了，听保金说五妹死去一下晕过去了，保金告诉三郎，为了让他能看五妹一眼，偷偷在棺材的回头上打了碗口大的一个眼，待众人离开后悄悄地把纸撕开，只为让他看最后一眼。第八场《团圆》，三郎来到五妹停棺待葬的地方祭奠、哭诉，祈求祖公把五妹往阳间送回，突然棺材里传出叹气的声音，原来是五妹复活了，一对痴情人终得团圆。这是一出现实主义与浪漫主义相结合的侗戏，热烈地歌颂了爱情的神奇力量。

侗族的婚恋习俗很特别，侗族男女青年恋爱自由，婚姻却不能自主，因为侗族有女还舅门的古训，这不能不让人想到上文提到的《华团阮坠》中一个有意思的情节：太白金星让自己的儿子投生为男，让自己的外甥女投生为女，以配夫妻，从这一细节可以看出，在侗人看来，女还舅门是连神仙也遵守的规矩，而侗族男女青年一直都试图反抗这种束缚，因此侗戏中大多数爱情题材的戏剧都与此相关。

女还舅门制造了许许多多的侗族恋爱悲剧。《雾梁情》是由吴尚德编剧，陶爱肖翻译，吴炳升、吴国夫整理的六场侗戏，讲述的是扪龙和肖妞的爱情故事。第一场《赠帕》，扪龙是贵州鹅村人，在湖南小河肖家做木工，八月十五扪龙要回家，肖妞以侗帕相赠表心迹，被肖妞的表哥宝蛮看见，宝蛮自恃父亲是寨里头人，又是肖妞表哥，决定把肖妞弄到手。第二场《对歌》，肖妞和女伴一起纺纱、织布、刺绣，众男对歌，宝蛮也带着随从来对歌，可惜宝蛮目中无人，言语粗俗，众人不开门，笑骂他"从十三岁起就串村"，快三十岁了还"光棍一根羞死人"，宝蛮恼羞成怒撞门扭脚，气急败坏地下场。第三场《逼婚》，肖妞喜欢扣龙，给扣龙洗衣服，帮扣龙洗脸，妞妈不高兴，宝蛮托媒人来说亲，肖妞父母既不敢违背女还舅门的规矩，又看重宝蛮家钱财，要肖妞答应亲事，肖妞却说："嫁给宝蛮死不依，终身大事我要自己来安排。"妞爸一怒之下要辞退扣龙。第四场《送行》，扣龙辞工回家，肖妞相送，妞爸气极，在宝蛮、随从的搀扶下出场，宝蛮在妞爸的指示下追上扣龙和肖妞，打昏扣龙，捆上手脚，推下悬崖，抓回肖妞。第五场《捎信》，扣龙走后肖妞病了一场，整天闷在房中，泪水涟涟，饭也不吃，话也不讲，货郎胡公带来扣龙的信包，里面包着一节炭、一段绳、一团线，还有黄豆和芝麻，并转告肖妞，三月土王日那天在雾梁山上对歌相会。第六场《相沓》，三月土王日，肖妞和扣龙登山唱歌，互诉衷情，肖妞约扣龙私奔："我劝阿哥莫灰心，相恋必须情意真。古代珠郎与娘梅，结成夫妻离本村，约哥相沓到他乡，育有儿孙再归程。"两人在山上为这份情谊同栽一棵树，宝蛮带人追上来，扣龙和肖妞逃跑，雷电交加、暴雨倾盆，河水暴涨，肖妞被河水冲走，戏剧在悲剧中结束。[①]

侗族爱情婚姻剧塑造了诸多光辉多情的侗族女性形象，她们忠于爱情，坚贞不屈，肖妞为爱情牺牲了自身，《金汉列美》中的列美为了找回自己的心上人敢于私闯地府，不顾各种妖魔鬼怪、奇异猛兽的恐吓，最终找回自己的爱情。[②]《金汉列美》戏剧的开头移植了《华团阮坠》的情节，使故事充满奇幻色彩：金汉父亲松堂富甲一方，可惜的是五十多岁了仍膝下无子。算命先生算他命中有子，但要广集阴德，松堂依言而行，最后终于感动众鬼神，众鬼神去向玉帝求情，玉帝派正宝到松堂家投胎，取名金汉。又应正宝要求让圣女也下凡投胎在银发家，取名为列美。故事在神话的基础上生发，充满现实生活气息：金汉和列美各自长大，本决意下凡做夫妻的金汉和列美却并没有那么顺利地就做成夫妻，他们成年后都按照侗族的婚俗成了婚，金汉娶的是表妹，列美嫁的是表哥，但是他们不满这种包办婚姻，金汉不与表妹同居，而列美则利用

[①] 参见吴炳升、陆中午主编《侗戏大观》，民族出版社 2006 年版，第 226—284 页。
[②] 参见潘永荣等《金汉列美》，贵州人民出版社 2007 年版，第 20 页。

不落夫家习俗基本待在娘家,然后积极参加行歌坐夜,并在行歌坐夜活动中与金汉建立了爱情。他们的爱情遭到了各自父母的干预,由于金汉与父母的矛盾越闹越深,再加上列美夫家的压力,最后他们选择了逃婚,私奔到外地。有情人终成眷属,本是很美好的事情,但是金汉毕竟是一个管不住自己的富家子弟,当他与列美结为夫妻,并生有一女之后,又应朋友之邀到莫娘、杨妍姐妹家去参加行歌坐夜,并被莫娘、杨妍的年轻和美貌所迷惑,答应娶二人为妾,莫娘、杨妍出于攀富的心理答应了金汉同居的要求,金汉达到目的之后,就借故外出做生意一走了之,留下怀孕的莫娘和杨妍在屈辱中苦苦等待,在不堪社会的指责和蔑视中寻了短见。莫娘、杨妍死后,仍阴魂不散,天天守在金汉回来的路上纠缠金汉,金汉实在拗不过,就同莫娘、杨妍姐妹一起到阴间的雁鹅村头去继续寻欢作乐。而列美自从与金汉结为夫妻以后,一直在家里尽心尽责地做一个贤妻良母。在她看来,金汉夜出未归是莫娘、杨妍勾引他造成的,所以虽然生气,但并不怪罪金汉,当她后来听说自己的丈夫是被莫娘和杨妍的阴魂纠缠致死后,她竟然冒着生命危险,私闯阴间地府,不顾二十四鬼的纠缠,不惧四眼妖魔的淫威,在众神的帮助下把丈夫救出来,让丈夫还阳,圆了他们白头偕老之梦。

侗戏中的爱情婚姻故事,无论是悲剧结局还是喜剧收尾,故事情节均曲折波澜,人物命运充满坎坷,主人公历尽人世的或非人世的各种艰难,但他们从不放弃对爱情的追求,其感情的浓烈程度非同一般,坚贞美是侗族爱情婚姻剧的一个重要审美特色。

二 反抗复仇剧的悲壮美

侗戏中还有一些反映欺压与反抗、迫害与复仇的题材。《杨珠郎陈娘梅》(多写作《珠郎娘梅》)是侗戏优秀传统剧目,20世纪初由侗族戏师梁绍华、梁耀庭编写。原剧内容庞杂,要演三天三夜,本书选取的是陈光梓记译,李瑞岐整理的版本。这个侗戏根据反映榕江县三宝地区真人真事的侗族叙事歌编写,叙娘梅与珠郎相爱,破铜钱订终身,娘梅的后娘强逼她嫁给自己的侄儿,娘梅不从,和珠郎一同逃到从江贯洞,在财主银你(又写作银宜)家帮工。戏一开场银你就自叹:"家财百万两个妻子不比珠郎婆娘好人才。"娘梅不仅人才好,品行也好,对珠郎一心一意,对觊觎她的人无动于衷:"争去观望的人好似浮萍被水排。"银你母子设计,假意拉珠郎入房族结为堂兄弟,然后派珠郎去遥远的苗寨收债,珠郎不知是计,放心地去为银你收债。珠郎走后银你对娘梅百般勾引,娘梅严词拒绝,并指责银你不安好心,银你不死心,又叫媒婆上门劝说,媒婆骗她说珠郎被苗人害死,劝娘梅嫁给银你享富贵,可是娘梅死心守着杨珠郎,万贯家财她不想:"蝉儿唱歌巴树上,蜂儿酿蜜巴蜂房。扛锄的人儿巴田地,情妹唱歌巴情郎。如若我夫被害死,我愿随他上天堂。"银你母子又花金银找蛮耸献计,蛮耸想出毒计,召集大家到江剪坡开款会,商议与苗人的战事,娘梅担心有陷阱,不让珠郎去议会,并提议一起离开银你家,老实本分的珠郎不知银你的诡计,以为让他入房族、派他收债都是有恩于己,没有听从娘梅的话。蛮耸在江剪坡召集大家吃"枪尖肉",猪牛熟肉不许动筷子拈,要用枪尖插肉互相轮流递送,以口接食,说这样才能胜于苗人。轮流到银你递送肉时,就一枪把珠郎刺死,蛮耸恐吓大家不准说出内情。银你回去跟娘梅说珠郎是因为想得赏钱奋力拼杀,被苗人杀死的,娘梅伤心欲绝,银你母子又找媒人上门提亲,娘梅让媒人待自己守孝三年再来求。一天娘梅以为银你母亲寻新鲜蕨菜为由,去到江剪坡,以半边铜钱为线索,找到珠郎的尸骨,黑夜中独自将尸骨背回村寨,在饥寒交迫中守到天亮,在鼓楼击鼓,对众乡亲说:"是我陈娘梅。我已经收得丈夫杨珠郎的尸骨。我们村上,谁是纳汉头?不分贫富,谁与我安葬尸骨,我终身许配与他。"银你当场表示愿意安葬尸骨。在埋葬时,娘梅说:"银你夫君,杨珠郎他是死于刀枪之鬼,必以大刀祭之,我俩方能后安,不受其害。"吴银你急忙返回家扛上大刀前来,与娘梅同行到了山坡。娘梅又说:"我曾来到山坡,已经找好了地点,你来挖开葬井,要挖深到眉心之处以后我俩白头到老。"娘梅趁银你挖葬井之时,一刀杀死银你。娘梅知道种种诡计都出自银你母亲,故意要让她尝尝失子之痛,于是用大刀尖头刺进人头，连夜扛回，抛于他家屋脚，连夜逃走。娘梅还要杀死设下毒计的蛮耸，为丈夫报仇，和蛮耸有杀父之仇的桥苗收留了娘梅，无儿无女的鸾公收她为义女，十三年后娘梅回到家乡，和珠郎母亲一起去告官，县官正是十三年前收留过娘梅的桥苗，众差役押着蛮耸，众人合唱："献策夺妻理不合，恶贯满盈罪难脱。横行霸道终有报，乡亲齐唱正义歌。"全剧结束。①

如果说娘梅的命运具有个人的偶然特质，她的反抗是针对品质败坏、邪恶强势的银你和蛮耸这样的个人的，那么撒岁的命运则代表了整个遭受压迫与剥削的阶层，她带领下的底层反抗则带上了阶级的色彩。《撒岁》是由戏师梁普安创作，梁家成翻译，李瑞岐整理的九场侗戏。主人公杏妮是猎户的女儿，受到财主李昌顺的欺压，戏剧的序幕就是李昌顺指挥人将杏妮父亲打倒在地，抢走杏妮父女打死的老虎，追抢杏妮做小老婆。第一场《杏妮出走》：好心的贯公见杏妮父母双亡，将她送到六甲去找舅舅，杏妮逃过了财主的追抢，但却遭到恶狼的进攻，危急之时，得到砍柴的喜道出手相救。杏妮在六甲没有找到舅舅九库，得到财主家使女萨巴相助，带到财主家干活暂时倚身。第二场《遇险结缘》：喜道和杏妮对歌生情，没有手镯布匹做把凭，就以蒿代香，对天盟誓，永结同心。第三场《歌会遭劫》：杏妮和同伴参加六甲歌会，没想到是财主李昌顺的阴谋，他是想借在六甲开款会之名选漂亮姑娘当小老婆。管家王树看见漂亮的杏妮，暗中叫打手包围歌台，抓住了杏妮。杏妮发现，他干活的东家就是仇人李昌顺，他们把杏妮关进姑娘楼，逼她当四姨太，杏妮誓死不从，在同在李财主家做长工的喜道的帮助下逃跑。第四场《鱼塘获宝》：表现的是三年后，杏妮和喜道带着众人在螺丝村开荒种地，挖塘养鱼，一天，喜道在鱼塘中挖到一把宝刀，舅舅九库也找到了螺丝村，日子过得喜气洋洋。没想到王树带着打手找到螺丝村说螺丝村是财主李昌顺的祖山，要将众人驱赶，众人奋起反抗，得宝刀之力，王树和打手大败而回。萨巴在混战中死去，贯公送来一把宝扇，众人准备抵御李昌顺对螺丝村的攻击。第五场《斩霸还田》：李昌顺聚款

---

① 参见李瑞岐主编《民间侗戏剧本选》，贵州人民出版社1986年版，第188—206页。

围攻螺丝村,仍然淫心不改,要求活捉杏妮做四姨太,因为有宝刀和宝扇,众人杀死了李昌顺,活捉了王树,开仓放粮烧田契。第六场《杀奸血恨》:人们过着幸福生活,没想到李昌顺的儿子李顶郎是朝廷大官,勾结王树设计报复,要夺回田产,王树在乡亲们面前不动声色,设毒计害死喜道,杏妮查明真相,杀死王树。第七场《首挫官军》:李顶郎和县官吴盛相见,"官家和财主结伙对侗家耍威风",杏妮质问李顶郎:"我们个人做来个人吃,犯了哪条国法,犯得上你勾引官军来杀我们?"可是李顶郎没见杏妮前一心要杏妮的人头,见过杏妮后也想要杏妮到朝廷做自己的姨太太,杏妮带着众乡亲打败官军。第八场《贼子瞒封》:李顶郎打了败仗,求助主上,主上念及"刀兵起时国费大,黎民百姓不安宁",又考虑"她既有宝扇兵丁勇,夜郎地山多路窄你兵再多也难用兵,念她杏妮也是我的黎民百姓,我有意册名'锦伞夫人'把她封,能罢兵来只罢兵"。没想到李顶郎一心要报私仇,隐瞒了皇帝的御封,执意追杀,逼反杏妮。第九场《抗暴显灵》:杏妮率兵抵挡官军七天七夜粒米未进,夜郎郡国王尤心本协同官军镇压杏妮,但得知李顶郎隐瞒御封后指责李顶郎"杏妮受封,内乱自平;瞒住不封,逼反杏妮,你这可是欺君之罪呀"!并要禀告主上,被李顶郎杀死。李顶郎追到弄当概,杏妮奋力抵抗,最后与李顶郎双双跌下悬崖,众人发现"锦伞夫人"的御封,格老说:"乡亲们,杏妮为我们侗寨创业保家,主上又封她为'锦伞夫人'了,我们叫后人称她为撒岁——祖母吧!"戏剧在众人"撒岁,撒岁"的欢呼中结束。① 在此剧中,杏妮受到的既有男权的压迫,又有阶级的压迫,她的反抗是坚决的,也是彻底的,和娘梅比较起来,她的暴力反抗以失败告终,更具有悲剧色彩,但是她带给侗人精神上的影响是深刻而永久的,她虽然坠崖而死,但却被奉为侗族的祖母神,永远活在侗人的心中。

娘梅和撒岁反抗的是人间的强权和压迫,《甫义奶义》中的甫义则是反抗掌握人的生死命运的阎王及其帮凶。《甫义奶义》是由杨光金、吴支柱口述,

---

① 参见李瑞岐主编《民间侗戏剧本选》,贵州人民出版社1986年版,第273—320页。

吴定国记译整理的四场侗戏。第一场：甫义是一个勤劳的渔夫，有一天打了很多鱼，阎王的弟弟王贤带着兵丁要甫义用鱼孝敬他们，甫义不肯，王贤放下狠话："你不送鱼我们也要抢，不要你死叫你把心伤。"第二场：妻子奶义看见甫义打回很多鱼，很高兴，甫义却心事重重，担心王贤来拆散他们夫妻，交代奶义："最好的布先用来缝衣裳，饱米的禾舂来当口粮；哪条鱼大先吃那一个，恐怕日后人死丢命鱼丢塘。"王贤兵丁上前，用绳索套住奶义的灵魂，奶义顿时倒毙于床上。甫义伤心欲绝，决定不顾父亲的劝阻，到高顺鹅安去找王贤理论。第三场：甫义来到高顺鹅安把奶义寻找，见到本家祖公的灵魂，甫义请祖公帮忙，祖公告诉甫义："大寨茫茫在两边，鬼神住在正中央。"要甫义买三把香纸到桥头烧，边烧边喊奶义，连喊三十三声，奶义就会出来和他诉衷肠。甫义照着祖公的话做，奶义果然出现了，夫妻相会在阴司烂桥上。奶义说自己已身亡在鬼乡，虽有四只仙鹤护身旁，金衣银裙穿不尽，但是难灭奶义心思阳。甫义劝奶义返阳，被王贤阻止，甫义决心一死，和奶义"做两颗瓜子同发芽，做一对薯种同土葬"。奶义劝甫义回去孝敬父母，抚养儿女，甫义只得凄苦返回。第四场专门表现孩子和甫义对奶义的思念。[①] 阎罗王面前，人的力量是弱小的，甫义的反抗无疑以失败告终，但是他毕竟反抗了，其胆识和勇气为侗族人民所称道。

侗戏反抗复仇剧是悲壮的，虽然《杨珠郎陈娘梅》以喜剧结局，但并没改变整个戏剧的悲剧色彩，是一个喜剧结局的悲剧。撒岁最后与敌人同归于尽，惨烈而悲壮；甫义对阎王的反抗带有悲剧的宿命，最后一场在无情节的凄美唱腔中结束。由此可见，悲壮美是侗戏反抗复仇剧的审美特征。

三 道德教化剧的现实美

在侗族，戏剧既反映了民众的审美趣味，又担负着教化民众的功能。有教

[①] 参见李瑞岐主编《民间侗戏剧本选》，贵州人民出版社1986年版，第251—272页。

育民众不要相信迷信的,有宣传赌博的危害的,有告诫大家不要争强好胜的。

芒岁和刘美的故事讲的就是由算命而引起的一出悲剧故事。六场侗戏《芒岁刘美》由侗族戏师梁普安创作,梁家成、梁学明作汉语翻译,王胜先整理而成,是根据侗族民间传说和叙事歌改编的一出有名的侗戏,流传在各地的剧名和剧情各不一样,但基本情节相同:主人公刘美父亲早逝,两个哥哥好吃懒做且赌博成性,母亲拿他们没有办法。刘美长相俊俏,心地善良,孝敬母亲,乖巧懂事。一天刘美去溪边挑水,被算命先生看见,刘美礼貌地舀水给算命先生喝,算命先生对刘美的美貌垂涎欲滴,于是动手动脚,调戏刘美,刘美不留情面地质问他:"你是哪山野老鸦,到我寨边学鸡啼。我们素来不相识,做拦路狗太无礼。"算命先生又说刘美命不好可以帮她解难,刘美说:"我们是种田人,只要手脚勤快,定会有吃有穿,我不稀罕你来解什么难。"算命先生怀恨在心,对刘美的哥哥刘金、刘尼说:"你家小妹八字最凶败家堂,她三层地狱克父母,九层天宫克兄又克丈夫郎,在家败家嫁人人家败,非得除掉了她免得今后遭祸殃。"兄弟俩听信算命先生的话,哄刘美上崖边高树上摘杨梅,趁机将她推下悬崖,回去撒谎说刘美被老虎吃掉了。刘美落下悬崖并没有死,靠崖边蜂窝里的蜂蜜支撑几日,被上山放鹞的青年猎人芒岁所救。刘美感激自己的救命恩人,愿意以身相许,芒岁因自己家贫婉拒,刘美斩钉截铁地唱:"钢皮铁皮一样光,花椒木姜一样香。绸衣布衣一样用……穷哥富哥都是郎。"芒岁被刘美的真诚打动,领着刘美回到自己的家乡,刘美孝敬婆婆,勤俭持家,很快过上富足的生活。三年后,刘美家乡一个叫铜铃的货郎来到刘美和芒岁生活的村寨,刘美和铜铃惊喜相认,得知两个哥哥因好吃懒做、赌博成性败光了家产,当了乞丐,刘美托铜铃接来老景凄凉的母亲,原谅了两个哥哥,并和哥哥一起惩罚了算命先生。[①] 刘美是光辉的侗家女孩形象,身上具有许多侗族人民所赞赏的优点:她美丽善良,孝顺母亲,友爱哥哥;她不相信命运,在她看来,勤劳就有吃有穿,不信算命先生的愚弄;她知恩图报,义无反顾地嫁给贫

---

① 参见李瑞岐主编《民间侗戏剧本选》,贵州人民出版社1986年版,第72—113页。

穷的救命恩人，孝敬婆婆，养育子女；她胸怀宽广，原谅曾经想将自己置于死地的哥哥……此剧在教育民众不要迷信的同时倡导大家践行刘美身上的各种美好品德。她的遭遇让人同情，但是她的人品让人敬仰，所以几乎所有地方的侗戏都有这一出，刘美这一形象在侗族地区广为流传，深入人心。

赌博是一种恶习，但并不是每个人都知道它的危害，于是侗族戏师就把这样的内容搬上舞台，教育民众。《乃桃补桃》是由杨昌全创作，普虹整理的五场侗戏。第一场，补桃赌博成性，不顾妻子女儿，在寡妇乃兰家纠缠，说自己与妻子乃桃八字不合，问乃兰去他家的事考虑得怎么样了，乃兰说："要是乃桃自愿离开你家我就去，要是打骂离开我就不去。"第二场，乃桃责备补桃不归家，不劳动，补桃赶走了乃桃，不让女儿婢桃跟妈妈。第三场，乃兰看见了乃桃被赶走的场景，才知补桃八字相冲完全是假话，喜新厌旧才是真，于是拒绝嫁给补桃，还劝补桃将乃桃接回，补桃不听。第四场，补桃继续赌博，输掉了田产还不够，连女儿的衣服都输掉了。第五场，乃桃离开家一年多，勤恳劳动，日子过得不错，补桃输掉家产，带着女儿婢桃讨饭，遇到乃桃，补桃真心悔改，乃桃原谅了补桃，接受了补桃父女。①

争强好胜，心胸狭窄往往会带来祸患。《孤独的王乔星》是1985年由吴定国、赵永佳根据侗族民间故事改编的一个侗戏剧目，叙说王乔本因才华出众被人排挤被迫离家出走，十八年后的王乔学成文武艺，衣锦还乡，途中遇到一位侗家少年，风度翩翩，本领高强，王乔担心少年以后会超过他，夺他王位，起歹心杀死了少年。王乔回到家中，得知那少年正是他自己的儿子王连，王乔羞悲交加，拔剑自刎，后变成了一颗孤独的星里，这颗星就是王乔星。②

侗族戏师利用戏剧这一通俗而又大众的艺术形式，编演故事，劝人向善，民众在他人的故事中反思自己的言行，得到教化，这类以道德教化为主要宗旨的侗戏，具有不可忽视的现实主义意义和美学特征。

---

① 参见李瑞岐主编《民间侗戏剧本选》，贵州人民出版社1986年版，第114—128页。
② 参见黔东南苗族侗族自治州文化局主编《贵州侗戏》，贵州民族出版社1989年版，第62—63页。

四　神话传说剧的奇幻美

侗戏中有许多神话传说剧，如上文提到的《华团阮坠》《甫义奶义》《孤独的王乔星》等都带着强烈的神异色彩。除了这些以外，还有《美道》《丁郎龙女》《蝉》《四艾寻歌》等神话传说剧，都反映了侗族民众的生活理想和审美情趣。

侗族是一个爱歌的民族，歌唱是侗人生活的一项重要内容，他们的劳动、婚恋、社会交往、节日娱乐都与歌相关，就如同人们常思考"我从哪里来"一样，侗人也常追问这些美丽的侗歌从哪里来的问题，于是就有了许多关于歌的神话传说，侗族戏师很自然地把它们搬上舞台上演。《四艾寻歌》是由梁普安、梁维安根据侗族民间传说故事改编的三场侗剧，在遥远的古代，人间没有歌，人们在枯寂的大地上感到毫无生之乐趣，有个名叫四艾的侗族青年告别新婚妻子，与好友班固一同上路，义无反顾地去天上为人间找歌。他们翻山越岭，跋山涉水，费尽周折也不见歌的踪影。最终班固失去信心，被神风吹回，而四艾独自一人坚持找歌，终于在仙鸟的指引下来到天宫，他的诚信和毅力感动了太白金星，太白金星施展法术，令其脱皮换骨，变成仙鸟，飞入月宫，找到了歌树。四艾将歌树盗回人间，从此人间有了歌声，人们有了欢乐。[①] 侗族有一首大歌《蝉》（又名《蝉歌》《蝉之歌》），因为深受侗人喜爱，人们相信它一定来历不凡，1981年由从江县文化馆黄能赋根据侗族民间传说故事编写成六场侗剧《蝉》。故事说的是蝉仙姑娘娘妮在劳动中仿山上蝉鸣而编创了传唱至今的蝉歌，她因此受到人间邪恶势力的打击和迫害，为了保护已属劳动人民的蝉歌，娘妮在群众的帮助下，与邪恶势力进行了不屈不挠的斗争。最后，娘妮化作一只白玉蝉冲天飞去，由此，蝉歌永留人间。[②]

[①] 参见黔东南苗族侗族自治州文化局主编《贵州侗戏》，贵州民族出版社1989年版，第49—50页。
[②] 同上书，第49页。

侗族神话传说剧有反映艺术生活的，也有反映婚恋生活的，如上文提到的《华团阮坠》，因上文已做介绍，此处不再赘言。侗族爱情剧中还有涉及人神相恋题材的，侗族人神相恋故事几乎都是凡间的男人和女神恋爱，因为侗族是临水而居的民族，所以故事中的女神往往不是来自天上而是来自龙宫。《丁郎龙女》是由杨成林创作，普虹整理的六场侗戏。序幕里唱道，"龙女纯真爱情传千古，丁郎喜新厌旧千载怨"，告诉大家这出戏讲的是龙女和丁郎的爱情故事。第一场，龙宫里都在焦急地等待出乡探亲的龙女，原来龙女出宫迷路，变作小花鱼被砍柴的丁郎所救，龙父龙母得知真相后要龙女出世嫁给丁郎报恩，龙女觉得丁郎父母双亡，砍柴度日很可怜，但是人勤快，心善良，所以愿意去陪伴丁郎。第二场，龙女趁丁郎外出打柴的时候在家帮他拾掇家务，被丁郎和邻居关嫂撞见，关嫂给二人做媒，二人成婚。第三场，丁郎龙女二人夫妻恩爱，男耕女织，情深谊长。第四场，丁郎到姑妈家栽秧，表妹索梅过去看丁郎家穷不愿意嫁丁郎，现在看他日子过好了，打定主意，强留丁郎对歌，说丁郎结婚三年无后是因为违背侗家姑表成婚的古礼受到的惩罚，表示自己愿意做妾，给丁郎生孩子，丁郎心动，以手圈做把凭，索梅以布匹相赠，要丁郎回去制服龙女再来娶自己。第五场，丁郎娶回索梅做妾，索梅和丁郎成天寻欢作乐，龙女一个人勤劳持家，索梅对龙女恶语相向，丁郎骂龙女是"不唱蛋歌的仔鸡"。第六场，龙女在河边草地牧羊补衣，指责责骂自己的丁郎"虎忘前情羊忘旧，恩将仇报口口声声骂我是寡蛋"。丁郎举棍追打龙女，蟹将来寻龙女，得知龙女遭遇后，回去禀报龙王。尾声：蟹将来接龙女，丁郎索梅苦苦追逼，虾兵蟹将降下倾盆大雨，冲走恶毒的索梅，虾兵举锤要打丁郎，被龙女拦住，龙女和虾兵蟹将离去。[①] 这个故事反映了子嗣在侗人婚姻生活中的重要性，一个女人即便贵为龙种，如果不能生孩子，丈夫也会移情别恋。在这个故事中，知恩图报的龙女是被辜负与被欺凌的弱者，喜新厌旧的丁郎得到了应有的惩罚。

---

① 参见李瑞岐主编《民间侗戏剧本选》，贵州人民出版社1986年版，第43—71页。

第九章 生旦净丑说众生 唱念做打述古今

　　这里还值得一提的是另一个非常著名的侗族传统剧目《美道》。《美道》是1958年由从江县庆云乡戏师吴炳泰口述并翻译,贵州省文化局、音协、剧协侗戏工作组搜集整理的一个传统侗戏剧目。贵州十洞五马店铺侗寨有一个叫美道的美丽姑娘,和到本寨来打猎的外寨青年引郎在行歌坐夜中情投意合,歌场定情。一年后,美道与引郎成亲,嫁到远离五马店铺百多里远的普鲁堂侗寨。一天,美道母亲病重,引郎因恶虎伤人要与众乡亲上山打虎,美道只好独自一人回娘家。美道一个人误入一个叫坪同坪地的地方,被妖怪掳入满地白骨、血腥扑鼻的山洞,妖怪逼美道成亲,美道不从,妖怪又变成一个年轻英俊的侗族纳汉,硬逼美道就范,美道仍坚决不从,以死相拼,妖怪想从长计议,便把美道关在洞中。一天妖怪醉酒,美道逃出山洞迷了路,解下绑腿寻短见,被一个叫公哄归的放牛老汉救醒。老汉听了美道悲惨遭遇,劝美道从长计议。美道听了老人劝告,决心回家找引郎除恶报仇。自美道逃离之后,引郎三月不闻美道消息,以为美道有了外遇,很是气愤。后来得知事情原委,便带众乡亲上山除妖报仇,因为妖怪法力高强,美道先用计灌醉妖怪,引郎用削铁如泥、吹毛断发的祖传猎刀杀死妖怪,老妖滚了几滚,现出原形,原来是一条修炼多年的毒蛇精。[①]这个在民间传说基础上改编的侗戏,取材于古老的叙事歌《破姓结亲》篇,这个叙事歌本来是通过主人公美道远嫁所受到的不幸遭遇,揭示"同姓不婚""有女远嫁"的弊端给当事人带来的灾难,因此故事结尾有九十九公聚众起款商定破姓开亲的婚姻制度改革的情节,改编成侗戏之后,忽略或淡化了原作品的主题即由远嫁造成的社会问题,突出了故事的传奇色彩以满足观众的猎奇心理。

　　侗族神话传说剧中人界、神界、妖界互联互通,想象丰富,幻化有无,在简约而不失简单的布景中显得奇幻瑰丽。

　　除了爱情婚姻剧、反抗复仇剧、道德教化剧、神话传说剧以外,侗戏舞台上还上演着吴勉、梁士锦等英雄人物的故事,卜贯、陆本松等机智人物的故

[①] 参见黔东南苗族侗族自治州文化局主编《贵州侗戏》,贵州民族出版社1989年版,第51—54页。

事。无论是哪类题材的侗戏，都承担着表现生活、搬演故事、塑造艺术形象的功能，从审美的角度看，所有侗戏无一例外地体现着侗人歌颂忠诚善良、鞭挞虚假丑恶，追求幸福美好，远离黑暗不幸的大众审美理想。

第三节 傩戏"咚咚推"审美

傩戏，又称傩堂戏、端公戏，是在民间祭祀仪式基础上形成的一种戏剧演出类型，一种原始古老的戏剧演出形式。湖南贵州一带是巫傩之风最为盛行的地区，也是巫傩文化最早的起源地之一，在湘黔一带各民族——苗族、瑶族、土家族、侗族的傩戏中，侗族傩戏咚咚推的流行范围最小，只在一个自然村寨——湖南省新晃侗族自治县贡溪乡四路村天井寨一带流行，但它的人文价值丝毫不亚于其他傩戏，并且因其独一无二而愈显珍贵。

图 9-3 湖南新晃贡溪乡四路村天井寨侗族傩戏基地

咚咚推是一种从原始的傩祭活动中衍生出来的集歌、舞、乐三位一体的戏剧形式，具有重要的研究价值，其唱腔原始，表演质朴，舞步独特，音乐别具一格，蕴藏着丰富的文化内涵。新晃侗族自治县贡溪乡四路村天井寨最早居住着龙、姚两大姓，咚咚推在元初随龙氏进入天井寨后，与外界相对隔绝的文化环境使它至今保有那个时代的古老印记。咚咚推已有近600年的历史，表演所用的道具，唱腔念白乃至整个表演的流程，几百年以来都没有明显的变化，仍保持着较为古老的印记，是历史、民俗、民间宗教和原始戏剧的综合体，被专家一致认定为"中国戏剧的活化石"，2006年被列入首批国家非物质文化遗产代表作名录。

一　多彩的剧目

按照《中国侗族傩戏"咚咚推"》一书整理的结果，咚咚推一共有21个剧目，分别为：《跳土地》《跳小鬼》《盘古会》《菩萨反局》《天府拨瘟，华佗救民》《刘高斩瓜精》《老汉推车》《癞子偷牛》《土保走亲》《杨皮借锉子》《驱虎》《背盘古喊冤》《铜锣不响》《造反》《桃园结义》《过五关》《古城会》《开四门》《云长养伤》《关公捉貂蝉》《关公教子》。这21个剧目从情节上来看可以分为故事性剧目和非故事性剧目，以下分别介绍分析。

1. 故事性剧目

咚咚推的21个剧目中，以有故事情节的为主，归纳起来，主要有三国故事，如《桃园结义》《过五关》《古城会》《云长养伤》《关公捉貂蝉》《关公教子》和《天府拨瘟，华佗救民》等；还有侗族民间故事，如《盘古会》《刘高斩瓜精》《老汉推车》《癞子偷牛》《土保走亲》《杨皮借锉子》《驱虎》《背盘古喊冤》《铜锣不响》等。

（1）三国故事。每个地方的傩戏都有自己的系列故事剧目，如贵池傩戏表演的故事性剧目主要是"刘家戏"系列（演汉灵帝时刘文龙故事）、"范家戏"系列（演孟姜女故事）、"包家戏"系列（演包拯断案故事）等。侗族傩戏却青睐于三国故事系列，在侗族傩戏咚咚推的剧目中，三国故事占很大比重，一共有6个剧目。值得注意的是很多傩戏虽然取自三国故事，但往往根据侗人习俗进行改编，如《桃园结义》：刘备挑麻鞋、背席子看榜，遇到手拿屠刀、肩背大秤的张飞，张飞约刘备饮酒，商量招兵买马，为朝廷除害；本打算去报官当兵的关羽推车入酒家，三人"都是一样的主意"，于是相约到张飞家饮酒，第二天到张飞家后院桃林摆香案结拜弟兄。故事中人物、主要故事情节与原来一样，但是细节却有变化：刘、关、张结拜时并不是依年龄排定大小，而是根据爬桃树、甩稻草过墙的输赢。刘备在两次比赛中智胜，关、张二人不服，私下商量想法整刘备，相约再去饮酒，关、张二人抬起桌子想将刘备砸倒，可连抬几次都没有抬起来，原来是有两条龙张嘴咬住桌腿，二人认为是天意，遂拜刘备为老大。

有的傩戏只是用三国人物之名，故事情节则纯属自行编撰，如《关公捉貂蝉》：吕布与王允饮酒，貂蝉起舞助兴，二小鬼持梭镖伴舞，舞完，王允、吕布、貂蝉相继离场，二小鬼在桌边一来一往磨梭镖。关公奉命捉拿貂蝉，在四方桌子上舞刀，貂蝉出场，舞动手帕有意勾引关公，关公挥刀便砍，貂蝉有二小鬼相助，关公两刀落空，改用弓箭也没射中，关公拿出一条彩带，向貂蝉抖去，抖到丈余的时候，貂蝉昏倒，关公将其扛在肩上飞速而去。吕布上场纵马急追，周仓迎战失败，吕布继续追杀关羽，关羽与刘备、张飞齐上阵，三英战吕布，最后吕布被擒。三英战吕布取自三国故事，关公捉貂蝉却是三国故事里没有的。

也有直接演绎三国故事的，如《过五关》和《古城会》。《过五关》叙述关云长在曹操处得知大哥下落后，准备前往河北袁绍处寻找，与曹操辞行，曹操不肯相见，关羽连夜挂印封金，携甘、糜二嫂夫人上路，一路过五关斩六将，与三国故事情节相同。《古城会》也直接采用三国故事情节：关公过五关斩六将，与甘、糜夫人来到张飞把守的古城，张飞因听说关羽在许昌被曹操封了汉寿亭侯，又见关羽背后有许多军马，不肯开门，关羽转身发现身后蔡阳带领的追兵，要求张飞击鼓，自己在三声军鼓中斩下蔡阳首级，张飞释疑，开城门相会。

巫傩本为天井侗族所信奉，但是咚咚推中却有好几个抑巫扬医的剧目，如

第九章 生旦净丑说众生 唱念做打述古今

《云长养伤》《关公教子》《天府掳瘟，华佗救民》。《云长养伤》讲的是关羽与庞德交战，被庞德射伤肚子，寨佬建议找看香婆，看看有什么鬼怪，看香婆说是遇到伤神鬼了，叫兵丁回去"杀只雄鸡、割块肥猪肉，舂两升米做米粑，摆它供它就可以好了"。可是，关羽的病仍不见好，寨佬又建议找师傅，做堂巫事把鬼撵走，道师吹牛角、挥令旗、唱傩歌、跳傩舞驱鬼，还是不见效。兵丁遇到卖药的华佗，华佗为关羽剖开肚腹，拉出受伤的肠子清洗，然后缝合复原，复原后的关公登场舞刀，舞得地上飞沙走石，树斜竹倒，舞得天上乌云翻滚，大雨倾盆，此剧是求雨必演剧目。《关公教子》则说，关公教儿子关平"开四门"，要求高而严格，关平病倒，请来看香婆，看香婆说是落了魂，请巫师冲傩赎魂就好了。巫师设坛冲傩驱鬼，唱着跳着来到一个水洞，捉到一只石蛙，放进米袋里包好，说魂赎回来了，三五天就好。关羽似乎并不相信看香婆和巫师，在他们施法之前已派周仓去江南请华佗，关羽留下看香婆和巫师，一同观看华佗为关平剖腹洗肠，治好关平的病后，关羽当众揭穿、斥责他们的骗局。《天府掳瘟，华佗救民》叙述侗寨鬼蜮作祟而瘟疫流行，村人染病，猪死牛倒，看香婆看不出原因，巫师请来二郎、三娘都无济于事，最后请到"云长中毒医得好，曹操痛头风也医得，割肉刮骨，头上开刀，没有哪样不会医"的华佗，治好了全村人的病。一个有趣的现象是，无论是云长、关平，还是村民，华佗医治的方法无一例外的都是剖开肚腹，清洗肠子，然后复原，尽管《三国演义》中云长伤在胳臂，华佗用的方法是刮骨疗伤，侗人不管这么多，全都简单化为剖腹开肠，清洗缝合，这也许是为了表演的需要，也许与古代侗人对疾病的认识有关。

在所有三国故事中，关于关羽的戏份最重，6个剧目中有5个直接演他或与他有关。关羽只是三国时的一位英雄，但在中国，关羽的形象，事实上已成为宗教、民俗、艺术的复合体。中国文化对他推崇备至，被儒、释、道三家共同供奉，儒家封他为"文衡帝君"、尊他为"武圣人"，与"文圣"孔子齐名；佛教封他为伽南护法；道教尊称他为关圣帝君（即关帝）。但人们并不把他当作宇宙的主宰神或救世主，而更多的是伦理道德的楷模，是忠、义、勇精神的化身。侗人相信关羽的忠勇神武,浩然正气足以使邪魔为之丧胆,因此咚咚推里反复展演关羽的故事,被当作第一重要角色,天旱祈雨时,必由关羽登场舞刀,舞刀者要舞到天边出现乌云,才能罢手。

(2) 侗族民间故事。咚咚推剧目中的侗族故事又有两类,一类是侗族神话传说故事,如《盘古会》:盘古召集人、牛、马、鸡开会排定各自的寿命,分别是 20 年、40 年、40 年、10 年,牛、马都嫌出苦力的工作辛苦,只想活 20 年,鸡也觉得土里刨食太辛苦,只想活 5 年,唯有人觉得凡间很好,20 年寿命太短,于是盘古就重新安排牛、马、鸡的寿命,分别为 20 年、20 年、5 年,减下来的都加给人,这样人的寿命就成了 65 年。天井寨人除了信奉侗族共同的保护神飞山太公杨再思以外,还特别信奉盘古。天井寨过去有一南一北两座庙宇,北为飞山庙,南为盘古庙,二庙的神龛就是存放咚咚推面具的地方,一庙一年,轮流存放。盘古庙里供奉有盘古像:凸眼横眉,黑发红面,巨大的三角形双耳几乎接近头顶。盘古还有六条胳膊,胸前二臂合抱黑白太极图;中间二臂下垂,左手握凿,右手持斧,斧柄上挂一葫芦;靠背后的二臂中左臂高擎,蓝色的掌心画有红色的太阳,右臂弯曲上举,蓝色的掌心画有黄色的月亮。盘古树叶遮着下体,曲左膝蹲在石块上。咚咚推关于盘古的剧目除了《盘古会》,还有一个剧目叫《背盘古喊冤》,故事内容是姚艮被龙根诬为偷棕贼,姚艮百口莫辩,没人愿意主持公道,姚艮背起盘古神像,一路喊冤,方圆五十余里,一十六寨四十八座寺庙庵堂,一一跪拜,求飞山太公、大洞法师、关老爷及一众菩萨为自己主持公道,结果龙根在场上哭爹叫娘地喊疼,最后大叫一声死去,姚艮获得清白之身,可见盘古的威力之大。取材于侗族民间神话传说的剧目除了盘古故事,还有《刘高斩瓜精》,说的是癞子和瓜精合伙偷牛,王秀才报官,癞子畏罪潜逃,瓜精反夺刀杀公差,最后刘高王爷亲自斩杀瓜精。

傩的民间性促使它走向娱乐化和世俗化,咚咚推中还有一些生活故事。如《老汉推车》:一位老汉推着一位侗族阿妹在山路上走,侗家后生一路跟随,向姑娘表明心迹,在老汉的撮合下,侗家阿哥要到姑娘的侗帕做"把凭"。《铜锣不响》:寨佬将一面铜锣交给寨上后生杨腊生保管,要他如果发现土匪、苗人来犯就及时敲响铜锣,但是因为杨腊生贪吃,用铜锣和竹生换了一个猪项圈吃,结果苗人来犯时,他用竹簸箕糊上牛皮纸做的铜锣敲不响,危机之中,小竹生敲响铜锣解了围。《癞子偷牛》:癞子偷姚秀才家的牛,被姚家发现捉住,癞子不认账,秀才报官,县官看见癞子手中的牛绳心知癞子抵赖,挨打之后的癞子走过秀才屋边,看见木桩上有根棕绳准备解回去做苕箩索,"不料到绳子的那头有头牛"。《土保走亲》:憨女婿土保去给岳父祝寿,第一趟捉的鸡飞了,第二趟拿的豆腐被石头压坏了,第三趟带的鸡蛋打狗了,身无一物的土保终究没能给岳父祝寿,悻悻而回。《杨皮借锉子》:杨皮去邻居家借锉子,因为记性不好,边走边念"锉子、锉子",结果被邻居家的狗一叫,吓得忘了"锉子",嘴里念成"汪汪",也不知道借什么,只好回家了。《驱虎》:四郎和员外女儿相爱,员外认为四郎配不上自己女儿,心生一计,假意要四郎到山上给自己采草药,实则是打算让四郎被老虎吃掉,没想到四郎以油纸伞驱走了老虎,采回了草药,员外觉得他是天神下凡,只好招他当了女婿。土保和杨皮的故事惹人发笑,这些生活故事剧目体现了咚咚推以俗为美的审美风格。

2. 非故事性剧目

咚咚推还有一些剧目是没有故事情节的,这些非故事性剧目不以演故事为主,而仅以一些念白、歌唱和舞蹈来表演。这些显得简单而程式化的表演中有丰富的民俗文化内涵。咚咚推非故事性剧目可以分成祈年求福和敬神驱邪两类。

天井寨人和其他地方的侗族人民一样信奉土地神,土地庙为数众多,建造简陋,在寨子里随处可见人们用泥砖堆成的一个小四方格子,里面会有烧尽了的香灰,这就是当地人供奉得最多的土地庙,路口门前、桥头寨尾,随处可见,土地神就像一个特殊的成员一样和天井寨人生活在一起。

咚咚推只要开演,开场必为《跳土地》。名为《跳土地》,实则主要是农人和土地的对话。本剧以万物生长之本土地为表现对象,只有两个人物:龙渊和土地公,很明显土地公才是主角。一出场,龙渊就自我介绍说自己是"割草的,砍柴的,挖土种地的",正在地上"装香烧纸摆粑",求土地神保佑"萝卜要好，苞谷要好，稻秧要好，红薯也要好"，然后出来一老者，自称是"天上的土地，地上的土地，坳边凸坡的土地，桥边井边的土地，路边坝上的土地，寨子庙边的土地，地角四边的土地"，后面则主要是二人对话：

龙渊："老人家要保佑我们呢，现在稻秧开始有虫，苞谷起死芯了，你老人家要攒劲保佑我们啊！"

土地："我给你们将这些瘟疫都收去了就是。"

龙渊："你老人家还要保佑我们的牛呢！"

土地："是牛哦，上坡吃草像刀割，下河吃水满肚肥，母牛生仔，个个都是公牛。"

龙渊："你老人家要保佑我们的猪呢！"

土地："哦，是猪哦，槽角吃涮，槽头长大，一天吃两顿，一顿吃三桶，白天大八两，夜晚长半斤。若是母猪，一年十二抱，一抱十二头，头头是公猪；若是肥猪，白天吃了夜上膘，肥得眼眯胸脯开坼，肠油几十斤，板油上百斤，头头八百斤，秤秤称登杆。"

龙渊："老人家，还要保佑我们的鸡长得好呢！"

土地："……养鸡旺啊，一年十二窝，窝窝是公鸡，公鸡'喔喔'叫，鸡头我得吃，母鸡'屙蛋、屙蛋'叫得欢，那蛋摆我也还香，岩鹰不敢背，野猫不敢抬，一只十几斤，鸡腿吃三天喽。"

龙渊："你老人家还要保佑我们这些凡人呢！"

土地："凡人哦，凡人，大人蹦蹦跳，小的不着凉，一天吃三顿，一顿搞三钵，汉子去砍柴，上坡像飞一样般，女的去打菜，进园像飞进去一样。腿脚硬如铁，手臂像柴棒，鬼们一看见，转身急忙跑，是男是女，是老是少保佑你们，个个都雄棒哦。"

龙渊："还要保佑我们的阳春好呢！"

土地："阳春，那些阳春。今年好年成，做也好，不做也好，寅时下种卯时生，谷杆像竹竿，苞谷杆像碓杆，早晨一开花，夜晚就结子籽，藤子上到下,结得串串压,谷粒像苞米,苞米大乳薯,谷有几百担,红薯几十窖,茄子豇豆样样好,让你们这些凡人吃了肥得路都走不动。"

最后土地说:"现在什么都好啰,我要转南门去了啰。等你有鸡、有粑,我才又是再来去啰。"

在该剧中,贪心的农人要求可谓具体:求土地公把虫收去,保佑牛好、猪好、鸡好,还有庄稼也要好,土地公像一个慈爱风趣的长者面对一个贪心孩童的无理要求一样——作出回应,他许诺的前景美好而夸张,明知不现实,但给人慰藉和希望,侗人就这样以虚拟的"地神"作为祈拜物,并通过它来表达内心的期盼,在这一问一答中获得安慰,预想幸福。

傩戏发源于古代驱傩活动,敬神逐邪既是傩戏表演的目的之一,又是某些剧目的内容。由于天灾人祸的莫测,乡民往往沉溺于神秘恐惧中,鬼怪仿佛是无人不遇无处不有的,因此时常需要驱鬼逐邪,祈求平安。咚咚推演出时间为每年农历的正月初一至十五,村寨中若遇虫灾、旱灾、瘟病,则视情况临时演出,所以敬神驱邪是咚咚推的一个重要功能。驱邪剧目有如下几个:《跳小鬼》《开四门》《造反》。这三个剧目不但没有故事情节,连对话也没有,主要通过舞蹈动作表现。

《跳小鬼》:二小鬼上场,双手合十作揖,左右手先后分别捧左右膝盖,模拟上马;上马后两小鬼背向跳三角;两小鬼对面手拉手,互打对方耳光;放手后走三步,右手背拍左手掌,再回身走三步,左手背拍右手掌;两小鬼拉着双手转身翻套三次;放手跳三角退场。此剧在《跳土地》后演出。

《开四门》:关公提刀出场,表演磨刀、摆刀、砍刀、八字形舞刀、刀钻胯、刀过头、上马等动作,展示关羽盖世刀法。以关公为主角的剧目必演此剧。

《造反》:由关公、蔡阳各率领一支人马,戴上除狗、牛以外所有的面具,拿起各色武器道具,在场上穿花、舞蹈、奔走、呐喊。此剧在傩戏演出全部结束后表演。

无论从剧目的表演形式还是从剧目的内容看,它们都指向一个明显的特征——仪式性，而仪式的目的则是驱鬼逐邪，以求平安。

咚咚推中还有一个颇具特色的剧目《菩萨反局》，这个剧目有两个角色：敲木鱼者和被菩萨背着的人。通篇都是二人对话，句式整齐，叙说菩萨迁徙过程：在"与天一样高"的山上，姚家姚老豹建了一座庵堂，供奉释迦牟尼、观世音、伽蓝等众神，后来香火不旺，菩萨要人背下山另找住处，迁到一个叫狮子洞的地方，觉得不理想，菩萨反过来背人，最后找到理想之地。虽然讲述的情节先是人背菩萨，菩萨后背人，但是表演时，菩萨一直背着人，敲木鱼者还不时用木鱼敲菩萨的头，戏弄菩萨。在这出剧中，菩萨不仅背人，还被木鱼敲头，掌握人的祸福命运、被人供奉膜拜的神被人控制和戏弄，原有的道德价值、规范礼仪、种种禁令和忌讳统统都被颠覆。

二 朴野斑斓的面具

面具本身就是戏剧性的，并且是一种行之有效的进攻性武器，它比任何演员可能做出的面部表情更微妙、更丰富、更有想象力、更耐人寻味。面具是一种源远流长的世界性古文化事象，它是一种造型艺术，同时又具有艺术代言体的功能，面具以五官的变化和装饰来完成人物的塑造，是人们内心世界的一个象征。

面具是傩文化中最有特征的部分，傩戏的面具来源可以追溯至远古先民的文面，是文面的再度夸张，所以它并不是一般意义上的戏剧道具，而是傩戏艺术的重要手段，是神灵的象征和载体，是人神交接的实物符号，是沟通人、鬼、神世界之间的工具。面具的发展，经历了动物面具、鬼神面具、英雄人物面具三个阶段，近代出现了世俗人物面具，这分别与图腾崇拜、鬼神、祖先崇拜、英雄人物崇拜相关。

咚咚推演出所有角色全戴面具，一共42具，基本上包括动物面具、鬼神面具、英雄人物面具、世俗人物几类，分别是：

动物面具3具：牛、马、虎；

神鬼面具8具：傩公（姜良）、傩母（姜妹）、土地、雷公、雷婆、小鬼公、小鬼婆、瓜精；

英雄人物（主要是三国故事人物）面具12具：关公、刘备、张飞、关平、蔡阳、周仓、王允、吕布、华佗、貂蝉、甘夫人、糜夫人；

世俗人物面具19具：农人2具，农妇2具，后生1具，姑娘1具，孩童1具，官员2具，差役4具，秀才、巫师、看香婆、神童、强盗、癞子各1具。

咚咚推人物面具的制作基本遵照一般的世俗想象：红脸的关公、白胡子的土地公、青面獠牙的鬼公。普通人物的面具则男性眉突眼鼓，五官饱满，女性柳眉上挑，面部肌肉平和丰满。对于动物和鬼神面具，木雕艺人采用似人非人、似兽非兽的夸张变形手法，对面具的眼、鼻、嘴予以变形处理，再加上大胆夸张的用色，使咚咚推面具看起来五颜六色、缤纷艳丽，显得神秘怪异。在所有面具中，小鬼的面具显得特别扎眼：小鬼公眼部以下、额头、头顶漆成红色，眉骨周围是绿色，额头红黑相间之处有一道黑色的箍，和黑色的眼眶相映，造型夸张，圆深眼、蒜头鼻、上翘的嘴角一直伸到两边脸颊处，四颗白色的獠牙，中间两颗从下往上伸到下嘴唇外，左右两颗从下往上伸到上嘴唇外。面具的颜色是角色身份和性格的重要表征，小鬼婆的造型和小鬼公一样，只在颜色上做区分：眼部以下及头顶均为黑色，额头、眼周及鼻子均为绿色，眼眶白色，头上有白绿相间的装饰发箍。瓜精的面具也颇具特色：瓜精造型是椭圆形，与西瓜类似，整体以绿色为主，嘴唇和脸颊为与主色调对比分明的红色，洁白整齐的牙齿，黑白分明的眼睛。老虎面具是褐色的，嘴角像小鬼面具一样雕到了脸颊处，四颗獠牙没有小鬼夸张，但也特别强调突出，鼻翼两侧各雕有几道深浅不同的纹做虎须，眼珠凸起，黑白相间的眉毛，额头上有白色的"王"字浮雕。异状、变形、彩绘后的面具虚构出一个灵异的世界，充满神秘感，又给人以审美感受，增添了娱人功能。

面具作为傩戏艺术的表征，必然形象地凝聚着傩文化所体现的宗教意识、民俗意识和审美意识。人们能借以看出戏剧人物或狰狞或和蔼，或凶猛或威武，或奸诈或忠诚，或滑稽或正直，或卑弱或刚烈的性格，识别戏剧角色是神、鬼还是人的身份。咚咚推面具的制作材料为樟木、丁香木、白杨木等硬质树木，因此面具显得沉重朴拙、简单原始。咚咚推面具的拿取、存放都有讲究：天井寨的东头有一座盘古庙（供盘古），西头有一座祖庙（供姜良、姜妹），面具和演出戏装就在这两座庙的神龛下的大木柜里被供奉，由专人照看，一座庙放一年，不时有虔敬的人们去给它叩头进香。除了面具，咚咚推还有一些道具：推车、武器、农具、龙头拐杖、油纸伞等。

咚咚推的表演者都是村寨中的普通百姓，平时他们是种地、砍柴、打鱼的农民，表演的时候，作为人神交接的符号，咚咚推面具将这些普通的农民送到一种神秘的世界中去，让他们暂时脱离当下的生活、精神状态，进入一种临时性的特殊精神状态。咚咚推面具提醒演员，同时也提醒观众，表演者已进入了另一个世界，面具已使他们神灵附体，本身就成为神，又对疫鬼增加了威慑力，因此斩妖驱魔，无所不能。

图 9-4 湖南新晃贡溪乡四路村天井寨保存的咚咚推面具

三 简单程式的乐舞

咚咚推集歌、舞、乐三位一体，是一种宗教与艺术相结合、娱神与娱人相结合的原始、古朴、独特的戏曲样式。

咚咚推的音乐是整个戏剧的重要组成部分，有"半台锣鼓半台戏"之说。其实"咚咚推"是两个拟声词组合而成，"咚咚"是伴奏乐器鼓敲击出的声音，"推"是包锣（中间鼓起的锣）的声音，"咚咚"是音乐节奏的起始，"推"是定音，它的奏法很简单，两声"咚咚"鼓声接一声"推"的锣声，以"咚咚推"为一个单元。虽然"咚咚推"音乐韵律较少，但是节奏简洁和谐，节拍感强，明朗爽快，颇具震撼力，是整个戏剧起引导作用的内在灵魂。

咚咚推的动作简单而又狂放不羁、粗犷诡异，夸张诙谐而略带戏谑味道，充分反映了原始村民的集体智趣。咚咚推在当地又称为跳戏，是因为剧中角色自始至终均在跳跃中进行表演，表演者双脚随着锣鼓点踩着三角形反复跳跃，跳一个三角为一个单元。至于为什么要"跳三角"，天井寨人自己认为是从牛的形体动作演变而来，因为牛的两只前脚与头之间、两只后脚与尾巴之间均形成一个三角形，这种说法体现了农耕文化对牛的崇拜；南方民族多有崇鸟传统，因此有学者认为"跳三角"是对鸟觅食或假寐时的步态的模仿；还有人根据咚咚推当中戏剧的内容推断"跳三角"和五行有关。根据角色身份性格的不同或表演时进场、出场、道白的不同需要，跳出的三角有"器"字形、"品"字形、"∞"字形，圆形、波浪形，如土地、华佗、道师、二郎等有身份的人出场就跳"器"字形，一般人物进出场则跳"品"字形，两段道白之间或两段歌唱之间则跳圆形、波浪形，"∞"字形不仅可以用于进场与出场，两个角色同台表演时亦可走此调度。[①] 反复的、大幅度的程序舞蹈动作使表演极具原始色彩，简单的肢体动作向人们诠释了一个古老民族乡土文化的特殊内涵。

咚咚推依附于宗教祭祀而产生，这种原始戏剧艺术没有剧本，没有复杂的情节，没有规定的演出模式，没有专职的演唱人员，它显得过于简单和原始，但它如一朵奇异的花，开放在大山深处的侗寨里。

[①] 参见孙文辉《湖南新晃侗族傩戏 "咚咚推"》，《中华艺术丛论》第9辑，第403页。

第十章 神话传说寄幻想 故事笑话显世情

——侗族民间文学审美

　　侗族民间文学是侗族人民集体创作、集体传承、集体享用的语言艺术。侗族民间文学历史悠久，内容丰富，题材广泛，体裁和形式多样，它反映的是侗族人民大众的生活和思想感情，体现的是侗族人民的审美观念和艺术情趣。与各民族民间文学一样，侗族民间文学承载了侗人对宇宙洪荒、人类起源的荒诞而神奇的想象，对劳动人民勤劳善良、聪明智慧的歌颂，对社会不公、弱肉强食的批判，对美好爱情、幸福生活的憧憬和向往。

第一节 侗族原始神话审美

　　神话是人类早期不自觉的艺术创造，是人们追踪人类科学、史学、文学、艺术、宗教和哲学的源头。作为民间文学的一个门类，神话是关于神灵、英雄的虚构性故事，是反映自然或人与自然关系的高度幻想性故事。侗族神话源远流长，形态多样，其中流传最广、最具影响力的是关于人类起源的神话和创世神话。

第十章　神话传说寄幻想　故事笑话显世情

一　卵生与神鸟神话的浪漫想象之美

侗族人民在生活中观察到鸟能生蛋，蛋能孵鸟，于是他们无意识地运用类比、相似性的原理，赋予它们特殊的功能，从而卵生人类的神话在侗族典籍和民间广为流播。

在侗族南部神话《起源之歌》中，讲到"人之原"的时候这样说："有四个龟婆来孵蛋，龟婆孵蛋在溪边。因为溪边地土不好，四个蛋坏了三个，有个白蛋孵出诵藏。诵藏蛾眉笑眯眯，蛾眉诵藏眯眯笑。地上世间有了一个人，一个人在世间太孤单。龟婆孵蛋在坡头，因为坡头地势不好，四个蛋坏了三个，有个白蛋孵出诵摁。诵摁佳男笑嘻嘻，佳男诵摁嘻嘻笑。混沌世界就这样开始，男男女女不断来到世间。"①

黔东南苗族侗族自治州文艺研究室、贵州民间文艺研究会编著的《侗族古歌》中《侗族祖先哪里来》与《起源之歌》中"龟婆孵蛋"的情节基本相似，只是先孵出的是男孩松恩（《起源歌》译作"诵摁"），后孵出女孩松桑（《起源歌》译作"诵藏"）。这也是比较流行的说法。"四个龟婆在坡脚，它们各孵蛋一个。三个寡蛋丢去了，剩个好蛋孵出壳。孵出一个男孩叫松恩，聪明又灵活。四个龟婆在寨脚，它们又孵蛋四个，三个寡蛋丢去了，剩个好蛋孵出壳。孵出一个女孩叫松桑，美丽如花朵。就从那时起，人才世上落。"②

侗族文艺家杨保愿根据广西三江县程阳寨杨姓"甫系"祭祀古歌——侗族远祖歌手抄本翻译整理的《嘎茫莽道时嘉》，第一篇《开天辟地》的第五章专门叙说了孵蛋育人的故事，只是史诗中孵蛋的任务是创世大神萨天巴托付萨狍（猿婆）完成的。萨天巴生下天地，造出日月，万物生长，但是动物不能领会神的旨意和愿望。谁来治理万物呢？萨天巴冥思苦想；她终于想到造人，她先

---

① 杨权编著：《侗族民间文学史》，中央民族学院出版社1992年版，第31页。
② 黔东南苗族侗族自治州文艺研究室、贵州民间文艺研究会：《侗族祖先哪里来：侗族古歌》，贵州人民出版社1981年版，第3页。

用白泥捏人，没有成功，看见四个萨狁在山冈嬉戏，萨天巴假装变成受伤的苍鹰，被萨狁所救，萨天巴看着萨狁的手脚和动作，决定把人造成萨狁的模样。"萨天巴从自己身上扯下四颗肉倍子，四颗肉倍子留在坡地上。四颗小小的肉倍子哟，很快长成四个大圆蛋；四个大大的圆蛋哟，在地上闪烁着光芒。"① 四个萨狁把蛋抱进树洞里，一人孵一个，过了360个日夜，生出了松恩，其他三个蛋孵不出，打开后里面跑出三只龙狗。侗族神话传说中也有狗和人类始祖同时诞生的情节，因此侗族称狗为"龙狗"，龙狗是古代侗族部落"仡但"部落的图腾标志之一，因此侗族普遍养狗爱狗，并有《欺人莫欺狗款》。② 过了360天，又有四个大蛋出现在山冈，萨狁把蛋抱进树洞里，一人孵一个，过了360天，孵出松桑，其他三个孵不出了，打开后里面出来三只羊。侗族口头传说也有羊与松桑同时诞生，被视为侗族祖先的同胞。直到新中国成立初期，许多侗寨还有侗族妇女共养一头白母羊的习俗，称之为"萨道"（我们的祖婆），全寨轮流以糯米饭和甜酒喂养，死后举行隆重的寨葬。③ 与《起源歌》和《侗族古歌》比较起来，史诗《嘎茫莽道时嘉》显得更为细节化，不仅讲明蛋的来历，而且还多出了蛋孵出狗和羊的情节。

侗族神话中不仅人和动物是从蛋中孵出的，而且人类始祖生出来的也是蛋的形状。《嘎茫莽道时嘉》中说："不久姜妹分娩了，一个肉团圆圆滚滚落地上，肉团无鼻无眼无耳朵，肉团无头无脚无手膀，不是人来不是鬼，非禽非兽四不像。"④ 兄妹结婚后生下一个肉团的情节在侗族各地区几乎完全一致，《起源之歌》和各地创世款里都有这样的叙述。

卵生神话直接导致了侗族人民对蛋的崇拜，在他们看来，蛋与生殖紧密相连，因此蛋在侗族祈子、育子中都扮演着重要的角色。男女成婚，妈妈会在女儿陪嫁的被子里藏一枚红蛋，迎亲之时，男方以蛋为供品祭祖，随后将蛋给新

---

① 杨保愿：《嘎茫莽道时嘉》（侗族远祖歌），中国民间文艺出版社1986年版，第36页。
② 同上书，第37页。
③ 同上书，第39页。
④ 同上书，第104页。

第十章 神话传说寄幻想 故事笑话显世情

娘吃掉。久婚不孕，请巫师架桥求子，蛋是主要的祭品，用蛋做完各种祭祀仪式，最关键的一环是让男女双方各拿一枚祭祀用过的蛋，用红纸包好，放在床头，"孵抱"三日，食下，以求怀孕生子；侗人就是用这种方式表达生殖的愿望的。由人及物，在一些侗族农村，还有把蛋壳穿于树枝，插在棉花地里，以求棉桃累累、丰产丰收的。这种把人类生育繁殖和蛋相联结的做法，鲜明地体现了侗族神话积淀在侗人意识深处把卵视为生命源头的信仰。

与卵生神话密切相关的是神鸟神话。鸟在人类的起源中扮演了重要角色，《嘎茫莽道时嘉》中，萨狍用野果百花养育松恩、松桑，萨天巴赐给他们灵魂、智慧和力量，松恩松桑成婚，离开萨狍和树洞，是神鸟"雁鹅为他们指引方向，他们来到交生好地方，交生地平水又甜哟，浑水河畔把后代育养"[①]。松恩、松桑养育后代，姜良、姜妹是他们的第五代子孙，姜良、姜妹在洪水滔天中同坐在金瓜（南瓜）里逃生从而幸存下来，找不到成婚的对象，是在凤凰的指引下兄妹成婚。凤凰对他俩讲："我们奉星翁星婆的旨意，特地来把亲事讲，请你兄妹当场来验证，各把一块磨盘滚下这山岗，两块磨盘拼合在冲底，你俩就开亲做新郎新娘，磨盘分离各东西，乱箭射杀我们也无妨。"[②] 姜良、姜妹依照凤凰的指点，各把一块磨盘从山顶推下山岗，"两块磨盘轰轰隆隆滚到了冲底，上下拼合稳当当。公母两块磨盘不分离，底座在下盖在上，姜良姜妹一连试三回，回回结果都一样。"[③] 于是兄妹成婚，为了答谢说媒的凤凰，就把凤凰雕画在木楼的中堂、祭堂的壁封上。兄妹二人成婚后生下肉团一筹莫展，在启明婆婆的指导下，他们把肉团砍碎撒在山坡上，于是就有了千千万万婴儿，姜良、姜妹无法抚养，凤凰唤来百鸟帮忙，鸟中仙鹤最长寿、最友爱、最慈祥，凤凰就叫仙鹤抚育六十姓，仙鹤教人们说话、唱歌、劳动、和睦相处。第三篇第五章《仙鹤抚育六十姓》专门讲述了仙鹤育人的故事，这就是侗族鼓楼的塔顶上都雕塑有仙鹤的原因。

---

① 杨保愿：《嘎茫莽道时嘉》（侗族远祖歌），中国民间文艺出版社1986年版，第44页。
② 同上书，第100页。
③ 同上。

在《嘎茫莽道时嘉》中，神鸟在人们的成长繁衍中无疑起到了极为重要的作用，雁鹅为先祖指引了生存的地方，凤凰充当了兄妹成婚的媒人，仙鹤抚育了六十姓，神鸟在人类繁衍发展中功不可没。南部侗族《起源之歌》中，各种事物的起源都归功于鸟或者与鸟有关。《杉树之原》："燕子绕山寻杉种，飞过千个坳来万重坡。千山万坳找杉种，发现了楠种发白杉种灰。燕子想取取不到，它从树梢掰下树枝才把杉种球儿取回。"[①]《嘎茫莽道时嘉》第二篇第二章也讲到姜良、姜妹派"梅娣"（侗语音译，即云雀）找树种和谷中，云雀为感谢在洪水滔天中姜良、姜妹的搭救之恩而不辞辛苦为人类找来树种和谷种的故事。

相传侗族原来不种稻谷，后来从南海取来稻种，才引水开田。是谁取来稻种呢？流传于南部侗族地区的神话说是青蛙和燕子一起取回来的，青蛙和燕子听说南海有稻种，争相去取，虽然燕子一度因为骄傲让青蛙先取得稻种，但是当它看见青蛙率先取得稻种的时候羞得满面通红，内心暗暗称赞，看见"稻种经过一个多月雨淋，已经发芽了。燕子就衔着稻种，一刻不停地飞行。待青蛙跳回家时，田里的稻秧已一片绿油油。"[②] 北部方言地区流传着《狗渡南海取谷种》的神话，这个神话追溯到遥远的古代，在洪水退尽之后，世上只剩下姜良、姜妹两兄妹，兄妹成婚使面临灭绝的人类得到发展。年复一年，人们想种谷子，却找不到谷种。"一天，从东方飞来一只鸟，落在家边的树上叫：dos oux dos oux！（dos oux 侗语，种谷的意思），一位老者听了就问：'好鸟啊，你说种谷种谷，谷种哪里有呢？'那鸟掉头向东，伸长脖子叫道 dos oux dos oux。直到那老者点头会意之后，它才飞走。据说，这只鸟就是后来催春的布谷鸟。"[③]

神鸟不仅为侗人找来了物种，侗族人民最爱唱的歌的来源也与鸟有关。流传于贵州从江、黎平地区六洞、九洞一带的《四也挑歌传侗乡》："据说，侗族最早的祖先松恩、松桑的妈妈死了以后埋在河坎上。后来，就在河岸上长出了一棵树，绿油油的树叶上，长出了许多密密麻麻的侗歌字纹。这些侗歌字纹，

---

① 杨权编著：《侗族民间文学史》，中央民族学院出版社1992年版，第45页。
② 同上书，第65页。
③ 同上书，第66页。

第十章　神话传说寄幻想　故事笑话显世情

谁也看不见，认不得，只有几只名叫丢归的神雀能够识别。它们每天从远处飞落在树上，看着叶片上的字纹，唱出了各种不同音调的侗歌。后来，侗家男女常常围在树下，学唱这些侗歌。"① 离这树不远住着管五谷的神婆撒问，神婆嫌歌声吵了她，于是爬上树把丢归雀打得死的死伤的伤，还把树枝折断丢进河里。有一只受伤的丢归雀落到了漂在河里的树枝上，苏醒过来后继续大声唱歌，歌声惊动了一条叫若洛的大恶鱼，大恶鱼把正在唱歌的丢归雀吞进了肚子里，后来丢归雀被一个叫四也的后生从恶鱼肚子里救了出来，丢归雀为了报答四也，就叫四也把河里的树枝都捞起来，把上面记的侗歌全教给他。四也学会了侗歌，编了歌书，从此他走到哪里，哪里就响起歌声。南部侗族《歌之原》则说歌是这样来的：办苦娘为找歌而死，办苦将娘葬在"山间正中正好对龙脉，埋进婆娑榕树下，侗歌无数树下生出来"。"婆娑榕树长花苞，树枝伸展临水波。画眉鸟吃了花苞会唱歌，喧闹的歌声传进撒香婆婆的耳朵。撒香婆婆听见嫌刺耳，砍倒榕树丢进河。"② 这样，歌的种子可以顺流而下，传向四方。

神话对文化的影响是根深蒂固的，也是潜意识的，因此崇鸟是侗族民众的集体无意识行为。在侗族出土文物中，有靖州出土的文物——远古时期的青铜凤凰。芷江至今还流行逢年过节都扎鸟，用冬笋壳做鸟的翅膀，干红辣椒做鸟嘴，称为"鸽"以示崇拜。鸟被当作侗族先民的恩人，侗家人关于鸟的民俗很多，他们喜欢捉鸟、套鸟、玩鸟、斗鸟，但是从不打死鸟，更不吃鸟，而是把鸟当作吉祥的象征供奉在鼓楼顶尖上、风雨桥的中端亭顶上、自家木楼窗格上。

二　身化万物创世神话的奇异瑰丽之美

在侗族先民看来，物质世界并不纯然是独立于人的认识的客观对象，在古

---

① 杨通山等编：《侗族民间故事选》，上海文艺出版社1982年版，第5页。
② 杨权编著：《侗族民间文学史》，中央民族学院出版社1992年版，第48页。

老的侗族创世神话中，我们可以看到侗族人民对世界万物直接的"体认"，活跃在侗族远古神话中的神灵、先祖以他们的生命机体去认同世界万象万物，以他们的肉体创造了宇宙万物。

《嘎茫莽道时嘉》中说萨天巴是侗族的创世大神，远古时候，天地无孔也无缝，混沌而洪荒，萨天巴有四只手四只脚，是千母之母，千王之王，她生下天和地，因嫌天地形状不好，派姜夫马王分别修天地，又造太阳月亮轮流巡天，世间万物生长，萨天巴扯下汗毛做植物的种子，抓把虱子蛋做动物的种子，大地万物生长……中间有一段叙述姜夫造四根玉柱撑天，天和地突然分开了，天地分离狂风起，天篷飘摇天柱晃荡。姜夫因为造玉柱撑天不稳，十分焦急："姜夫急出一身汗，化作雨水从天降；姜夫急得喘粗气，化作云雾随风扬，姜夫捶胸口喷血，化作彩霞染天穹。姜夫一气跺跺脚，化作霹雳隆隆响；姜夫一气舞舞手，化作疾电闪闪亮。"① 在这里，姜夫已不只是修天的功臣，而是以身殉道、身化宇宙的巨人，他的汗化作雨，气化作云雾，血化作彩虹，跺脚化作雷声，挥手化作闪电。而作为创世大母神的萨天巴，也是用自己的身体创造了世间的动植物，想象可谓神奇瑰丽。

在创世神话中，侗族神话中宇宙、大地在肉体的转化之下诞生的想象并不是个案，汉族盘古身化天地的神话与此相类。在古代典籍《三五历纪》和《五运历年记》里皆有盘古垂死化身的记载，而《述异记》中则描述得更为详细："昔盘古之死也，头为四岳，目为日月，脂膏为江海，毛发为草木。先儒说：盘古泣为江河，气为风，声为雷，目瞳为电。古说：盘古化喜为晴，怒为阴。"② 其实身化万物是世界上很多国家创世神话的共同母题，印度圣典《爱多列雅奥义书》中对"身化万物"的行为做了生动的描绘："鼻遂启焉，由鼻生气，由气生风。眼遂开焉，由眼生见，由见生太阳。耳遂张焉，由耳生闻，由闻生诸方。皮遂现焉，由皮生毛发，由毛发生草木。心遂出焉，由心生意，

---

① 杨保愿：《嘎茫莽道时嘉》（侗族远祖歌），中国民间文艺出版社1986年版，第14—15页。
② 转引自耿占春《人体式的大地——创世神话的美学含义》，《黄淮学刊》1989年第3期。

由意生丹。脐遂落焉,由膝生下气,由下气生死亡。肾遂分焉,由肾生精,由精生水。"① 佛经中也有许多类似的化身故事。

化身创世意味着人的极大牺牲,是以人身献祭创造世界。无论是姜夫,还是盘古,他们体化万物,是以自己的身体对世界的献祭,而肢解巨人用以造万物就有更多的献祭意味了。印度典籍《黎俱吠陀》中,众神杀死普鲁沙,以普鲁沙的身体创造世界,与此非常相似,在冰岛史诗《埃达》中也有类似情节,诸神将伊密尔杀死,以其尸骸首造天地,在日本《古事记》中,被砍杀的迦具土神所溅出之血就化成山麓、树林以及日神、石神和雷神。

侗族也流传着巨人身体化万物的创世神话。侗族《起源之歌》中的《星郎为物之原》为九段古歌,古歌说把改娶得索摆做夫妻,养得星儿落地有神异,额头有字,食量惊人,晚吃三鸭,晨吃三鸡,惊动全寨,母亲带他躲进深山里,进山三年浑身长满鳞,星郎的怪异让村人害怕:

> 母亲哭,星郎哭,
> 他们哭高了山,他们哭矮了坡;
> 舅舅说要把他杀,姑姑说要把他捉,
> 把星郎杀倒在地,缩成一团蹦蹦跳跳还活着。
> 把星郎砍倒在石滩,拿他的肉来剁烂。
> 骨头捣碎丢下河,肝变鱼儿河中窜。
> 脾变芋头泥底埋,骨变螃蟹横行岩洞间。
> 脑髓变地蜂做窝住,喧喧扰扰绕着丛林转。
> 眼睛变成鹞鹰飞得远,
> 早晨飞翔说天黑,夜晚飞翔叫天亮。
> 鼻子变狗吠汪汪,日吠夜吠汪汪心胆寒。

---

① 徐梵澄译:《五十奥义书》,转引自耿占春《人体式的大地——创世神话的美学含义》,《黄淮学刊》(社会科学版)1989 年第 3 期。

苦胆变酒进寨散于众乡亲……①

　　星郎的身体变成各种物：肝变游鱼、脾变芋头、骨变螃蟹、脑变地蜂、眼变鹞鹰、鼻子变犬、苦胆变酒。有的版本说星郎的"鼻子变成狗，眼睛变成鸟，嘴巴变成鹭鸶，心变成鹰，齿变成耗子，骨变成牛，下额变成青蛙，大肠小肠变成泥鳅黄鳝，血变成鱼，手指变成辣椒，脚杆手杆变成黄瓜丝瓜，脑壳变成葫芦，大便变成菜种，脑浆变成豆腐，小便变成云雾，口痰变成雨……"② 总之是百样千般星郎变，万物来源都是他。星郎就像印度神话里的普鲁沙，日耳曼神话中的伊密尔，日本神话里的迦具土神，被杀死，被肢解，作为对世界的献祭，化生成世间万物。

　　除了巨人星郎身化万物以外，侗族地区还流传着砍肉团变万物的神话，应该是身化万物神话的变种。流传于通道城步八村的款词《人的根源二》："只剩姜良姜抹（姜妹）做夫妻。三个月上身，九个月解带，生下一男，有头无耳，有眼无鼻子，有手无脚，斩碎为民，手指落地变成尖峰岭，骨头落地变成粗岩乱石，头发落地变成万里河山，脑壳落地变成土塘田坝，牙齿变成黄金白银，肝肠落地变成长江大河。"③ 流传在贵州从江一带的一篇《章良章妹衍人类》古歌中除了专门有一段说到姜良、姜妹所生肉团变作不同民族的人以外，前面有一段还说到孩子身体各部分变作星辰、禽兽、树木、蔬菜等："肉撒进森林，山头山谷，变成了千种鱼百样鸟。血流下地，变溪变河。头发落地，变成树木青菜。嘴变老虎，两眼亮晶晶，变成星星月亮，两耳落地，变成香菌和木耳。"④

　　姜良、姜妹所生肉团不仅化生万物，还变成不同族别的人，可看作身化万物神话的另一变种。侗款是侗族古代社会流传下来的口碑式民族民间法典，它

---

① 杨权编著：《侗族民间文学史》，中央民族学院出版社1992年版，第39—40页。
② 编写组：《侗族文学史》，贵州民族出版社1988年版，第46页。
③ 湖南省少数民族古籍办公室主编：《侗款》（中国少数民族古迹侗族古迹之一），岳麓书社1988年版，第277页。
④ 杨权编著：《侗族民间文学史》，中央民族学院出版社1992年版，第40页。

第十章 神话传说寄幻想 故事笑话显世情

经历了历代的丰富和发展,演变成为一种比拟风趣、寓意深远、散韵相间、典雅精致,具有一定严肃性、艺术性的口头文学作品。湖南通道坪坦阳烂一带的款词《人的根源一》说:"洪水退到地,人类已绝迹,女无人娶,男无人配。姜良、姜妹打破铜钱起誓,结为夫妻。生下儿子,白饭不吃,甜奶不要,他俩无计,束手无策,便将婴儿砍肉入篮,砍骨入筐。肠子做汉人,骨头做苗人,肌肉做侗人。安置苗人在山头,安置汉人坐衙门,安置侗人居乡村,又置人间无数姓,世上又发无数人,六国地下均太平。"① 湖南通道拢城路塘的《创世款》:"只剩姜良、姜妹创造人。姜良、姜妹两兄妹,男无处配,女无处婚,他俩破常规成亲。成亲三年,生得儿子,捡得阿妹。男不像男,女不像女,稀奇古怪异常人,喂奶不吃,喂饭不吞。姜妹没有法子养,姜良将他砍烂篮内盛,撒向地上尽生灵。肠子聪明变汉人,骨头坚硬成苗人,拿肉做侗人,肝脏做壮人,创造天下世间,千千万万无数人。"②

侗族创世神话身化万物的观念是基于宇宙万物与人的机体器官在功能和表象上的相似,体现了侗族先民类比、隐喻的思维方式特征,具有独特的美学含义。

图 10-1　广西三江广场侗族历史文化碑廊神话传说浮雕

---

① 湖南省少数民族古籍办公室主编:《侗款》(中国少数民族古迹侗族古迹之一),岳麓书社1988年版,第271页。

② 同上书,第341页。

第二节 侗族民间传说审美

侗族传说不再以天地万物作为认识的总体和描写的对象，而是以某些具体的历史事件、历史人物或风物作为认识的基础和反映的对象。侗族有许多传说，既有关于历史英雄人物的，也有关于爱情中的男女主人公的，还有关于风物来历的，其中流传最广、影响最深的作品有：英雄传说《杨太公救飞山》《杨天应收云雾》《吴勉的故事》《林宽的故事》；爱情传说《娘梅》《刘梅》《述梅》及《妹桃》；风物传说《风雨桥的传说》《鼓楼的故事》《双凤斗龙》《望娘滩》；等等。这些故事，不仅有很高的文学欣赏价值，还有极高的审美内涵。

一 英雄传说的神奇美

侗族关于历史人物的传说故事很多，因为侗族历来受到各种各样的压迫和剥削，有压迫必有反抗，因此侗族传说中关于英雄的故事尤其多，而这些作为真实历史人物的起义领袖、民族功臣在传说中都充满神异色彩，体现出明显的神化英雄人物的审美意识。侗族民间传说神化英雄人物的方式多种多样，主要有转世奇生型、神灵相助型、化身神灵型和神奇法术型几种。

1. 转世奇生型

《吴勉的故事》[①] 是一篇脍炙人口、妇孺皆知的历史传说，吴勉出生于贵州省黎平县的蓝洞寨，是明洪武年间侗族农民起义军的首领，曾带领黔、桂、湘三省交界侗族和苗族人民举行声势浩大的起义，朝廷派出以"楚王桢"为首的三十万大军进行了历时八年的镇压，致使起义失败，吴勉于今湖南省靖州壮

---

① 参见杨通山等编《侗族民间故事选》，上海文艺出版社1982年版，第237页。

第十章 神话传说寄幻想 故事笑话显世情

烈牺牲。吴勉已成为侗族人民希望和理想的化身,他的故事经过六百年的流传,充满神奇色彩,传说中的他是一个能够呼风唤雨、剪纸成兵、塞河断流、赶山御敌、箭射千里,近似于神的英雄形象。他的出生就相当神奇,传说吴勉生下来的时候,有一群雀子落在他家屋顶上,红光满屋,香气布满全寨,他从娘胎里带来两件宝贝:左手拿着一本书,右手拿着一根小鞭子。关于这一点,流传于三江一带的《勉王款》中说:"天上降落紫微星。地下生出吴勉王。勉在哪?住在兰洞。勉生下地,左手拿书,右手拿鞭。书上有符,符为天书。鞭长三尺,抽山山崩,赶石石走。"①

传说吴勉落地就会说话,三岁已能光着屁股满山跑,老虎豹子也不怕,五岁可以放全寨的牛。

因为侗族人民对吴勉的无限尊崇和敬仰,便对其出身进行神化想象,这种对英雄诞生的传奇化叙述,呈现出鲜明的民间风格。中国英雄诞生故事有一种模式化、传奇化叙述方式,"转世""奇生"是英雄传说的母题。汉族民间流传着民族英雄岳飞是猿精转世、大鹏金翅鸟转世、张飞转世等的传说,侗族传说中吴勉则是紫微星转世。中国古典名著神魔小说《封神演义》中,周文王长子、姬伯邑考被姜子牙封为"紫微星",民间认为紫微是"帝星",命宫主星是紫微的人就是帝王之相,刘邦、朱元璋等人都是紫微坐命。吴勉虽只是一个带领侗族人民起义的领袖,但是在侗族地区却被称为"勉王",吴勉"紫微星转世"的传说体现了民俗信仰、民众观念等复杂文化因素的影响。

至于吴勉一出世就能说话走路,还带着两件宝的传奇化叙述,也是英雄崇拜的产物。《白惹》②的主人公白惹姑娘是吴勉的妻子,也是一个一生都充满传奇色彩的侗族巾帼英雄。传说白惹的出生非同寻常,出生前"忽然一阵旋风刮来","天上飞来一只大鸟,两只翅膀足有六尺多长,飞到她家屋顶绕了三圈,大叫三声……"成长也是离奇,"白惹一生下来,就牙牙学语,咯咯发笑;满月

---

① 编写组:《侗族文学史》,贵州民族出版社1988年版,第115页。
② 参见杨通山等编《侗族民间故事选》,上海文艺出版社1982年版,第262页。

就能坐凳；半岁就能走出家；人长得瓜一样快，一夜一个样，一月换个人……"可见，侗族英雄传说中的奇生故事并非个案。

2. 神灵相助型

英雄们既然承载着贫苦大众的梦想，那么除暴安良，匡扶正义，为民谋利是他们的职责所在，英雄们也有力不能及之时，但是人们相信正义的事业一定是感天动地，神灵都会暗中相助的。

侗族有一个《金王的传说》[①]，金王真名吴金银，广西龙胜侗族人，清乾隆五年（1740年）以广南等为中心，联合龙胜、三江、城步、通道等毗邻地区的侗、苗、瑶、壮、汉各族农民起义，第二年兵败牺牲。金王收拾官府，夺粮还民的英名传遍侗乡，很早以前，侗寨就流传着这样一句话：金王佑侗人，侗人跟金王。有一天，金王做了一个梦，梦见一个白胡子老人对他说："要得胜，爱百姓，送你三宝打朝廷。"醒来听见瀑布水声异样，提刀查看，斩杀孽龙获得宝物。传说他斩断的龙爪变成一把宝剪，斩断的龙角变成一把宝伞，龙尾变成一匹宝布，宝剪剪的纸人纸马能行军打仗，撑开宝伞可以带领部下一起飞渡过江，宝布则可以护体防身，抵挡敌人的刀兵。这三件宝贝使金王战无不胜，所向披靡。

《杨天应收云雾》[②]这个传说故事，流传于湖南新晃、芷江、玉屏以及湖北宣恩、恩施、咸丰等侗族地区，其事迹还在鄂西恩施、宣恩、咸丰等县侗族地区以侗歌《十二月》花灯调的歌谣形式传唱。据考证，杨天应是新晃杨姓侗族的先祖，也是开发中寨地区的始祖，是杨再思19世孙。杨天应收云雾的传说故事产生于宋末元初，故事的梗概是这样的：

现在的新晃一带，古时山高林密，整天雾气沉沉，遮住了太阳、月亮和星星，万物无法生长，住在这里的吴、姚、龙、谢四姓人家见不到光明，急切盼望着能够除掉这漫天盖地的雾气，把太阳救出来。有一天，吴家的族长吴世万

[①] 参见杨通山等编《侗族民间故事选》，上海文艺出版社1982年版，第262页。
[②] 参见编写组《侗族文学史》，贵州民族出版社1988年版，第105页。

在中寨村古鸠桥边做活,有只小鸟突然从林中飞出来,三番五次地叫着:"唧咙乖,唧咙乖,要得云雾开,除非请了杨氏天应来。"大家感到这是天意,于是公推吴世万来完成这个任务。吴世万四处寻找,来到靖州飞山寨(有的说来到江西吉安府太和县),找到了一个由远方飘落到这里来的六七岁的孤儿,名叫杨天应,吴世万带着杨天应,日行夜宿,跋山涉水,历尽千辛万苦,从靖州回到中寨,可是杨天应在中寨住了很久,云雾并没有散去,太阳仍不见出来。吴世万告诉了杨天应请他收雾的愿望,杨天应想,地上的大雾一定有个出雾的口子,要是把那个口子堵住了,就没有雾了。于是他背着一把刀,翻山越岭,涉水过河,去找雾的出口,杨天应苦苦寻找不到大雾出口的时候,小鸟又出现了,在树林里叫道:"唧咙乖,唧咙乖,天应天应跟我来。"小鸟带他找到云雾出口,又叫道:"唧咙乖,唧咙乖。岩上有根通天木,快快把它砍下来。"杨天应把柴刀系在腰上攀着葛藤爬到树旁把树砍倒了。那鸟儿又叫道:"唧咙乖,唧咙乖,拿去做杵担,挑开地铺盖。"杨天应不知道哪里有地铺盖,那鸟儿马上回答:"翻坡就是地铺盖。地铺盖,不挑开,浓雾堵不住,太阳不出来。"在神鸟的指引下,杨天应最终收了云雾:"杨天应把削成的杵担往里一戳,轻轻地撬了一下,只听得里面轰轰地响,整个岩山摇摇晃晃。他再用力一撬,一声巨响,像打炸雷一样,那个大石头被撬得粉碎。口子堵住了,顿时一点云雾也看不见了,天空干干净净,只见火红火红的太阳挂在蔚蓝色的天空里。从此,在新晃这块肥沃的土地上,风和日丽,禾壮果硕,鸟语花香。"[1]

侗族神话中,鸟在人类的生长、繁衍、迁徙等活动中都扮演着重要的角色,侗族是崇鸟的民族,鸟在侗人心目中是通神的灵物,在《杨天应收雾》故事中,鸟理所当然地成为帮助人们战胜恶劣自然环境的指导者。

3. 化身神灵型

《杨太公救飞山》[2]这个故事,产生于唐末宋初。流传于湘、桂、黔三省

---

[1] 编写组:《侗族文学史》,贵州民族出版社1988年版,第105页。
[2] 同上书,第104页。

边界的靖州、绥宁、通道、三江、黎平、芷江、新晃等广大侗族地区。杨再思是历史上的真实人物,唐代朗溪人,曾任诚州(现湖南靖州)、徽州(现湖南绥宁)刺史,"杨太公救飞山"的这段历史,史书和地方志都有记载。《杨太公救飞山》故事梗概是这样的:

古叙州有四位英雄,即杨再思(杨太公)、潘大虎、杨神雷、姜士奇,分居州北、东南、西南、西方峒寨,四人武艺高强,结为兄弟,誓同生死,杨太公有三尺神光飞天宝剑,无人能敌,拜为大哥。潘大虎等居飞山峒,见武冈州官搜刮民脂民膏,欺压百姓,拥有大量钱财,遂率侗兵攻打,结果失败。次年邀杨神雷助攻,也遭到失败。两次进攻使朝廷震怒,派吕师周血洗飞山峒寨,潘、杨战死。杨太公带兵营救飞山,击退吕师周,各峒拥杨太公为飞山峒峒主与各峒款首。在杨太公的领导下,各侗加强团结,联合成大款,共同御敌,发展生产,建设家园,安居乐业。杨再思活到八十九岁去世,他死后人们常在清晨的云雾中、夜晚的月光下看见杨再思头顶红云,置身于成群的天鹤中,全身白光闪闪,带着天兵天将巡山。杨再思生前得侗民拥戴,死后侗民尊其为飞山神,广修庙宇加以祀奉,庙称飞山宫、飞山庙或杨公庙,庙中安放杨再思的神像,称之为飞山大王,宋王朝为借其声望巩固统治,在其死后加封为"威远侯""英惠侯"。

中国的神主要有两种来历,一种是人造的,一种是人变的。前者如玉皇大帝、王母娘娘等;后者如关羽、岳飞等。能由人变成神的主要是那些有着巨大的人格魅力和丰功伟绩的历史人物,杨再思的功业在侗族地区影响极大,让人们由敬仰而神化,最后变成侗族地区广泛信仰的飞山神,侗人相信,作为人变的神,离人间更近,更知人间冷暖,因而更具亲切感。

4. 神奇法术型

英雄者,聪明秀出,谓之"英";胆力过人,谓之"雄"。英雄自然有许多异于常人之处,侗族英雄在人们的想象中或者是神灵转世,或者得到神灵的护佑,因此他们往往具有神奇的能力。在诸多英雄中,吴勉的神奇故事是流传最广的,他箭射千里、牛鞭赶山、倒栽树、断头再续、剪纸成兵的故事可谓想象奇特。

第十章　神话传说寄幻想　故事笑话显世情

箭射千里。成年后的吴勉文武双全，深得大家喜爱，十八岁那年天下大旱，官府却逼租要粮，吴勉的父亲带领众乡亲聚众"起款"抗议，被官府设计害死，吴勉决心为父亲报仇，并继承父亲的遗志，挑起了起义队伍首领的重担。他花了七七四十九天，造好了三支神箭，准备在皇帝上朝时射出去，把皇帝射死。可惜因为公鸡错误报时，三支神箭射出去时皇帝还没上朝，这三支神箭只射中了皇宫的龙椅。看见刻有吴勉名字的箭杆，满朝文武吓得目瞪口呆，皇帝下令查访，派十万大军捉拿吴勉。

牛鞭赶山。吴勉出生时就带着一根神鞭，五岁放牛时，因为岩石挡住牛的去路，他挥舞着手中的小鞭子，大声喊道："岩石岩石滚两边，让我放牛走中间。"山崖应声炸裂，从当中闪出一条路来。在和官兵交战时，他得知敌人将由水路取道八洛，经过贯洞、龙图，往黎平进发，吴勉拿着赶山鞭，到岩石最多的宰茅去赶岩石，打算用岩石将八洛河水阻拦起来，水淹官兵。因为有块巨大的白色岩石挡住了其他岩石的去路，吴勉一鞭将它抽到二百多里外，落在一个侗寨的山头，后人将这座山下的侗寨叫作"岂扒"（白色岩石）。当吴勉把石头赶到信洞坎（黎平县属）时，碰到寨上的一个侗族姑娘，吴勉向她开玩笑说："你见我赶的猪羊走到哪里去了？"姑娘回答说："我没有见到猪羊呀，见到的只是一些石头，漫山遍野地乱滚。"姑娘的话音刚落，那些岩石顷刻便停在原地不动，再也赶不走了。吴勉气极了，就伸手朝那个姑娘打一巴掌。姑娘把头一低，巴掌正好打在她的发髻上。从此，侗族妇女的发髻总是偏在一边。由于岩石在信洞坎再也赶不走了，所以至今那里尽是高耸、延绵、险峻的石山。侗族人民就把这些石山叫作"吴勉岩"。

倒栽树。射箭、赶山相继失败，没有动摇吴勉的斗志和决心。他继续带领起义队伍直接和官军交战，取得了很多胜利，但终因力量悬殊为官军所困，为了鼓舞士气，吴勉在岭迁寨上随手拿了一根树苗倒栽在地，说："如果这棵树能活，我就不会死，如果这棵树栽不活，那么走到哪里也是活不成的。"谁也没有想到，这棵倒栽的树真的活了，起义队伍士气大振，取得了胜利。因此，直到现在，岭迁寨上还长着一棵古老而奇特的大树，远远望去好像枝叶都是从地下长出来的，根像长在树顶上，人们就叫这棵树"吴勉树"。

断头再续。有一次，吴勉因病被敌人捉住了，皇帝下令立即把他处死。府台害怕群众劫法场，将围在刑场上的众人撵散，准备行刑。吴勉趁着混乱的机会悄悄地对寨上的一个老人说："你告诉众人不要悲伤，我是杀不死的。他们砍下我的头后，只要我妈把我的名字连喊三声，我又会活转来的。"官家不知道吴勉有这种本领，把吴勉的头砍下就得意地走了。寨上老人把吴勉的嘱咐传给他的母亲，母亲按照儿子的话，连喊三声，第三声刚出口，吴勉被砍下的头又飞到了他的颈子上，吴勉一跃而起，颈子上连刀痕都没有。

剪纸成兵。吴勉率领的农民起义军和官家军队打了七八年，伤亡惨重。吴勉便把起义队伍暂时分散在深山里，自己去信洞坎的大石洞里练神兵。吴勉用纸剪出纸人纸马，训练他们作战，练到四十天的时候，纸人纸马做成的骑兵可以冲锋陷阵，列队厮杀，再过九天，这些神兵就可随他出征了，可惜被姐姐撞破机关，被风雨吹散了只好重新再练。

英雄传说中的神奇法术反映了侗族人民依靠超自然力量战胜恶势力的愿望，面对强大的敌人，生存的险境，人们寄希望于超常的、超自然的力量拯救自己，拯救大家，这是一种美好幻想，也是侗族民间信仰的表现。侗族固有的原始宗教遗迹与外来宗教相结合形成的侗族本土法教、外来的道教以及民间法术思想都相信法术、重视法术，法术思想影响下的侗族民间英雄传说便有了箭射千里、牛鞭赶山、倒栽树、断头再续、剪纸成兵的神奇故事。

二 爱情传说的悲剧美

爱情是人类生活的基本要素，爱情生活也是文学艺术永久性的题材之一。侗族有许多爱情传说，其中不乏终成眷属、幸福浪漫的美好结局，但更多的却是悲剧。归纳起来，侗族爱情悲剧有如下类型：

1. 人神道殊，黯然别离

侗族有很多人神相恋的故事，这类故事的女主角往往出身天界龙宫，因为

第十章　神话传说寄幻想　故事笑话显世情

对人间幸福爱情生活的向往，她们通过各种方式、手段接近所喜爱的男性凡人，与凡人相爱结婚，这些爱情故事洋溢着浓厚的浪漫色彩。一般来说，民间人神相恋的故事存在着三种不同的类型模式，一是男主角入山遇仙，喜结奇缘，仙妹落身凡尘，和凡间男子幸福地生活；二是男主角与仙女结为夫妻，最后随仙女仙化或升仙，一起飘然而去；第三类却是悲剧式，即人神相恋，幸福结合，而后由于种种原因不得不生生分离，以悲剧形式告终，这也是人神相恋故事最常见的结局。侗族人神相恋的爱情传说多半是第三种模式，即人神道殊，黯然别离。

贵州黎平地区流传的《郎都和七妹》[①]，说的是古时候有一个后生叫郎都，有一天做了一个梦，梦中一个年轻女子笑盈盈地说："郎都啊，你做的好事已经千千万万了。这回呀，你要是愿意在高山上修成一眼清悠悠的水塘供人洗澡，我愿嫁给你。"郎都于是用三年的时间在一个关山口修了一个水塘，并在水塘里养了很多鱼，有一天，塘水被搅浑了，还有死鱼漂浮。天刚麻麻亮郎都就躲在一棵映山红下偷偷观察，等到正午的时候，天上飘来七朵白云，上面站着七个美丽的女子，她们说笑着脱下衣裙银饰，下到塘里洗澡。郎都发现最小的那个是三年前给他托梦的女子，郎都出去要姑娘们赔鱼，姑娘们受到惊吓接二连三地腾上高空，七妹找不到自己的衣服，只好蹲在水里，认出郎都是自己曾经许诺愿嫁的男子，就跟他回到寨子，一起生活。郎都安顿好七妹，把她的无缝天衣藏在后院的空心香椿树脚下，他一偷偷试穿，就有很多小鸟落到身上。七妹思念天上的父母，但是没有无缝天衣无法返回天庭。一年后七妹生下儿子响包，响包落地就会说话，父亲偷偷穿天衣的事情被响包告诉了七妹，七妹拿回天衣，回到天上去了，响包想念母亲的时候就敲三下香椿树，七妹就下凡把响包也接走了。郎都失去了妻子、孩子，痛不欲生，历尽艰辛，在岩鹰的帮助下来到天庭，找到七妹和儿子，一家人团聚分外高兴。但是好景不长，七妹私藏郎都的事被父亲雷公知道了，要赶郎都下天庭，虽在雷婆的帮助下得以

---

① 参见杨通山《侗族民间爱情故事选》，广西人民出版社1983年版，第241页。

延些时日,最终还是在雷公三番五次的催促下离开了天庭,一对恋人就这样被拆散,郎都恋恋不舍,七妹的泪水"不断啵啵地落。相传,每次下雨,就是七妹思念凡间丈夫掉下的泪"。

当然,侗族民间爱情传说中人神相恋也有以喜剧方式结尾的,如《侗笛声声》中七仙女与憨包结为夫妻后,遭到了天王爷的刁难拆散,七仙女却毅然违反禁令将憨包带上天,并且协助憨包战胜天王爷的圈套,凯旋人间。

侗族民间爱情故事中有众多的龙女形象,她们以不同的身份出现在人间,《郎敷》中的三公主以蚌壳现身,《干巴寨》中的玉英以小白蛇现身,《渔郎和螺蛳》中的龙妹以螺蛳现身,《清水江畔》中的龙女以红鲤鱼现身,她们都是龙王的女儿,但都爱上人间的后生,因而谱写出动人的爱情故事。

《干巴寨》中的玉英与《渔郎与螺蛳》中的龙妹的爱情是美满的,人神相恋,喜得良缘,《郎敷》中郎敷和三公主的爱情则颇费周折,《清水江畔》则纯粹以悲剧告终。

《清水江畔》[①] 流传于贵州锦屏清水江两岸,故事说的是清水江畔有一个无父无母的后生,他每天在清水江畔砍柴唱歌,歌声优美动听,一条颜色鲜艳的红鱼为歌声打动,跳出水面,变成一个美丽的姑娘躲在油茶树下偷看年轻英俊的后生,忍不住和后生对起歌来,两人情投意合,一对就是三天三夜,经过几次约会,两人自作主张结成夫妻,姑娘遵照侗族婚后不落夫家的习俗,夫家、娘家两边住。其实,姑娘的父亲是清水江的龙王,父亲知道女儿私自和凡人成婚,狠狠地打了她一顿,还用铁链捆住龙女的双脚,关在龙宫的一个暗室里,眼见着和后生约好回家的日子到了,龙女无计可施,苦苦哀求宫女把自己的遭遇告诉后生,宫女化作一个姑娘,到约定见面的日子会见了后生,披露姑娘龙女的身份以及她在龙宫的遭遇,后生无计可施,无比难过。不久龙女生下龙凤胎,龙王大怒,要把他们扔出去喂鱼,龙女苦苦相

---

① 参见杨通山《侗族民间爱情故事选》,广西人民出版社1983年版,第209页。

求,龙王答应不丢龙女的儿女,但是必须马上把他们送到岸上去。后生日日眺望江水,只盼江水起波,把龙女托出江面,终于有一天,在滚滚滔滔的江水中出现了妻子的上半身,抱着一双儿女游到岸边,含泪把他们交给后生,因为龙王担心女儿逃跑,龙女游出江面的时候仍然用铁链锁住她的双脚,远远地拉着,后生接过孩子,龙女就被龙王拉进江底,后生和龙女再也没有见过面。

人神恋传说中造成悲剧的原因各不相同,或者是泄露天机,被人发觉,或者是男子或家人对仙女的身份起了疑心,存心加害。侗族爱情传说中则往往是因为"帝命有程,便可永诀",神女不得不离去。这显然是封建社会的产物,天帝、龙王是封建势力的象征。

2. 族规制约,私奔悲剧

侗族社会虽说青年男女可以"行歌坐夜""玩山走寨",恋爱自由,但婚姻却是无权主宰的,"女还舅门"的姑舅表婚是任何人不得悖逆的婚姻制度,这一传统的族规束缚了侗族上千年,扼杀了无数青年男女的真挚爱情,酿造了无数的悲剧,青年男女对这一族规进行了反抗,踏上了私奔之路。《三郎和五妹》中的五妹,便是一个反抗"女还舅门"取得胜利的女性,五妹在行歌坐夜社交中爱上了三郎,并暗定终身,然而舅舅家坚持逼迫五妹一定要嫁回舅舅家。为了挣脱这条古老绳索的束缚,五妹与三郎远奔他乡,获得了婚姻幸福。

然而由于维护婚姻族规的力量过于强大,许多年轻男女的私奔均以失败告终。《娘梅》[1] 是在恋爱自由而婚姻不自由,又兼之"女还舅门"习俗中产生的典型意义上的爱情悲剧之一。主人公娘梅从出生起就被包办许给大财主家的表哥,可她深爱穷长工珠郎,娘梅和珠郎的爱情热烈坚贞,使她舅家决定提前把娘梅娶进门,娘梅得知这个消息后,和珠郎连夜私奔,逃往外乡落户。然而他们逃出了传统习俗的樊笼,却落进了当地财主银宜的魔掌中。有钱有势、贪

---

[1] 参见杨通山《侗族民间爱情故事选》,广西人民出版社1983年版,第27页。

图美色的银宜先是以金钱物质对娘梅进行诱惑，失败之后想出一条毒计，勾结当地款首起款以"吃枪尖肉"为名，诬陷珠郎"勾内吃外"引发战争，阴谋杀害了珠郎。娘梅得知内情后强压心头的悲痛，发誓为珠郎报仇，她以非凡的冷静和智慧，巧妙地利用银宜的淫欲和愚蠢心理，设下圈套把银宜诱杀在自己挖好的坑里，背着珠郎的尸骨，逃进深山不知所终。这个爱情传说人物形象鲜明，忠于爱情、不畏强暴、不贪富贵、敢于斗争的主人公娘梅如同汉族的孟姜女、祝英台，彝族的阿诗玛，壮族的刘三姐，白族的南诏公主一样成为民族女性的代表，成为侗族人民心目中真善美的化身。故事曲折，充满离奇色彩，珠郎、娘梅的爱情悲剧让人同情，发人深省，也是侗戏常演的内容（前文已提及）。

侗族民间爱情传说中女还舅门造成的悲剧比比皆是，如《梅红鹰啼》[①]中的茶妹和独郎郎才女貌，情意相投，因为"娘亲舅大"，茶妹的终身被不由分说地定下了。不久，舅爷知道了茶妹和独郎的事，粗眉一皱，着人送来九十九斤棉花，要茶妹一个月内纺成纱，两个月内织成布，织九条侗族花带，绣两幅鸾凤齐鸣侗锦。舅爷按老风俗送棉催亲，母亲越发把女儿看管得紧，也没人敢来走寨坐夜了。一天独郎男扮女装，来和茶妹相约私奔，舅爷勾结官府，诬告独郎私放木材，独郎蒙冤挨打，错过和茶妹的约期。第二天花轿要临门，茶妹打定主意："鱼跳不怕浪头高，嫩笋不怕石头压，就是见不到独郎哥，我也要逃出虎口龙潭！"迎亲之夜，茶妹逃到望郎山，遇到赶来的独郎，但是二人在舅爷的追兵中无路可逃，双双牵手纵身跳下悬崖。无独有偶，《蓓曼和晚玉》中的蓓曼和晚玉一对情人也是被舅舅家活活拆散，活活折磨而死的，也是一个凄婉的爱情悲剧。

3. 强权压迫，以死殉情

爱情是美好的，《三月三的传说》[②]中良英姑娘与桥生本是一对青梅竹马

---

① 参见杨通山《侗族民间爱情故事选》，广西人民出版社1983年版，第214页。
② 同上书，第75页。

的恋人，但寨佬却托媒人抢先"烧茶"，为寨佬权势所逼，桥生及双方父母只好妥协，良英只好嫁给寨佬的儿子。但是良英难忘旧情，身在曹营心在汉，婚后在娘家"坐家"期间仍然和桥生相会，寨佬不肯善罢甘休，竟活活打死了桥生，良英悲痛欲绝，悬梁自尽。良英和桥生的故事广为流传，感动着大家，以后每年的三月初三良英殉情之日，侗族青年男女重现二人省钱相恋时的交往细节，撮鱼捞虾，送芭篓，通宵唱歌等，以表达对两个不幸的年轻人的怀念，"三月三"从此成为侗族的"情人节"。

拆散自由恋爱的还有家长，如《吉妹银秀》中吉妹是崔财主的爱女，她与长工秀银相爱，因为门不当、户不对，遭到父亲的强烈反对，强行拆散他俩，自作主张把吉妹许给薛家财主为媳。吉妹本想设法改装打扮奔他乡，做个鲤鱼破网跳龙门，可惜没能成功，最后双双殉情，以死表明他们爱情的忠贞和对封建家长的控诉。

4. 小人加害，精怪掳婚

侗族爱情传说中也有有情人终成眷属的幸福爱情，但是幸福的爱情也不是一帆风顺的，总是受到外在的影响而饱受挫折。在广西融水、三江，贵州从江一带流传着《述梅》[①]的故事，故事讲的是纳安地方有一对夫妻，一直没有生育，晚年的时候有仙女送给他们一条白绸，才生下女儿述梅，述梅出世白绸一直系在腰间，她的生死和白绸紧密相关。一个叫东苏的读书郎和她对歌相恋，在和东苏恋爱的过程中，述梅把白绸带作为"把凭"送给了东苏。东苏的同学福安知道那条白绸的来历后，一心想占为己有，于是约东苏去河边洗澡，把东苏引进深水溺死，并去东苏家盗取白绸，因不小心毁坏了白绸，白绸毁坏后，远在家里的述梅就病倒了。福安跑到述梅家编织谎话向述梅求爱，让他没想到的是，东苏在旋涡中被神龟所救，已经回到了述梅身边，并把破碎的白绸铺在述梅身上，白绸神奇合拢，述梅痊愈，知道了事情的真相。述梅在福安面前不动声色，拿出仙姑留下的一套黑头巾黑衣服，和

[①] 参见杨通山《侗族民间爱情故事选》，广西人民出版社1983年版，第50页。

一条竹子内膜做的白绸带交给他,福安以为述梅和他"换当",一把夺过穿戴在身上,一下子变成了一只黑乌鸦飞出窗子去了,述梅和东苏又走到一起。这则爱情故事虽以喜剧收场,但也经历了波折,心怀叵测、居心不良的小人使美好的爱情蒙受阴影。

图 10-2　贵州黔东南榕江三宝侗寨珠郎娘梅雕像

古代侗族村落在破姓开亲以前,存在着女性远嫁的婚姻习惯。《妹桃》[①]因为同姓不能结亲,妹桃远嫁银郎,婚后回娘家,一个人在路上走了一个多月,在一座大山密林里突然被一蟒蛇精劫去,并逼她为压洞夫人,妹桃宁死不

---

① 参见杨通山《侗族民间爱情故事选》,广西人民出版社1983年版,第129页。

屈，在半年的囚禁中，妹桃日夜思念自己的丈夫，后来妹桃设法获取了蛇精的信任，以探母为名回家。自从妹桃离家以后，银郎每天数着日子等她回来，当他在柱子上刻下一百九十九道杠杠的时候，妹桃终于回来，银郎满腹狐疑，以为妹桃出去的一年半是去与人私奔了，妹桃满腹委屈，哭诉了自己的经历，银郎如梦初醒，组织寨里的人一起用计杀了蟒蛇精。这件事情发生以后，九十九位头人开款会，大家商议的结果是，允许同姓开亲，近处结婚，从此侗家姑娘不必远嫁他方了。故事中的蟒蛇精成为破坏女性婚姻爱情的邪恶势力的象征。

侗族传说中的爱情充满悲剧性，人神道殊、族规制约、强权迫害、小人加害、精怪掳婚等都是造成侗族爱情悲剧的原因，这些原因既有现实的一面，又有幻想的一面，最终体现的是侗族劳动人民对美好爱情的追求和不懈努力。

三 风物传说的崇高美

侗族地区山川秀丽，习俗殊异，风物独特，热爱生活和富于想象的侗族人民，创造出许多富有民族色彩和生活情趣的风物传说故事，这些故事透露出很强的救民济世、舍己献身的崇高美。

1. 救民济世，惩奸除恶

在面对恶势力无能为力的时候，人们总是幻想有超能力的神灵出现，拯救大家，救民于水火，这样的愿望体现在侗族风物传说中。广西龙胜平等一带流传着《风雨桥的传说》[①]，故事说小山寨里有一个叫布卡的后生娶了一个美丽的妻子叫培冠，夫妻二人十分恩爱幸福，河湾深处的螃蟹精看中了培冠的美貌，把她卷到塘地强逼成婚，培冠坚决不答应，哭诉声传到上游一条花龙的耳朵里。花龙在浪涛滚滚中现身，冲到河底和螃蟹精搏斗，螃蟹精化作乌云腾空而上，花龙飞上天空，使螃蟹精现出原形，螃蟹精又攀上悬崖、跑进竹林，都

---

① 参见杨通山等编《侗族民间故事选》，上海文艺出版社1982年版，第84页。

被花龙阻止,最后将它镇在一块大石头下面,救出了布卡的妻子培冠,花龙在人们的感激中飞走。这件事很快传遍侗乡,大家把小木桥改建成空中长廊式大木桥,还在大桥的四条中柱上刻上花龙的图案,祝愿花龙长在。大木桥落成庆典,奏芦笙、唱耶歌,人山人海之际,天空彩云飘来,霞光万道,形如长龙,人们认为是花龙回来看望大家,因此后人称这种桥为回龙桥,因为上面能躲避风雨,又称风雨桥,这就是风雨桥的来历。

　　风雨桥的传说故事中,幻想的花龙是救民济世的英雄,《鼓楼的故事》[①]却和一个聪明能干、美丽侠义的姑娘有关。这个故事主要流传在侗族南部方言区:桂北侗乡有一个铜盆寨,寨上有一位聪明能干的姑娘,名叫姑娄娘。有一天强盗围攻铜盆寨,强盗头子下书给寨佬,限期交出粮食、银两和姑娄娘等十名侗族姑娘,如若不从,便要杀人烧寨,杀声阵阵中,寨佬们无计可施,姑娄娘急中生智,献出一条计策。寨佬便依计答应献物献人,午夜三刻,铜盆寨东南西北四个寨门同时打开,并点亮明亮的桐油灯,寨佬躬身亲迎,请强盗来欢宴。强盗头子不知是计,看见一路灯光闪闪,亮如白昼,便欣然率领强盗们前来赴宴。没想到刚到鱼塘边,突然四处鼓声大作,强盗们惊慌失措,四处逃窜,没想到却正中埋伏,大败而归。原来这就是姑娄娘的妙计:战乱之中,她率领人们掌击兰靛桶里的水,声如击鼓,迷惑盗徒,取得胜利,保全了寨子。事后大家看到击鼓聚众、团结斗敌是个保护村寨的好办法,于是决定在寨子中央修建一座九层高楼,楼中央设置大鼓,每逢重大事件和节日就击鼓聚众,决议大事。传说中的姑娄娘以她的英勇和智慧挽救了村寨,成为侗族人民心目中的英雄。

　　《风雨桥的传说》和《鼓楼的故事》讲述了侗族标志性建筑的来历,这两则风物传说故事的叙事都很简单,人物形象都只是粗线条描述,但是无论是想象中的花龙,还是现实中的姑娄娘,都具备英勇无畏、惩奸除恶的崇高精神,体现出劳动者的审美情趣。

---

　　① 参见杨通山等编《侗族民间故事选》,上海文艺出版社1982年版,第87页。

2. 舍己献身，造福众人

侗族是临水而居的民族，滚滚的江水带来灌溉和生活的便利，但是洪水的泛滥又带给人灾难和恐惧，因此侗族地区风物传说很多与龙相关。

在贵州省天柱县的侗寨里流传着《双凤斗龙》的传说，这个传说的梗概是这样的：很久以前，北海小黑龙和南海小白龙互相争夺又互相勾结，祸及侗家，侗族青年阿吉和阿利为了赶走这两条孽龙身陷海底，他们的未婚妻金凤、银凤为了替夫报仇，为百姓除害，向侗族仙人卜老师学得一身本领，历经波折，终于镇住了这两条孽龙，救出了阿吉兄弟，而金凤和银凤为此化成了金凤山和银凤山。这个故事运用现实主义与浪漫主义相结合的艺术手法，塑造了阿吉、阿利、金凤、银凤这样一些栩栩如生的侗族男女青年的形象，体现了人们战胜灾害的美好愿望。

贵州天柱玉屏地区流传着《望娘滩》[①]的传说，故事讲的是清水江畔的一个侗寨里有一个叫曼生的小孩，和母亲相依为命。有一年，天气大旱，清水江也干得见了底，曼生在神鸟的指引下来到恶龙洞，找到了恶龙的镇山宝珠，明知惹恼恶龙会有杀身之祸，但是为了能缓解旱情，让恶龙下雨，曼生吞下宝珠，解救了旱灾中的百姓，自己却口渴难耐，把清水江的水一口气喝干了，喝干江水的曼生变成了一条浑身发光的金龙。变形后的曼生舍不得母亲，流下了一滴滴眼泪，他流下的眼泪很快就变成一个个的深潭，曼生依依不舍地向母亲和乡亲们告别，随着滚滚滔滔的清水江水游进了洞庭湖。从此以后，每年春夏之交，清水江滚滚洪水，长滩上波翻浪涌，人们就要说"曼生回家望娘了"，"望娘滩"的名字就这样传下来了。当地还流传着《呵罗湖》[②]的传说，情节与《望娘滩》大致相似，只不过故事的主人公呵罗要反抗的不是恶龙而是坏心的财主，呵罗在财主的追赶中吞下宝珠，化身为龙，翻个身滚出大水塘，就成了呵罗湖。

---

① 参见杨通山等编《侗族民间故事选》，上海文艺出版社1982年版，第113页。
② 同上书，第93页。

侗族风物传说故事体现出统一的审美观念，那就是重自然美的社会性而轻其自然性，强调自然美与善的联系超过与真的联系。侗族地区特有的自然环境馈赠给人们生活的资源，但是在强大的自然面前，人们不禁感到自己的弱小，要战胜自然、征服自然，必须有力量和勇气，因此人们呼唤舍己献身的崇高精神，因而侗族风物传说呈现出崇高美的审美特色。

第三节 侗族民间故事审美

侗族民间故事种类繁多，有宝物故事、怪孩子的故事、机智人物故事、鸭变婆的故事、两兄弟故事、动物故事等。民间故事是侗族人民自教自娱自乐的文化形式，有着鲜明的民间审美趣味和审美理想。本节试以杨通山等编选的《侗族民间故事选》为蓝本，从审美角度进行解读。

一 机智人物故事的喜剧美特征

侗族民间故事中有许多机智人物形象，如"卜宽""陆本松""培三桑""满根""二可""天神哥""开甲""满哉笞""包来"等。这些活跃在侗族劳动人民的口头文学之中的机智人物，有男也有女，有农民也有知识分子。其中卜宽、天神哥、开甲、陆本松的故事流传较广，卜宽、陆本松的故事主要流传于南部侗族地区，天神哥、开甲则是北部侗族地区机智人物形象的代表。

西方传统美学理论主要依据讽刺性的喜剧来总结喜剧的美学特征，认为喜剧主人公是渺小的、愚蠢的、畸形的、糊涂的和丑陋的反面人物，侗族民间机智人物故事的主人公都以正面人物形象出现，他们富于幽默感、喜剧感，以幽默机智的思维方式，幽默滑稽的行为方式，幽默诙谐的表达方式为人行事，有极强的喜剧美学特征。

第十章　神话传说寄幻想　故事笑话显世情

1. 喜剧人格

侗族机智人物面对艰难的生活从不悲观绝望,遇到压迫者、剥削者的无理刁难从不惧怕,足智多谋的本事使他们能以玩笑心态面对生活中的任何辛酸和不幸。心胸开朗、乐观自信的喜剧性格往往使他们轻松脱离窘境,在不利或绝望的境况下戏剧性改变事态,赢得喜剧性结局。

卜宽(又译作补宽、卜贯、甫贯、补卦等),是一位聪明、风趣、能干、善斗的普通农民,是流传在黔、湘、桂三省侗族地区一个箭垛式的机智人物。他不惧任何权势,智斗贪心的财主、势利的丈人、傲慢的头人、腐败的县官,他的故事在侗族民间广为传颂。卜宽在斗争中的胜利多半归于其足智多谋,但很多时候也归功于他乐观的性格。

卜宽故事中有一个《宝竹筒》的故事,讲的是一天卜宽拿着一卷侗布准备去市场上卖了买点盐巴,不料他在风雨亭下睡觉时,枕在脖子下的侗布被人用一个竹筒偷偷换走了。卜宽回家挨了一顿骂,为了让妻子高兴,卜宽笑嘻嘻地说自己得了一个宝竹筒,并用计帮妻子找到梳子,帮丈人找到耕牛,于是传出了卜宽有宝贝的消息,很快有人给县官通风报信,县官说愿用十两黄金买宝竹筒。但是,卜宽没想到县官要试一试宝竹筒灵不灵,要卜宽用他的宝竹筒找回丢失的县大印,眼见事情要败露,卜宽不慌不忙,拖延时日想办法。一日卜宽因黄狗叼走鸭肉而大叫"黄狗吐出来",没想到偷藏县大印的正是叫黄苟的差役,本来心怀鬼胎来打探动静,听到卜宽的自言自语以为卜宽是说自己,赶紧主动吐露实情,卜宽找到大印,结果县官愿出一百两买卜宽的宝竹筒。卜宽的乐观心态使故事得到戏剧性的喜剧结局,他以玩笑的态度使自己变被动为主动,使人们在捧腹的笑声中,对他发出由衷的赞美。

机智人物往往都能言善辩,幽默风趣,他们也往往能因此而化险为夷,化忧为喜。陆本松是真实的历史人物,出生于贵州黎平肇兴,虽为知识分子,却代表着劳动人民的利益,他智斗官家劣绅,巧击奸商,因而赢得人民的爱戴。陆本松从小就聪明机智,反应灵活。《十二岁考秀才》的故事说:陆本松十二岁上黎平府考秀才,县官看他年纪小,不让报名,陆本松说:"考官,我今年十二岁,已读书十年了,让我考一下吧。"考官觉得不合常理,陆本松解释说:"我七岁进学堂,白天读五年,晚上又学五年,一共不是十年吗?"考官不得不发给他准考证。陆本松的许多故事如《智斗劣绅》《跟县官算账》《捉强盗》等都显示他具有幽默的性格,幽默的态度,幽默的情感,而幽默是喜剧的基本范畴,是喜剧精神的直接表现。

2. 喜剧冲突

冲突是生活中矛盾的反应,在机智人物故事中反映的矛盾冲突多种多样,有政治、经济、权力等方面的。在物质匮乏,温饱还是人们面临的主要问题的时候,侗族机智人物故事中,经济利益的冲突是最主要的冲突,因而体现在机智人物故事中的冲突以经济利益的冲突最为普遍。冲突的方式也很多,有解决难题、打赌、吟诗作对等内容,但无论哪种冲突,在和权势者的斗智、斗勇、斗嘴中,机智人物都是最后的赢家。

侗族机智人物故事中最多的、最优秀的是长工与地主的故事以及巧女故事,长工和巧女们或智解难题,或巧做活路,或巧对无理之问,轻松化解矛盾与冲突,读完让人不由得会心一笑。归纳一下侗族机智人物化解冲突的方式,主要有以难制难、请君入瓮、文字游戏等。

以难制难。侗族机智人物故事中有很多这样的类型:强势者故意出难题刁难主人公,这些难题不是模棱两可就是不着边际,或是有意羞辱对方,侗族机智人物往往采用针锋相对地提出同类难题来反嘲对方的方式,迫使对方羞愧服输。卜宽故事中的《智取大水牯》就是这样一个例子:卜宽的老丈人是一个爱财如命的大财主,按照侗家的风俗,孩子满月要到外公家出月,外公要送给孩子礼物,以老丈人的财力理应送给卜宽一头水牯,但是又实在舍不得,于是说送给外孙两条牛腿,要卜宽帮他犁一天田然后把牛牵回去,卜宽以不忍心使用老丈人的那两条牛腿为由,将牛轭架在牛背上,使牛无法耕地,老丈人无奈只得叫卜宽第二天再来耕一天田,再送一条牛腿,第二天卜宽又以老丈人的那条牛腿是用五谷杂粮喂的为由,在三条牛腿上绑牛草,让牛饿得无法耕地,老丈人哭笑不得,只好答应再送一条牛腿,这样整个牛都归卜宽了。

培三桑是侗族有名的巧女,她聪明能干的名声越传越远,县官要整治她,于是叫衙役把培三桑的公公叫去,交给他一头公牛,要他牵回去养,一个月后让它生一头牛仔,公公忧心忡忡,三桑却不着急。一个月的期限到了,培三桑在门前挂出柚子树叶,表示有人生产,衙役来牵牛仔时,培三桑说:"不许进去,我公公昨晚生了一个娃仔,禁止生人进屋!"差役大怒说:"胡说!哪有男人会生娃仔的?"培三桑说:"既然男人不能生娃仔,公牛又怎么能生牛仔呢,你县太爷也是在胡说八道!"衙役被培三桑一顿臭骂,只好垂头丧气地牵着那头公牛回去了。县官见计策失败,又生一计,又派衙役把公公叫来,气冲冲地说:"限你三天之内,织一幅侗锦把天遮住,用白米把村前的鱼塘填平,若办不到,就把你儿媳妇培三桑送到衙门来。"转眼三天期限到了。培三桑拿了一把尺子和一杆秤守在门口,县太爷来到门口,她把手中的尺子一扬,冲着县官高声说:"县太爷传的话,小女子不敢不依,不过,请你先用尺子将天量一量,看有多宽多长,我好织锦来盖;再拿秤把塘称一称,看要多少斤米,我好挑米来填。"众人听了这话,都禁不住叫出"好"来。县太爷只好气急败坏、灰溜溜地走了。

请君入瓮。侗族机智人物虽然没有学过逻辑学,但是他们会不自觉地运用这一原理,有用不能反驳的逻辑来迅速解决冲突的本领。包来是财主银富家的长工,腊月三十,包来要回家过年,来找银富领工钱。银富想赖账,就请来三个寨佬做公证人,要和包来打赌,如果包来赢了就赏他一百两银子,还让包来在自己脸上打一巴掌,如果输了就不给工钱。他们要赌的事情是辩论"世上东西怎样才算干净",包来说:"看不见就算干净。"银富和寨佬们都说用水洗了才干净,包来就用请君入瓮的方法,拿洗了的尿桶到财主家的水井里打水,还要财主和寨佬当场喝下尿桶里的水以证明"洗了干净",财主和寨佬只得推翻自己的说法。包来不仅拿到了银子,还在财主脸上重重地打了一巴掌,财主埋怨包来打得重的时候,包来说:"你平时骂我们干活不卖力气,其实,我为你干活时,花的力气比这大得多呢。"

文字游戏。侗族机智人物读书不多,但是他们懂得利用生活中的智慧为自己争取权利,避免剥削。黔东南流传着开甲的故事,其中有一个《三个条件》的故事就是讲的开甲利用隐喻玩文字游戏。有一个财主对长工特别苛刻,知道的人都怕去他家做活路。一天,那财主找开甲来了,请开甲去做一年活路,开甲心想,别个怕他,我不怕,非整他一下不可。开甲话不多说一句,就答应了,但要财主答应三个条件,才肯去上工。这三个条件是:退屁股走路不干,四方帽子不戴,三个同走我不走。财主想了想觉得无关大碍,答应了。没想到叫开甲去栽秧,开甲就说:"我讲过了退屁股走路我不干!"财主哑口了。到打谷子的季节了,财主叫开甲扛谷桶去打谷子,开甲就说:"不是说过的吗?四方帽子我不戴!"财主又哑口了,只好改口说:"那么,你就去把谷子挑回来。"开甲说:"老板,你答应的条件又忘记啦?我说过三个同走我不走嘛!"财主说不过他,只好按照合同办事。

3. 喜剧结局

玛丽·柯林斯·斯华贝在《喜剧的笑》中曾说喜剧有如下三个特点:"肯定生活(例如基本的欢乐和对生活考验的乐观态度);对话含有诙谐的滑稽意味,动作和情境有喜剧性;第三,虽然并非一成不变,结局总是大团圆。"[①]笑是喜剧的审美特征,侗族机智人物故事的结局无一不是坏人被智慧地挖苦、讽刺、捉弄、惩罚,读起来常常使读者忍俊不禁,笑是伴随着整个阅读过程的状态,这种笑是开心的笑、胜利的笑、大快人心的笑、喜剧的笑。

卜宽故事中有一则《智取羊群》的故事:卜宽给头人打了一年工,头人想赖掉工钱,想出一计说卜宽如果能把他的羊群偷走,不光给工钱还连羊群也送给他,头人的如意算盘是偷不了,不用给工钱,偷到了,就去上告,卜宽还是得打工赎罪。而故事的结局是卜宽不仅偷到了羊群,而且还大大地将头人和头人老婆捉弄了一番,让他们有苦难言,因为偷到的羊群分给了众人,想到众怒

---

① [美]玛丽·柯林斯·斯华贝:《喜剧的笑》,转引自蒙书翰《试论机智人物故事的喜剧美学特征》,《民族文学研究》1996年第3期。

难犯，头人也不敢告状了，只能自认倒霉。

《智斗劣绅》则是讲贯洞地方有个劣绅，专门害了人就去打官司告状，欺负没文化的百姓，劣绅听说陆本松小小年纪就高中了秀才，心中不服，扬言要到肇兴去找陆本松比个高低。陆本松打算教训一下劣绅，于是有一天打扮成书童模样到劣绅家借宿，并要求用新被子，说钱不是问题。睡到半夜，陆本松用火把被里烧了一个小洞，再把被面缝好，第二天带着被子不辞而别。劣绅到县官面前告状，公堂之上，陆本松说自己的被子被里有火烧洞，劣绅拿不出有力的证据，被子被判给陆本松。一走出衙门，陆本松就把被子还给劣绅，还说："被子是你的，县官太不公道了，我退还给你。"劣绅得了被子，气势汹汹地又跑进公堂禀报县官道："明明是我的被子，你硬说是他的，一出大门，他就退还给我，还骂你不公道呢！"这时陆本松从外面滚了一身泥进来说："大人呀，你公道正直，把被子判给我，他心里不服，一出大门，以老欺少，把我打倒在地，抢走了被子，反而出口伤人……"结果劣绅被打了五十大板。陆本松呢，一出门就把被子还给劣绅，并告诉他说自己就是陆本松，叫他不要再告状了，劣绅带着被子灰溜溜地回家了。

二 宝物故事中的民众审美理想

"宝物是对人们最有影响的理想之一，是沉睡在人类心灵深处的拯救精神十分明显的变体，它是一种乐观的信念表达。"[①] 侗族民间故事中的宝物类型很多，有会拉金子的小黄狗，有能起死回生的宝珠，有想要什么就能变出什么的宝盆，有无谷也能磨出米的石磨等。在缺衣少食、生活困窘的境况下，人们幻想有某种超自然的力量来帮助自己摆脱困境，点亮生活的希望，获得生活的乐趣和鼓舞，存在于侗族民众想象中的形形色色的宝物就这样虚拟地满足着人们的心灵世界。

---

① 程蔷：《民间叙事中的宝物幻想》，《民族艺术》2002年第1期。

1. 善良是"得宝之宝"

侗族宝物故事中的得宝者无一例外都是生活中的弱者：不是饱受剥削的长工，就是无父无母的孤儿，或者是被继母虐待的女孩，他们是生活中被欺侮与被损害者，是生活在社会底层的无助的百姓。但是，尽管他们自身处境不幸，让人同情，他们从不自暴自弃，更为重要的是，他们还具有心地善良的特征，同情比自己更弱者，以自己的微薄之力无怨无悔地帮助更弱者，这样的精神和举动才是他们的"得宝之宝"，神灵往往化身更弱者，去考验他们的人品，在这个品德考验中过关者，神灵便以宝物相赠。

故事《宝盆》中，李山成是龙胜独车寨的穷后生，在桂林马员外家签下十年卖身契，言定日期不到不准回家，否则工钱全无，还得付赎金。员外要求山成每天割一担鲜嫩的马草，否则挨打受骂，不给饭吃。一天山成上山割草，遇到一个老奶奶挑水上山，山成帮老奶奶挑水回家，看到老奶奶家十分破败，山成决定每天帮老奶奶挑水，三个月过去了，老奶奶送给山成一个宝盆，在里面种上草就每天都能割一担鲜嫩的马草，放几粒米，宝盆就长出米来喂饱鸡。

在神灵的人品考验中不过关的，得到的就不是宝物，而是惩罚了。故事《两条手巾》说：从前有一户人家，只养一个女儿，叫丽花，丽花六岁那年，妈妈病死，爸爸续娶了一个叫尼培利（侗语，意思是培利的妈）的女人，带着一个叫培利的女儿。尼培利对丽花百般刁难，先要她用竹篮挑河水，后来要她去更远的地方挑泉水。一天，丽花在挑水途中遇到一个老奶奶向她讨水喝，丽花很恭敬地舀给她喝，水漏了就再去挑，一连三天都这样，第四天小姑娘再见到老奶奶时主动舀水给她喝，老奶奶送给她一条手巾，她用手巾和泉水洗脸，不仅把后母打的伤痕洗掉了，而且还越变越美丽。后母知道事情原委后要自己的亲生女儿也去挑水，培利果然遇到老奶奶讨水喝，可是老奶奶舀一瓢水喝一半倒一半，培利气得大骂，第二天再见到老奶奶，老奶奶还把水桶弄翻了，培利马上显示出自己的刁蛮本色，要老奶奶赔，老奶奶赔给她手巾。母女二人以为得到宝物，用手巾洗脸，却越洗越丑，于是偷偷换了丽花的手巾，洗后竟然全身发痒，还长出又粗又黑的毛，手脚也变了样子，成了猪。

《长工和癞疙包》按主人公得宝、失宝、宝物复得的顺序进行，这个故事中的宝物已不只是能令穷人"食之不饥"或让坏人"异形"，而是具有了起死回生的奇效。故事说有一个叫粟以琏的后生给周家大户做长工，常常把自己的饭分给屋后岩洞里的癞疙包（癞蛤蟆）吃，日子久了就成了朋友。几年过去，周财主用计赖掉了粟以琏的工钱，还把粟以琏赶出家门，粟以琏攒钱娶妻成家的愿望破灭了。第二年端午节癞疙包送给粟以琏一颗可以起死回生的宝珠，说宝珠可以帮他娶到妻子，要他拿着上京。粟以琏上京途中用宝珠相继救活了一只老鼠、一条蛇、一只蜜蜂，后来看见一个人死在路边，善良的本性使他违背了癞疙包要他路上不要用宝珠来救人的告诫，义无反顾地救活了他。没想到他所救的人恩将仇报，将他推下深潭，还盗走行李和宝珠，使他沦为乞丐。最后，他所救的老鼠帮他偷回宝珠，救过的蛇化作桥把他从深潭救起来，还用计帮他给皇后娘娘治病，使他获得娶公主的权利，蜜蜂呢，则帮他在三十六顶轿子中选出公主，使粟以琏最终与公主成亲。粟以琏因为善良获得宝物，又因为善良失去宝物，但最终还是因为善良重新获得宝物。

2. 宝物之助弱惩强

在现实世界中，往往是富人生活在天堂，穷人生活在地狱，而在侗族宝物故事中正好相反，这种穷人和富人的处境秩序被打破，总是穷人得意，富人倒霉。

侗族宝物故事中的宝物，不仅只有穷苦善良的人能得到，而且只能在穷苦善良的人手中发挥作用，一到坏人和贪得无厌的人手中，不是失去灵性，就是使之遭殃。《小金包》故事中，给小金包和瞎眼的阿萨（祖母）屙金子的小黄狗，到了财主金百万铺了红毯子的八仙桌上就只会拉狗屎了。侗族宝物故事中的地主、财主之类的富人往往都被叙述成既吝啬贪婪又愚蠢卑鄙之徒，一旦获知宝物的事，就不顾一切地巧取豪夺，但结果不仅拿不到宝物，还会受到程度不同的惩罚。

《叭累的石磨》中，叭累从小和母亲相依为命，乞讨度日。叭累长到十二岁的时候想通过自己的劳动养活母亲，但是财主粟万说百里峒河，脚下的土，头上的天,都归他管,几次把叭累自己开荒种地收获的粮食抢走。叭累没有活路,就到没有人烟的高山上去打石头,有一天他打出一块亮闪闪的石头,很是喜欢,就用它打了一副小巧的石磨,没想到石磨无谷也能磨出米来,叭累发现这个奇迹后就去鸣鼓集众,告诉大家这个喜讯,从此全寨的穷苦百姓都吃上了白米饭。这件事被粟万知道了,抢去石磨,石磨却不听指挥,什么也磨不出来,于是骗叭累叫石磨磨点金子看看,叭累心想这金子又不能吃,只他富人家喜欢,穷人拿了没有用处,就答应了。当石磨开始磨出金子以后,为了占有金子和石磨,财主和老婆儿子一起把叭累打死了,财主高兴地把石磨搬到山顶,准备要石磨磨出几座金山,结果石磨越转越快,磨出的金米像山洪暴发一样,朝着财主一家涌来,最后全家人都淹死了。

《归凼山上的故事》中,培花姑娘受到后娘的虐待,山神很同情她的不幸遭遇,变成一个漂亮的后生和她成了家,父亲去做客的时候培花送给父亲礼物,父亲只带回一副金碗筷,后娘听说后,盘算着去培花家把丈夫没要的金床、金板凳也都拿回来,她来到培花家,培花送给她新衣服、金床、金板凳、金碗筷,还用金轿子送她回家。后娘回家途中下起了冰雹,金轿子被打得稀巴烂,新衣服也被雨淋化了,手里的金碗筷变成了一个蛇蛋和两条毒蛇,金床、金板凳、轿夫全都没有了,全变成豺狼、野狗、毒蛇包围着她,后娘惊吓而死。

现实社会是黑暗的,财富分配不公,贫富悬殊,富人靠剥削和压榨穷人的劳动力获取财富,穷人在精神和肉体上承受双重不幸,侗族宝物故事以想象的世界弥补着侗族人民现实生活世界的不足,宝物助弱惩强的幻想使社会财富分配的过度倾斜被做了某种程度的调整,给那些贫者、弱者以精神的鼓舞。呈现在侗族民间宝物故事中的这种审美趣味和审美理想体现的是侗族民众对社会公平的渴望。

侗族民间文学既是一种文学现象,也是一种文化现象。神话传说、民间故事中所体现的神性与人性统一、万物有灵与众生平等的生态观念,娱乐性与超功利性的价值诉求,充分体现了侗族审美文化心理。

第十一章 斑斓赋彩写天真 拙朴布局绘真淳

——侗族农民画审美

侗族农民画是农耕文化的产物，带有农民原始经验和民俗文化积淀而来的艺术思维特质，符合大众审美趣味。本章从色彩风格和构图造型两方面对侗族农民画做了一些审美解读：侗族农民画色彩风格具有丰富饱和性、对比协调性、装饰写意性，形成热闹明快与夸张刺激的色彩风格；构图上具有平面性、全景性、饱满性，体现出饱满拙朴的构图与造型趣味。

广西三江侗族自治县位于广西北部，地处湘、桂、黔三省（区）交界处，属黔桂湘侗族大文化圈，是南部侗族文化的典型代表，也是侗族农民画的故乡。侗族农民画产生于20世纪六七十年代，是配合政治宣传而诞生的一种艺术形式，改革开放以后，形成了具有浓郁少数民族特色的民间艺术，并在20世纪90年代以后达到发展的高峰，现在三江自治县在侗族农民画的发源地独峒建有专门的侗族农民画传承基地，有80多个农民画家在传承基地作画，相对固定的有10多个，还有近40个学生学徒。如今三江侗族农民画这朵开在泥土里的艺术之花已走出独峒，走出三江，走出广西，广泛参加全国展览及评奖活动，被各地博物馆收藏，被广泛应用于景区、酒店、宾馆装饰，甚至走出国门，蜚声海外，被作为礼品赠送给外国友人，成为人们竞相购买的装饰品、收藏品。

图 11 - 1 广西三江独峒农民画家吴述更

来源于侗族的日常生产生活，根植于侗族民族艺术的沃土，侗族农民画题材多样，从不同侧面反映了三江侗族的生活习俗、山水风光、社交活动、节日庆典和恋爱婚姻等内容，在农民画家笔下，牧牛归寨、拉木放排、榨油碾米、踩桥贺楼、织布捶布、理纱织锦、走寨偷亲、坐夜对歌、抬官人、抢花炮、赛芦笙、跳多耶舞、琵琶歌、百家宴等生产生活、节日庆典、饮食习俗、体育娱乐等活动场景，丰收的喜悦、节日的欢腾、家庭的幸福等欢乐气氛，侗寨、鼓楼、风雨桥等民族风物都是入画的题材。农民画的创作主体是农民，欣赏主体也是与创作主体一样的群体，是农民画给农民看的，因此，它必然带有农民原始经验和民俗文化积淀而来的艺术思维特质，符合大众审美口味。侗族农民画在审美品位上不倾向简洁疏淡，而是强调画面的完整细致，富于装饰性，甚至走向繁复的境地，强调在造型、构图、设色等方面的视觉刺激，构图饱满稚拙，用色鲜明夸张，画风粗犷豪放，天真古朴，具有清新浪漫的生活气息及艺术特征。

本章拟从色彩风格和构图造型两方面对侗族农民画做一些粗浅的探讨。

第一节 热闹明快与夸张刺激的色彩风格

男人和女人的结合对于繁殖人类是必需的,形状和色彩的结合对于创造绘画也是必需的。[①] 如果说形状是绘画中充满气魄的男性,色彩便是绘画中充满诱惑的女性。正如诗歌美妙的节奏是耳朵的诱饵一样,在绘画中,色彩起着吸引眼睛注意的诱饵的作用。不同的色彩对应不同的情调,引起人不同的情绪,即便是同样的色彩在不同的文化环境中也具有不同的文化象征意义,因而给人带来不同的感觉体验。

色彩是民间艺人和受众进行对话的一种独特的文化语言,有着多方面的表现功能,侗族农民画家的民族情感、经验和思想在色彩应用过程中得到显现,农民画家把他们对美好的追求、对生活的热爱、对理想的追求、对幸福的祈望通过色彩传达出来。侗族作为中华民族大家庭的一分子,在色彩观念上必然受到汉文化色彩观念的影响。在色彩表现上,除了受传统的"五色"为正色的观念影响以外,侗族农民画在色彩表现上同时又极富自己的特色,总体上说有着丰富而饱和、对比与协调、装饰与写意的风格。

一 丰富、饱和性

传统的国画色彩经过千百年中华文明的反复锤炼,形成了具有高度概括性,同时又具有丰富的代表性的黑白世界,民间美术色彩则更多地保留了未经刻意修饰的淳朴和单纯。热闹明快与夸张刺激的色彩表现是侗族农民画色彩选

[①] 参见[法]查理·勃朗克《艺术构图原理》,转引自[德]鲁道夫·阿恩海姆《艺术与视知觉》,四川人民出版社1998年版,第457页。

择的显著特点，侗族农民画家都希望自己的画"显眼"，"显眼"就意味着色彩的明快鲜艳。罗耘的《茶园春色》（见图11-2）颇能代表侗族农民画的用色特征：这幅画表现的是侗家妇女采茶的场景，画面用色繁多，显得五彩缤纷，艳丽浓烈而丰富鲜明。在色彩选择上以红、黄、蓝等原色，黑与白极色或紫、绿、橙间色为主，比较少用灰暗、清淡、优雅的复色，而作为非混合色的原色和比例均匀的原色混合出的间色明度和纯度都很高，具有很强的表现力和视觉冲击力，在一起能造成"红红绿绿"的火爆效果。构成画面主体的五个妇女的衣服分别是大红、橙、紫、蓝，只有其中一个人的衣服用了纯度相对偏低的复色洋红；茶树垛主要以不同纯度和明度的蓝色辅以绿、粉、橙、青来表现，浓烈而明艳，配以黄色的茶篓、绿色的茶叶、粉色装饰的头巾、大红的胭脂和嘴唇⋯⋯以繁复而浓丽的色彩造就热烈喜庆的气氛，显现着强烈的民族情感和审美特征。

图11-2 罗耘《茶园春色》（杨尚荣提供）

二 对比、协调性

侗族农民画色彩以色相丰富为显著特征，但并不是色彩的随意堆积，侗族农民画家在实践过程中，摸索出一套颜色搭配的规律，懂得色彩搭配才能呈现好的效果。中国民间有许多程式化的赋彩口诀，如"软靠硬，色不楞"，"红配黄，喜煞娘"，"红间绿，花簇簇"，"紫是骨头绿是筋，配上红黄色更新"，也有一些色彩搭配的忌讳，如"红忌紫，紫怕黄"，"青间紫，不如死"。侗族农民画家在设色上也基本遵循这样的规律，在用色丰富的同时注重色相对比、色彩面积对比、冷暖对比，同时，在强烈对比中又适度调和，使画面鲜艳夺目而又舒适协调。

色相对比是在人类绘画历史上出现最早的色彩对比，是最直截了当、最鲜明、最本质的色彩对比，侗族农民画家喜用对比色，更是偏爱补色对比。色相环上黄与紫、橙与蓝、红与绿的三对色互为补色，它们既互相对立，又互相满足，补色的调和与搭配可以产生华丽、跳跃、浓郁的审美感觉。杨清利《侗乡茶农曲》（见图11-3）将未经掺和的色彩以其最强烈的明亮度来显示、并置，产生极强的张力和刺激性，取得响亮而明确的效果。画面主体以不同明度和纯度的蓝色为主：蓝色的天空、河水、茶园、稻田、树木、女人的衣服、男人的裤子，蓝色构成画面的主色调，再画上橙色的屋顶、墙壁、窗户、主人公的上衣。除了蓝色和橙色，占面积较大的是紫色和黄色，紫色的吊脚楼、鼓楼、道路、栏杆，次要人物的衣服基本都处理为紫色，再配上几笔黄色装饰的屋顶、石块等。蓝色和橙色互为补色，紫色和黄色互为补色，两组颜色在一个画面互相使对方达到最大的鲜明性，形成强烈的对比，产生鲜明的视觉效果。

歌德把色彩划分为积极的（或主动的）和消极的（或被动的）色彩，所谓积极的（或主动的）色彩主要是指黄、橙、红等暖色调，这些色彩能够产生一种积极的、有生命力和努力进取的态度，特别是橙色能给眼睛带来温暖和欢

图 11-3 杨清利的《侗乡茶农曲》(杨尚荣提供)

乐的感觉,督促人前进和参与更多的活动。康定斯基认为橙色"能唤起富有力量、精神饱满、野心、决心、欢乐、胜利等情绪"[1]。消极的(或被动的)色彩主要是指色环中蓝、绿一边的冷色调,冷色看上去离我们很远,具有沉静和后退感,特别是绿色和紫色,它们具有庄重的、超自然的无穷奥妙,它不像别的色彩那样具有感染力、扩张性和刺激性,能使眼睛和心灵都宁静下来,给人一种真正的满足。杨清利《侗乡茶农曲》中除了橙色、黄色、紫色、蓝色以外占比重较多的是绿色和蓝绿色,绿色和蓝绿色也是画面的主要色彩基调,也就是说,整幅画中既用到了补色对比,又充分利用了冷暖对比,冷暖对比使得画面既红火热烈又不失稳重协调。

---

[1] 康定斯基语,转引自 [德] 鲁道夫·阿恩海姆《艺术与视知觉》,四川人民出版社 1998 年版,第 469 页。

第十一章 斑斓赋彩写天真 拙朴布局绘真淳

  侗族农民画家在注重对比的同时，也懂得调和，调和的技巧很多，如艺人们在布色时并非直接把对比强烈的互补色直接并置在一起，而是通过线条和色块进行间隔和过渡，如《侗乡茶农曲》蓝色与橙色之间，紫色与黄色之间都用到其他颜色的色块或色线进行间隔、过渡，起到调和的作用。

  另外，农民画家们还懂得通过色彩面积对比制造画面的均衡感。他们作画时，一般会在一幅画面上使用一种占主体地位的色彩确定画面的基调，以对比色色块形成对抗、反衬、呼应的色彩面积关系，在跳跃中进行调和。根据色彩知识，对比色彩的双方面积相当的时候，互相之间产生平衡，对比效果强，是一种抗衡调和法。几种色彩并列时，若要使色彩间的对比有均衡感，各色所占的面积比例应该有大小不等的差异，通常高彩度的色彩应该占较小面积，色感弱的占较大面积，当面积大小悬殊时，则产生烘托、强调的效果，是一种优势调和法。根据歌德系数，几种纯色明度的比为黄：橙：红：紫：蓝：绿＝9∶8∶6∶3∶4∶6，在一个画面上为了保持色量的均衡，色彩的面积比应与明度比成反比关系。具体数量关系见表11-1：

表 11-1   色彩面积比与明度比对照

	黄	橙	红	紫	蓝	绿
明度	9	8	6	3	4	6
面积	3	4	6	9	8	6

  侗族农民画家虽然没有多少专业的色彩知识，但色彩的搭配基本是科学的。还是以《侗乡茶农曲》为例，根据歌德系数，画面中紫色和黄色的面积比应该是9∶3，也就是3∶1，蓝色和黄色的面积比应该是8∶3，从观察来看，画家的配色基本是符合这个比例的，因为这个比例关系，画面有一种稳定的色彩结构，从而获得了协调的效果，让人感觉明朗而舒适。

三 装饰、写意性

  色彩的表现有很强的直接性、自发性，以至于我们不能把它归结为认识的产物。侗族农民画在用色上不像学院派画家那样有过多的讲究，用色写意而非写实，写实色彩的根源来自视觉，是客观世界在艺术创作主体眼睛中的反映，写意色彩源自主体对客观事物认知后产生的心象。侗族农民画家在色彩选用上主观而直觉，重理想、感情和心象，从不机械复制、再现世象原型的色彩，而是大胆布色，直抒胸臆，不为客观物象和条条框框所局限，因此在他们笔下，茶树有绿色的，也有蓝色的、橙色的，梯田是花花绿绿的、吊脚楼是五彩缤纷的、大地是红的、石子路是紫的、栽满秧苗的稻田是橙色的、黄色的，作者不拘泥于自然色彩现象，不以刻板地描摹对象为目标，更没有西画中微妙的色彩变化，施色主观直觉、放笔直取、大胆提炼，使作品的整体效果显现出浓厚的平面装饰趣味。

第二节 饱满拙朴的构图与造型风格

构图是画家有意识地将可视世界中能为自己画面所用的形象和元素按照装饰性、秩序化的方式安排在一起的艺术。侗族农民画家在构图上有着鲜明的特色，主要体现为画面的平面性、全景性和饱满性。

一 平面性

侗族农民画家没有透视方面的知识，没有在平面上科学地再现空间感、立体感的方法，在很多时候他们避免重叠构图所需要的透视学知识，在绘画中把事物都处理成平面形态，在画面构图上注重对象的平面装饰性表现，不关心物象体积和层次的不同，不追求画面的纵深立体效果，很多时候他们假定表现对象总是处于同一视平线上，采用平视的方法，把物象中的近、中、远三景都归纳在一个面上，形象呈上下、左右平面展开，没有远近、大小、虚实的变化，

第十一章 斑斓赋彩写天真 拙朴布局绘真淳

只注意物象上下、左右位置的经营,把自然形态和立体结构关系变成艺术形态的平面结构关系,排列是侗族农民画中一种常见的构图形式。

排列形式在艺术中是一种秩序化的审美形式,排列构图显现出一定的秩序感和节奏感。侗族农民画家常用排列的方式展现集体场景,这是因为侗族人民的生活方式决定了人们之间紧密的凝聚关系。侗族人民以村寨为中心的生活方式产生了很强的凝聚力和聚居性,很多的生活、生产活动都是人们共同努力去完成的。因此,特别是在人们休息和娱乐的生活场景中,由群体人物排列组成的场景非常常见,如唱大歌、跳多耶舞、赛芦笙、鱼塘抢塘比赛、地头斗牛活动等,农民画家很自然地把这样的场景表现在他们的笔下。在侗族农民画的画面构成中,比较常见的是平行排列和环形排列。

图 11-4 三江鼓楼博物馆画展

图 11-4 是笔者于 2012 年 10 月广西三江侗族旅游文化节期间在三江鼓楼博物馆的画展上拍摄的一幅参展画作,画面中有两组人物排列,反映的应该是大歌表演的场景。上面一排四男三女错落排列,是画面的中心,应该是歌唱演

员，他们的服装统一，表情一致，使画面充满秩序感；下面一排只有半身在画面中，应该是观看表演的观众，正对着演员的五个人物只画出了后脑勺，作者巧妙地用头上的装饰区别了性别和年龄——白包头的是妇女，蓝色带尖缠头的是男子，没有头饰的是孩童，正中间五个观众的左右各有两个人物，左边两个是成年人，右边两个是孩子，动作表情不一样，但都是一个正面一个侧面，使画面显得均衡。除了这些人物之外，画面上还有三个人物，一个是演员背后隐隐有个男子，一个是手插在裤兜里行走的路人，再一个是在树下捉迷藏只露着一张脸的孩子，三个人物与画面整体势态有区别，正是这一差异，使得画面在和谐、紧密的秩序中显得有变化，丰富而生动，同时又表现出大歌表演在侗族人民的生活中显得既正式又平常，是侗族人民生活的常态。

平行排列不仅体现在群体人物画中，对于树木、房屋、飞鸟等景物，侗族农民画家也多采用这种方式构图，从下而上、从左而右，较有秩序、一览无余地排列组合在一起。

环形排列给人饱满、流动、完整的感觉。杨共国的《侗族多耶节》（见图11-5）就是典型的环形排列构图，画面人物众多，是侗族多耶舞场景的真实再现。画面上蓝色的圆形歌坪和歌坪上熊熊燃烧的篝火一下子构成了视觉的中心，人物组成三个圆圈，最里边是手拉手歌舞的侗族女子，外面两圈的男子均两手搭在前面一个人的肩上，身体前倾，所有人物有着相同的姿势、相似的服饰、相同的表情，属于构图中重复的构图方式，重复构图能够使画面产生强烈的节奏感和韵律感，给人一致、稳固和统一的感觉。侗族农民画家似乎对圆形构图情有独钟，无论真实场景人们活动的排阵布局是不是圆形，也不管现实中真实的风景是不是圆形，画家在构图的时候都习惯于处理为圆形，如梯田在我们的经验中并不是圆形的，上文分析的杨清利的《侗乡茶农曲》就把梯田画成圆形的，而且这并非个例，笔者在画展上看到很多类似的把梯田画成圆形的作品。环形排列构图适合表现循环性情节或主题的圆满性，这与老百姓追求完满、团圆的潜意识有关，同时更为重要的是，侗族崇拜太阳和月亮，所以对圆形有着下意识的喜爱。

第十一章 斑斓赋彩写天真 拙朴布局绘真淳

图 11-5 杨共国的《侗族多耶节》（笔者摄于三江博物馆农民画展）

二 全景性

  侗族农民画在构图上还有全景性特点。山水、花鸟等文人画追求的是"删繁就简三秋树，领异标新二月花"（清·郑板桥诗句）、"触目横斜千万朵，心只有两三枝"（清·李方膺诗句）之类"简"或"局部"的图像布局艺术，侗族农民画家的审美趣味正好相反，有大而全的观物取象理念，绘画中有看得多、看得全、看得远大的场景式构图习惯。他们时常会运用以大观小的散点透视构图法，画家的观察点不是固定在一个地方，也不受固定视域的限制，而是根据需要，移动着立足点进行观察，画家以大于景、高于景的视角把各个不同立足点上所看到的东西都组织到自己的画面上来。这种表现手法和文学中的全知叙事手法有异曲同工之妙。文学作品中作家使用全知叙事叙述故事时，作家扮演着上帝和神的角色，他的叙述不受时间和空间的限制，无所不知无所不晓，发生在同一时间不同地点或者同一地点不同时间，甚至上下多少年，纵横多少里的事件都可以叙述。而且，他不仅知道作品中人物的一举一动、一颦一笑，还知道他们隐秘的心理活动。

侗族农民画家犹如文学作品中采用全知叙事视角的作家一样，构图中破除自然逻辑的束缚，超越相对时间，拓展客观空间，不拘一格、突破常规、匠心独运、异想天开，将一些不同过程、情节的场面组织在一起，甚至将不同季节、不同空间的物象进行组合：同一幅画面中，有的既表现春天的景象，又同时出现冬天的景象；有的可以出现山前的景，也可以出现山后的景，或者既可清楚地看到山上的景，也可看到山下的物；有的画面主体是风雨桥前面的人物和活动，却也看得见风雨桥后面河水里游动的小鱼；有的画屋子前锯木头、造房子的场景，却让你看见屋子后面的人举着锄头锄地……他们不管"丈山尺树，寸马分人，远人无目，远树无枝，远山无石，隐隐如眉（黛色），远水无波，高与云齐"（王维《山水论》）。之类的构图造型常识，物象的大小比例不是按照科学而是按照心意设置，不管远近，人物的大小都一样，有些主要人物即使前面被遮挡也依然被画得很大很完整；有的图中物象明显不合比例，斗鸡场景中鸡和人一样高；有的为了突出主要人物而把主要人物画得比次要人物高大好几倍，这样的处理，看似不合理，却也有趣，带给人清新拙朴的气息。

在侗族农民画家笔下，真可谓千仞高山一览无余，万丈大地尽收眼底，不仅可以表现眼睛看见的东西，还可以心想神游，表现心里想到的东西。这种全景式构图使得侗族农民画作品的信息量丰富，充满浪漫色彩。

三　饱满性

农民有着节俭的天性，他们珍惜每一寸土地，在成行的玉米地的空隙种上瓜，在狭小的犁耙不能到的地头点上豆，在每一寸土地上都撒播下希望的种子，等待来年长出密密麻麻的庄稼，庄稼长得密、长得满，就意味着丰收，意味着幸福和美好，这些在闲暇之余拿笔作画的农民们把拿锄头的经验和思路运用到自己的画笔中，如同不愿意浪费每一寸土地一样，他们也不愿意浪费一点画布，不浪费一点空间，他们力图把其所见、所闻、所想的一切题材内容都描绘在咫尺画幅中，因此，他们喜欢在画面上密密麻麻地塞满人物或其他各种造型美丽的形象，希望所有的艺术形象都直观地、一览无余地展现给观者，画面塞得满满的，几乎不留空白。如有空白，必以飞鸟、走兽、小树、云纹等填充其间，否则觉得可惜。杨共国的《侗族多耶节》中画满了密密麻麻的歌舞者和房屋，画面的左右角房屋和舞者的空隙中再画上各具情态的观众，密密麻麻的吊脚楼的窗户中还露出人的脸，整个画面满、密、全，五彩缤纷，但是画面中心突出，细而不乱，密而不繁。侗族农民画家似乎不懂得"以虚当实"，也不管什么"计白当黑"，只是一味地铺天盖地，迎面而来。这种"满"的构图也许显得笨拙，却也丰满朴实，为空灵精致的艺术所不能替代，它不仅营造出一种充实、热闹的气氛，还表达出质朴的劳动人民希望生活圆圆满满的美好愿望。

笔墨丹青意，芬芳泥土情。侗族农民画是农耕文化的产物，是侗族民间艺人们农闲时自发自觉的创造，它植根于侗族民间艺术的土壤，吸收了侗族刺绣、剪纸、服饰、织锦等民间传统美术的表现手法，斑斓赋彩写天真，拙朴布局绘真淳，广西三江侗族农民画丰富了我们的美感体验，有其存在和探讨的价值。

参考文献

冯祖贻：《侗族文化研究》，贵州人民出版社 1999 年版。
张世珊、杨昌嗣：《侗族文化概论》，贵州人民出版社 1992 年版。
陈幸良、邓敏文：《中国侗族生态文化研究》，中国林业出版社 2014 年版。
张泽忠、吴鹏毅、米舜：《侗族古俗文化的生态存在论研究》，广西师范大学出版社 2011 年版。
张泽忠：《侗族文化传统的审美生存研究》，广西师范大学出版社 2012 年版。
朱慧珍、张泽忠：《诗意的生存：侗族生态文化审美论纲》，民族出版社 2005 年版。
石佳能：《侗族文化研究笔记》，华夏文化艺术出版社 2000 年版。
石佳能：《独坡八寨侗族文化》，华夏文化艺术出版社 2004 年版。
廖君湘：《南部侗族传统文化特点研究》，民族出版社 2007 年版。
杨筑慧：《侗族风俗志》，中央民族大学出版社 2006 年版。
吴嵘：《贵州侗族民间信仰调查研究》，人民出版社 2014 年版。
杨通山等编：《侗族民歌选》，上海文艺出版社 1980 年版。
吴炳升、陆中午主编：《侗族文化遗产集成·信仰大观》，民族出版社 2006 年版。
陆中午、吴炳升主编：《侗族文化遗产集成·习俗大观》，民族出版社 2004 年版。
陆中午、吴炳升主编：《侗族文化遗产集成·做客大观》，民族出版社 2004 年版。
吴炳升、陆中午主编：《侗族文化遗产集成·建筑大观》，民族出版社 2006 年版。
吴炳升、陆中午主编：《侗族文化遗产集成·侗寨大观》，民族出版社 2006 年版。

陆中午、吴炳升主编：《侗族文化遗产集成·侗歌大观》，民族出版社 2004 年版。
陆中午、吴炳升主编：《侗族文化遗产集成·侗戏大观》，民族出版社 2004 年版。
陆中午、吴炳升主编：《侗族文化遗产集成·服饰大观》，民族出版社 2004 年版。
吴浩：《中国侗族建筑瑰宝：鼓楼·风雨桥》，广西民族出版社 2008 年版。
湖南省少数民族古籍办公室主编：《侗款》，岳麓书社 1988 年版。
贵州省文管会办公室、贵州省文化出版厅文物处编：《贵州侗族音乐——南部方言区》，贵州人民出版社 1985 年版。
黔东南苗族侗族自治州地方志编纂委员会：《黔东南苗族侗族自治州民族志·经济卷》，贵州人民出版社 2000 年版。
廖梦华：《侗族传统婚恋习俗研究——以广西三江侗族自治县独峒乡为例》，硕士学位论文，广西师范大学，2010 年。
林河：《抢亲之夜》，载杨通山等《侗乡风情录》，四川民族出版社 1983 年版。
贵州少数民族古典整理办公室编：《侗族大歌》，贵州民族出版社 2003 年版。
杨晓、王文章：《侗族大歌》，浙江人民出版社 2009 年版。
方中笑主编：《侗族大歌研究五十年》，贵州民族出版社 2003 年版。
潘年英：《民俗·民族·民间》，贵州人民出版社 1994 年版。
吴凡编：《侗族音乐》，中国文联出版社 2008 年版。
吴桂贞主编：《三江民族文化小词典》，广西民族出版社 2007 年版。
湖南省文化厅编：《湖南民族民间舞蹈集成》（三），湖南文艺出版社 2009 年版。
湖南省文化厅编：《湖南民族民间舞蹈集成》（四），湖南文艺出版社 2009 年版。
过伟、力平主编：《秦娘梅传奇》，天马图书有限公司 1998 年版。
黔东南苗族侗族自治州文化局主编：《贵州侗戏》，贵州民族出版社 1989 年版。
李瑞岐主编：《民间侗戏剧本选》，贵州人民出版社 1986 年版。
潘永荣等：《金汉列美》，贵州人民出版社 2007 年版。
孙文辉：《湖南新晃侗族傩戏"咚咚推"》，四川人民出版社 2008 年版。
杨权编：《侗族民间文学史》，中央民族学院出版社 1992 年版。
黔东南苗族侗族自治州文艺研究室、贵州民间文艺研究会：《侗族祖先哪里来：

侗族古歌》，贵州人民出版社 1981 年版。

杨保愿：《嘎茫莽道时嘉·侗族远祖歌》，中国民间文艺出版社 1986 年版。

杨通山等编：《侗族民间故事选》，上海文艺出版社 1982 年版。

编写组：《侗族文学史》，贵州民族出版社 1988 年版。

杨通山：《侗族民间爱情故事选》，广西人民出版社 1983 年版。

汪民安：《文化研究关键词》，江苏人民出版社 2007 年版。

陈国钧：《文化人类学》，（台北）三民书局 1977 年版。

李泽厚：《美的历程》，安徽文艺出版社 1994 年版。

李泽厚、刘纲纪：《中国美学史》，安徽文艺出版社 1999 年版。

彭修银：《东方美学》，人民出版社 2008 年版。

陈炎：《中国审美文化史》，上海古籍出版社 2013 年版。

仪平策：《中国审美文化民族性的现代人类学研究》，中国社会科学出版社 2012 年版。

姚文放：《审美文化学导论》，社会科学文献出版社 2011 年版。

黄秉生、袁鼎生：《民族生态审美学》，民族出版社 2004 年版。

乃昌：《西藏审美文化》，西藏人民出版社 1989 年版。

李景隆等：《青海审美文化》，民族出版社 2009 年版。

杨彬等：《中国当代少数民族小说的审美特色研究》，中国社会科学出版社 2012 年版。

李庆福：《瑶族审美文化》，中国社会科学出版社 2013 年版。

彭卫红：《彝族审美文化》，中国社会科学出版社 2013 年版。

李安宅：《巫术与语言》，上海文艺出版社 1988 年版。

邓启耀：《衣装秘语》，四川人民出版社 2005 年版。

王绍周编：《中国民族建筑》（第一卷），江苏科学技术出版社 1998 年版。

张树栋等：《中国婚姻家庭的嬗变》，浙江人民出版社 1990 年版。

［英］詹姆斯·乔治·弗雷泽：《金枝》，陕西师范大学出版社 2010 年版。

［英］爱德华·B. 泰勒：《人类学·人及其文化研究》，广西师范大学出版社 2004

年版。

[奥]西格蒙德·弗洛伊德：《图腾与禁忌》，中央编译出版社2005年版。

[美] J. H. 布鲁范德：《美国民俗学》，李扬译，汕头大学出版社1993年版。

[芬兰]韦斯特马克：《人类婚姻史》，王亚南译，上海文艺出版社1988年版。

[美]库尔特·萨克斯：《世界舞蹈史》，郭明达译，上海音乐出版社1992年版。

[德]恩斯特·格罗塞：《艺术的起源》，蔡慕晖译，商务印书馆1984年版。

[美]苏珊·朗格：《情感与形式》，中国社会科学出版社1986年版。

[苏联]尼·阿·德米特兰耶娃：《审美教育问题》，冯湘一译，知识出版社1983年版。

后　记

　　这一本书，花费的时间确实太长了！说起来很惭愧，2011年春天接到任务，在键盘上敲下最后一个字，已到了2015年年末！

　　侗族于我，本是个陌生的民族，甚至第一次看到这个"侗"字，还小心翼翼地查了字典。我的出生之地属武陵山区，和侗族共生于一个山系，但是，大山阻隔了我的视野和想象，我不知道大山的那边生活着一些人，他们说自己的语言，有自己的圈子；他们住吊脚楼，穿美丽的侗装；他们喜欢唱大歌、吹芦笙，跳多耶舞；他们习惯在鼓楼议事，在风雨桥纳凉；他们玩山坐夜，走寨做客；他们信仰萨神，敬奉土地。他们以自己的方式想象这个世界，展现现实生活，进行人际交往，开创美好未来。

　　侗族是一个具有审美能力的民族，侗人用自己的方式创造着美，诠释着美。侗族之美存在于侗人的服饰、建筑、音乐、舞蹈、戏曲、绘画、文学、婚丧嫁娶、人生礼仪、节日庆典之中，存在于侗族人与人、人与自然、人与诸神的和谐共处之中。在本书的写作中，我不仅学到了知识，还受到了熏陶，可谓收获满满。

　　本书写作期间，我曾五次深入侗族地区：第一次是2011年4月，去了湖南怀化芷江侗文化村，龙津风雨桥，通道皇都寨，牙屯堡大雾梁歌会，坪坦村的阳烂寨、横岭寨、高步寨、芋头寨，广西民族博物馆、广西博物馆等地，为期10天；第二次是2011年11月，去的是湖北恩施芭蕉镇，为期2天；第三次是2011年9月底10月初，去了广西三江博物馆、程阳八寨、龙胜侗乡、良口乡和里村三王庙、独峒侗族农民画传承基地、岜团村斗牛、讲款，为期10天；第四次是2014年11月，去黔东南凯里、从江、黎坪肇兴侗寨，为期10天；第五次是2015年9月，去贵州榕江县，为期3天。

  本书的面世，要感谢许多人。写作调研期间，我得到过许多专家、学者、政府领导的帮助，请让我按时间先后，一一列举他们的名字，向他们表示由衷的谢意，他们是：怀化市民委主任石佳能校友，怀化扶贫办主任申正军校友，通道民宗局局长林良斌先生，通道文联主席杨旭昉校友，通道文联秘书长吴景军先生，广西文联副主席韦苏文校友，广西国资委处长何载福校友，三江文联主席杨尚荣先生，三江侗族文化学者吴浩先生，三江侗族舞蹈协会主席杨通杰先生、侗族舞蹈家杨全荣先生，独峒侗族农民画家、农民画基地传承人吴述更女士，三江良口乡和里村主任杨会光先生，贵州凯里学院宣传部长王芳实师兄，从江县县长杨瑞刚先生、办公室主任石德先生。特别是林良斌先生和杨尚荣先生，作为侗族文化专家，他们不仅提供了许多便利，还提供了许多资料和建议，也许他们并不在意，而我却铭记在心。还要感谢陪同调研的朋友们，他们是中南民族大学南方少数民族审美文化研究中心同事常芳女士，中国联通广东分公司经理王小红女士等，感谢她们与我一同经历不一样的人生。最后，还应该感谢中南民族大学南方少数民族审美文化研究中心主任彭修银教授，感谢他的支持和督促；感谢本书编辑郭晓鸿女士，感谢她为出版本书所做的辛苦工作。

  一本不成熟的小书，我不知道它最终会去向何处，或许于人于世，均没有多大益处，但于我却是一种收获，毕竟它是过去四年生活的见证，要说意义，也许仅在于此吧！

2015年12月15日于南湖